国際協力専門員

技術と人々を結ぶファシリテータたちの軌跡

HAYASHI TOSHIYUKI
林俊行 編

新評論

独立行政法人国際協力機構（JICA）と国際協力専門員

日本は1954年に開発途上国に対する技術協力を開始したが、日本の途上国支援の量的拡大に応じて、政府による国際協力の一元的実施機関の必要性が高まり、1974年、「海外技術協力事業団」や「海外移住事業団」等の業務統合によって「国際協力事業団」（JICA=Japan International Cooperation Agency）が発足した。その後、2003年の特殊法人改革により**「独立行政法人国際協力機構」**（JICA）と改称され、2008年10月1日には国際協力銀行（JBIC=Japan Bank for International Cooperation）の円借款部門である「海外経済協力業務」と外務省による「無償資金協力事業」が旧JICAと統合し、新JICAとして生まれ変わった。これにより新JICAは日本の政府開発援助（ODA）の二国間援助を包括的に運営する総合的な国際協力実施機関となった。

新JICAは、途上国の国づくりを担う人材育成やグローバルな課題への取り組みなどを中心とする技術協力事業の実施、青年海外協力隊やシニア海外ボランティアなどの国民各層による国際協力活動の助長・促進などといったこれまでの事業に加え、円借款事業や無償資金協力事業も行うようになり、現在では国内に17カ所の国内機関を、海外には99カ所の在外事務所などの拠点を持つに至っている。

「国際協力専門員」は、国際協力専門員制度ができた1983年よりJICA直属の技術協力専門家集団として位置付けられており、新JICAとなった現在、約90名が中核的な技術協力専門職として海外と国内の勤務を繰り返しながら、それぞれの専門分野で活躍している。海外勤務では、派遣専門家として政策アドバイザーや技術協力プロジェクトのチーフアドバイザー、企画調査員などの業務を、また国内勤務では、JICAが実施する各種事業についての企画・実施・評価へのアドバイスと現地調査、そして技術協力体系化などの調査研究を行っている。日本の技術協力専門家は欧米各国が派遣するコンサルタントとは違って、現地のカウンターパートと一緒になって具体的な課題に取り組むところに大きな特徴がある。（詳しくはJICAホームページ参照。http://www.jica.go.jp/）

まえがき

国際協力専門員。あまり聞き慣れない名称かもしれない。国際協力機構（ＪＩＣＡ＝Japan International Cooperation Agency）が世界各地で展開している国際協力の技術部門の具体的な活動を専門職とする者たちの呼称である。その数、約九〇名。それぞれが専門の分野を持ち、ＪＩＣＡという組織の中で国際協力の職人集団を形成している。

ＪＩＣＡは年間約六〇〇〇人もの専門家を開発途上国に派遣しているが＊、彼らの多くは企業や大学、研究機関、官庁などに所属しており、派遣期間が終わるとそれぞれの職場に戻ってしまう。しかし国際協力専門員は自分で職を辞さない限り、ＪＩＣＡの国際協力の仕事に携わり続ける。いろいろな国や地域で、人々が直面している深刻な問題に外国人として取り組み、経験を重ね、一筋縄ではいかない途上国の開発問題の解決に向けて現地の人々と共に活動を行っている。

このような私たち専門員が、途上国の人々の暮らしや国際協力に関心を持つ人たち、あるいはこれからこの世界で仕事をしてみたいと思う人たちに、ここに至るまでの自分たちの歩みを振り返り、自分た

＊年間約六〇〇〇人もの専門家を開発途上国に派遣しているが　二〇〇八年のＪＩＣＡ年報によると、二〇〇七年度には延べで五九四八名の長期および短期の専門家が新規派遣あるいは継続派遣されている。

ちの仕事の素顔や現場で大切にしてきたことを伝えたいという想いでまとめたのがこの本である。

「国際協力」という言葉を知らない人は今ではほとんどいないだろう。近年では「国際協力」や「国際開発」を学べる学部・コースも増え、「国際協力の仕事」をしたいという学生さえ珍しくなくなった。しかしここに執筆している私たち一二名の専門員は、まだ「国際協力」の仕事が確立されていない時代から、途上国支援のための活動を手探りで行い、自分たちの仕事としてきた。だから、ここに至るまでのそれぞれのプロセスは、各時代背景が反映されたユニークなものとなっている（よって本書の章立ては年齢順で配置することとした）。

一二名の専門分野は、参加型開発、農業・農村開発、開発行政、地方電化、ジェンダーと開発、環境行政、上水道開発、情報通信技術、感染症対策、人的資源開発、森林開発、そして防災・水資源開発と多彩である。そこで本書では、途上国が抱えるこれらさまざまな課題を、各章ごとに一つひとつ浮かび上がらせながら等身大の途上国の姿を描いてみることにした。これによってそれぞれの分野ならではの課題やアプローチのあり方を浮き彫りにし、「国際協力の仕事」をする上で必要とされる根本的な姿勢・考え方・視点というものの総体を示すことができればと考えたからである。

本書に参加した一二名の専門員の人生は、それぞれに紆余曲折がある。しかしいずれの専門員も、自分の専門知識を基盤にし、現地での予断を許さない状況の中で、経験、閃き、チームワーク、そして相手との人間関係をフルに生かして、自分の持てるチカラを一〇〇パーセント発揮しようと努めてきた点で一致するところがある。「専門」を超え、人間として誰もがもっとも大切にしなければならない人と人との信頼や、自分を常に高めていく向上心の発露のありかを、本書を通じて多少なりとも見出していただけたならば幸いである。私たちと同じような年月を生きてきた人々には自分とは異なる別の人生の姿が、また、これから国際協力の仕事に携わろうとする人々にはその道案内となり得る「先輩たち」の人生の軌跡が、ささやかではあるがここに収められているかもしれない。
最後に、本書の副題において私たちは自分たち専門員を「ファシリテータ」と呼ぶことにした。英語のfacilitateは「容易にする」「楽にする」「支援する」の意味で、「ファシリテータ」とは支援対象者の知識・経験を引き出しながら彼らが安心して社会活動を行えるよう支援する人を指す。その役割は、「人と人とをつなぎ、相互理解を深め、問題解決や課題達成のために集団の力を最大限に引き出すこと」にあるのだが、この言葉は技術協力のそれぞれの現場で私たちが通常行っている具体的な活動をもっともうまく包み表わしているものと思われる。

編　者

目次／国際協力専門員

国際協力専門員

——技術と人々を結ぶファシリテータたちの軌跡

「専門」を超え、人間として誰もがもっとも大切にしなければならない人と人との信頼や、自分を高めていく向上心の発露のありかを、本書を通じて多少なりとも見出していただけたならば幸いである。

序章　「人」による国際協力

●加藤　宏（ＪＩＣＡ研究所副所長）

日本の政府開発援助（ＯＤＡ＝Official Development Assistance）は、大きく分けると技術協力、無償資金協力、そして有償資金協力（借款）という三つの形態に分類できる。技術協力は独立行政法人国際協力機構（ＪＩＣＡ＝Japan International Cooperation Agency）が、無償資金協力は外務省が、そして借款は国際協力銀行（ＪＢＩＣ＝Japan Bank for International Cooperation）が長年にわたりそれぞれ別個に担ってきた。しかしこれら三つの形態は、二〇〇八年一〇月一日に発足した新生ＪＩＣＡに統合され、実施されることになった。

これら三形態のうち、技術協力は「人」によって行われる度合が高いという点で、その他の二つの形態（無償・有償資金協力）とは性格を大きく異にする。資金協力ではその名前が示すとおり、相手国へ資金を提供し学校、病院、道路、発電所などを建設することを目的とする。これに対し技術協力とは、相手国に対して技術やそのための知識を移転し、その結果として相手国の実務能力の向上に寄与しようとする営みである。したがって、技術協力では資金協力よりもさらに濃厚に、生身の人間どうしの交流・接触が起こる。あるいは起こらざるを得ない。なぜなら、技術やそのための知識の移転は、書籍やインターネット等によってもある程度は可能だとしても、より具体的な成果を得るには、深くかつ継続的な人間どうしの交流が不可欠だからである。

日本のODAを評して、もっと「日本の顔の見える援助」であるべきとの声をよく聞く。仮にそのようなODAを目指すとした場合、もっとも直接的でわかりやすい方法とは、国際協力に携わる者が直に開発途上国の人々と汗を流し、その過程において、相手国の「人」に自分たちの技術、思い、心意気を伝え、価値観を共有することであろう。その意味で、技術協力は、「顔の見える」支援にもっとも近いところにあるといえる。単なる技術・知識の移転という一義的な機能にとどまらないものとしての技術協力の付加価値も、そこにあるといえよう。

では、実際の技術協力に携わる「人」とは、どのような人々か。基本的には、三つの種類の「人」が技術協力に関わっている。

第一は、「専門家《エキスパート》」と呼ばれる人々である。* JICAは、毎年、途上国で技術協力に携わる人材、つまり「専門家」を官公庁、民間企業、コンサルタント、そして大学などの外部から確保し、派遣している。派遣の期間は数週間から二年以上までさまざまである。これらの人材は、派遣前の研修を受けたあと、「専門家」として現地に赴き、自らに与えられた役割に応じて、途上国の人々と共に働く。つまりこれら専門家が、いわば、途上国の最前線で技術協力に直接携わる「プレーヤー」である。

第二は、JICAに働く職員である。「専門家」が技術協力の最前線で働くプレーヤーであるとすると、JICAの職員は、よりスタッフ的あるいは管理的な役割を主として担う。その仕事は、たとえば、ある国に対する将来の協力の構想を考える、次年度の具体的な計画を作る、あるいは個別のプロジェクトの内容を検討するといったことである。また、プレーヤーたる「専門家」が心おきなく仕事に専念できるように、勤務環境の整備などについて支援するといったことも職員の役割である。

そして、第三の「人」として、「国際協力専門員《シニア・アドバイザー》」がいる（本書では単に「専門員」と略して呼んでいる場合もある）。いわば右に挙げた二種類の「人」をつなぐところに位置する存在である。国際協力専門員とは、一言でいえば、プレーヤーとしての「専門家」と、スタッフとしてのＪＩＣＡ職員という二種類の「人」の間をつなぐ役割を果たし、また自らも「専門家」として途上国の現場で働く専門職集団である。では、両者の間をつなぐとは、あるいは専門職集団とは、どのような意味においてか。

右に述べたとおり、ＪＩＣＡの技術協力は、外部から確保する「専門家」の役割に大きく依存している。しかし、そのような人材に過度に依存していると、事業の遂行・継続面においてさまざまな問題が発生し得る。

まず、外部からリクルートされる人材（専門家）には、やむを得ないながらも次のようないくつかの制約がある。
●特定の技術分野において一流の専門家ではあっても、人に「技術を伝える」ことにおいて十分な訓練を受けているとは限らない。いわんや、途上国という環境において、外国語でそれを行うという仕事の困難さを思えばなおさらである。

＊～と呼ばれる人々である　技術協力に従事する「人」にはその他さまざまなカテゴリーがあるが、ここでは「専門家」を代表例として説明する。

●日本の先進的な技術に通暁しているとしても、途上国の社会・経済事情にふさわしい技術（いわゆる「適正技術」）が何であるかについて深く認識しているとは限らない。
●ＪＩＣＡが希望している時期と期間に、途上国の現地に赴いていただけるかは保証の限りでない、など。
そこで、このような問題を最小化するために、ＪＩＣＡ自身がそれぞれの分野で途上国における技術協力の豊富な経験と知見を有する人材を内部に持ち、外部から確保する「専門家」の役割を補完する必要が生じる。国際協力専門員が途上国の現場でＪＩＣＡ派遣の「専門家」として仕事をする場合が多いのはこのためである（この場合、本書の筆者たちは自らを「専門家」と呼んでいる）。

外部「専門家」に過度に依存した時に発生し得るもう一つの問題は、技術協力の実施に役立つ現場に根ざしたノウハウが、ＪＩＣＡ内部に蓄積されにくいということである。「専門家」は途上国での勤務を経て帰国するまでに、成功も失敗も含めて得がたい経験を豊富に獲得するが、そのような貴重な経験はあとに続くＪＩＣＡ事業に何としても活かされなければならない。しかし、「専門家」は外部から一時的にＪＩＣＡ事業に参加する存在である以上、帰国後は「親元」の機関に復帰してしまう。このため、「専門家」の得た経験が次の事業に生かされにくいという問題が生じるのである。

かくして、それぞれの分野の途上国に対する技術協力のエキスパートであり、同時に継続的に開発協力に携わることのできる人材、いわば「ライフワーク専門家」というべき国際協力専門員の存在意義が明らかになる。国際協力専門員制度が一九八三年に発足したのはこのような背景による。そして、国際協力専門員はそれにとどまらず、ＪＩＣＡ職員に対してもそれぞれの専門分野で大きな指導的役割を果たし、ＪＩＣＡ組織全体の専門性向上に貢献してきた。

二〇〇八年一〇月現在、ＪＩＣＡには約九〇名の国際協力専門員が在籍している。その前職は、国家公務員、地方公務員、コンサルタント、国際機関職員、弁護士、医師など、さまざまである。彼らは、「ライフワーク専門家」の名にふさわしく、国際協力専門員としての職業人生の半分近くまたはそれ以上を途上国で過ごすのが通常である。途上国での長期派遣を終えて日本の勤務に戻った時でも、ひんぱんに途上国への出張がある。その数は平均して年に七、八回前後、合計で年に一〇〇日以上に及ぶ場合もある。一般的に、ＪＩＣＡは現場に密着した事業がその身上であるが、そのようなＪＩＣＡにあっても、国際協力専門員はとりわけ現場型の性格を強く帯びた、開発協力のプロということができよう。

さて、本書は、そのような国際協力専門員のうち、一二名の人々が、それぞれの生い立ちや国際協力への思いなどを綴ったものである。その内容については、ここでは不十分な紹介に堕することはせず、読者自らの手で本文を繙かれることをお願いしたいが、本書の始まりにあたっては、ここに収められた彼らの文章から強く印象付けられたことを三点だけ申し述べておきたい。

第一に、途上国支援の難しさである。およそ国際協力に関与する者は、政策立案者であれ、実務家であれ、あるいは外部者としてそれを語る者であれ、現場で今何が起こっており、それがどのような困難を伴うものであるかについて常に正確な認識を持つよう努めねばならない。その意味で、ここに記された貴重な現場からの証言は、そうした作業を長年積み重ねてきた者たちからの肉声として、国際協力に関心を寄せる方々に広く読まれる意義があろうと感じる。

第二に、右に述べたことの裏返しでもあるが、途上国支援について、それに携わる当事者が語ることの重要性である。ＯＤＡについては、何がどのように進んでいるのか、いっこうに日本の国民に伝わってこない、という批判がなされて久しい。それについては、自己弁護的にいえば、ＯＤＡの現場が途上国であるがゆえに、情報それ自体を伝達しにくいという事情もある。しかし一方で、ODAに携わる人間が、個人的であれ組織的であれ、自らの活動の過程・結果・意義について、必ずしも十分に語ってこなかったという事実も認めなければならない。特に、ODAの原資が日本国の税金であることを考えれば、そうした発信が十分なされてこなかった点については、大いに反省の余地がある。今回の出版は、これに応えようとする有志による自発的な試みであるが、より組織的な発信も、もっと積極的になされてしかるべきであろう。

そして第三に、日本そのものの変化の激しさである。本書に活写されている執筆者たちの青春時代は日本もまだまだ貧しかった。その時代を今の日本に照らし合わせると、状況の変化というものの大きさを改めて思い知らされる。時代は変わり、ここに執筆している国際協力専門員諸氏が途上国支援を志したのと同じような動機で、今日および将来の若者が途上国支援を志すことはあり得まい。そのことが、途上国に対する今後の技術協力の内容にも大きな変化をもたらすかもしれない。しかしここに記されたメモワールの基底をなす技術協力の基本的構造そのものは、日本の「人」による協力として変わることはないのではなかろうか。

本書は、日本の「人」による開発協力の過去と現在を振り返ることで、将来における新たな技術協力のあり方について、貴重なヒントを提供しているように思われる。

第1章 参加型開発 百聞は一見にしかず

●武田 長久（一九五八年生まれ）

❖現場で体験した国際関係

「国際関係を勉強するなら、実際に国際関係を体験しに行こう」

大学の国際関係ゼミの教授、高柳先男先生が言った。先生の発案で一九八一年二月にゼミの仲間とタイ、ビルマ（現、ミャンマー）、シンガポールの三カ国への旅行に参加した。小さい頃から「すばらしい世界旅行」などの海外ドキュメンタリーが好きだった私は、中央大学法学部政治学科に進学したが、大学でも国際関係のゼミに入った。当時、スタディツアーというのはまだはやっていなかったので、単なる観光旅行で特別な企画はなかったが、この試みは先生が企画した第一回のスタディツアーとなった。

初めての海外旅行は新鮮だった。喧騒的なバンコクの街をうろつき、バスに乗ってタマサート大学に行き、学生に声をかけてつたない英語で話をした。しかし、いやな思いもした。日本の建設会社で働いているというタイ人に声をかけられて水上ボートでお寺の観光案内をされ、川岸の食堂でシンハービールをたくさん飲んだのだが、その帰りにチャオプラヤ川の真ん中でボートを止められ、法外な料金を要求された。また、バンコクからラングーン（現、ヤンゴン）に移動した際には、空港の入国検査で長時間待たされたあげく気分が悪くなり激しい腹痛に襲われたが、ホテルに着いた時にはひどい下痢を起こしていた。次の日は一日ホテルの部屋でトイレに通うことになった。しかし、実際に初めて海外に行ってみて、再び行ってみたいという好奇心の方がより強くなっていた。

一九八〇年代初頭は、インドシナ半島諸国から難民が大量に流出していた時期である。七五年四月のサイゴン陥落でベトナム戦争は終結し、カンボジア、ラオスでも社会主義政権が成立した。しかしサイゴン陥落後、ベトナムから大量の難民がボートピープルとして船で国外に脱出していた。また、カンボジアではベトナムの支援を受けた救国民族統一戦線によりポルポト政権が七九年一月に倒され、ヘン・サムリンを首相とする人民革命政権が樹立されたが、ポルポト派とシハヌーク派、ソンサン派の三派が反対勢力としてタイ国境沿いでゲリラ戦を展開したため、約五〇万人に上るといわれるカンボジア難民がタイ領内に流出していた。これらのインドシナ難民に対して国際社会は人道的な支援を行ったが、八〇年には日本でも難民支援の動きが始まり出した。カンボジア難民への支援をめぐっては、日本は金を出すが人は出さないという声が上がっていた。現ＪＩＣＡ理事長の緒方貞子氏は、当時、政府のカンボジア難民救済実情視察団団長としてカオイダン難民キャンプなどタイ・カンボジア国境を訪れ、日本からの人的支援の必要性を訴えていた。そのような中で、多くの学生や若者が難民支援のためにタイ・カンボジア国境に向かった。そして、日本国際ボランティアセンター（ＪＶＣ＝Japan International Volunteer Centre）、難民を助ける会（ＡＡＲ　ＪＡＰＡＮ＝Association for Aid and Relief, Japan）、曹洞宗ボランティア会（ＳＶＡ＝Sotoshu Volunteer Association, 現、シャンティ国際ボランティア会Shanti Volunteer Association）、幼い難民を考える会（CYR＝Caring for Young Refugees）などの非政府組織（NGO）*が設立され、現地で活動を始めた。難民問題に関心を持っていた私はこの頃JVCの国内連絡事務局に顔を出すようになり、報告会や勉強会などに参加していた。海外にまた行ってみたいという好奇心と難民問題への関心が、タイでのJVC難民救援活動に参加する動機となった。

一九八二年三月から大学を一年間休学し、タイでJVCの活動にボランティアとして参加した。最初はメコン川を挟んで、ラオスの首都ビエンチャンの対岸にある東北タイの町、ノンカイのラオス難民キャンプで日本語教育活動に参加した。その後短期間ではあったが、バンコク最大のスラム、クロントイの図書館建設活動に関わった。そして残りの期間は、難民が第三国に定住する前に収容されるパナニコム難民キャンプで日本語教育活動に参加した。この時の人々との交流や活動、経験が、海外援助、国際協力の仕事をしたいという強い動機につながった。そして大学卒業後、八三年四月に再びタイに向かい、タイ・カンボジア国境におけるJVCの難民救援活動に参加することになった。

❖難民キャンプ・貧困・開発

「トーキョー・ワン、トーキョー・ワン、こちらホテル・ツー。サイト・シックスのシチュエーショ

***非政府組織**（NGO＝Non Government Organization）　一般市民が自主的に設立・参加して活動を行っている団体の総称。日本でNGOは国際協力に携わる非政府組織、民間団体を意味することが多い。民間非営利組織としてNPO（Non Profit Organization）という呼び方もあるが、国際的な活動を行う団体をNGO、地域社会で福祉活動などを行う国内団体をNPOと呼ぶことが通例となっている。

ン・ツー。コクスンまで避難せよ」

トーキョー・ワン、それが私のコールサインだった。国連国境救援機関（UNBRO）*のフィールド・オフィサーから私のトランシーバーに無線連絡が入った。サイト・シックスとはノンチャン難民キャンプが攻撃を受けた時に備えてタイ国軍とUNBROが難民の避難用に設営した移転地の名称で、この無線連絡の意味は、サイト・シックスの近くで砲撃音が聞こえ、安全状況がレベル・ツーになったので、キャンプ内で活動している国連やNGOの援助関係者はキャンプの外に避難し、近くにあるタイ領内のコクスン村で待機するように、というものだった。

一九八四年の夏、私はタイ・カンボジア国境でJVCのカンボジア難民救援活動に参加し、ノンチャン難民キャンプの補助給食プロジェクトのコーディネーターとして活動していた。ノンチャンには約三万の難民が暮らしていた。このプロジェクトの目的は、三歳以下の子ども、妊婦を対象に食糧を週一回配布し、母親を対象に栄養教育を行うこと、そして難民キャンプの病院の患者に給食を提供することだった。病院ではマラリア患者、地雷で足を失った患者などとともに、痩せた赤ん坊や子どもたちがベッドでパンとスープ、おかゆの配給を待っていた。難民キャンプはタイ・カンボジア国境沿いにある軍事キャンプに隣接していたため、軍事キャンプが攻撃を受けると、難民はサイト・シックス、さらにはその避難地であるサイト・ツーへと退避した。難民キャンプの運営やNGOの活動は個々の難民キャンプごとに行われていたため、ノンチャンの難民の移動に伴って、私たちも活動地を移していった。

当時、タイ・カンボジア国境のタイ領内にはカンボジア内戦の影響で約二八万の難民が逃げて来ていた。彼らはカンボジアのヘン・サムリン政権に反対するポルポト派、シアヌーク派、ソンサン派の三派がそれぞれ支配する難民キャンプで生活していた。難民たちはキャンプで国連やNGOからの支援に依存した生活を余儀なくされていたが、政治的な解決がない限りは緊急支援に頼るしかなく、自立は難しかった。自由は制限されていたが、支援によって生活をしていくことはできた。一方、カンボジア国境沿いのタイの村では、難民の流出や戦闘により農地が使えなくなり、砲撃の危険にさらされるなどの被害を受けていた。国境沿いのタイの村の住民も難民と似たような状況にあったが、外部からの支援が多い難民に比べると、タイ被災民の方がかえって厳しい状況に置かれていた。

バンコクのクロントイ・スラムで図書館建設の活動に参加していた時には、都市スラムの住民たちの生活を垣間見た。昼間から仕事もせずにトランプ賭博に興じている男たちの姿も多く見られた。スラムでは麻薬や犯罪が問題となっていた。

難民キャンプでもタイ被災民の村でも、またクロントイ・スラムでも感じたことは、苦しい生活の中でも人々はたくましく生きているということだった。難民キャンプのマーケットでいろいろなものを売る商売人たち。国連は身長一三〇センチ以上の女性にしか食糧の配給をしないが、配給カードを得るためにヘッドカウント（人口調査）の列に女装して紛れ込む男や男の子たち。スラムでひたすら竹串を削

＊国連国境救援機関（ＵＮＢＲＯ＝United Nations Border Relief Operation）　国連がタイ・カンボジア国境沿いのカンボジア難民への人道支援を行うために一九八二年に設立した機関。食糧配給や教育などの人道支援を行うとともに、ＮＧＯ支援活動の調整と安全状況の確認を行っていた。難民の保護と支援を行う機関として国連が五〇年に設立した国連難民高等弁務官事務所（ＵＮＨＣＲ＝United Nations High Commissioner for Refugees）は、カオイダンなどのタイ国内の難民キャンプ（Holding Center と呼ばれ一時収容所に当たる）を管轄し、住居、食料、水、衛生など難民の基本的な生活の支援と法的な保護、第三国への定住に関する支援を行っていた。

1985年、ノンチャン難民キャンプにて。左は補助給食プロジェクトを担当しているスタッフ（右）と筆者。右は母子保健センター内の様子。

るおばちゃんたち。そして子どもたちの笑顔。人間のたくましさとしたたかさを知らされた。

現場の中で人々と触れることを通じて、貧困や開発の問題を考えるようになった。難民救援は対処療法を行うだけで、政治的な解決がない限り根本的な解決にはならないのではないか。難民が出ないように開発を進め、人々を貧困から抜け出せるようにしていくことが必要なのではないか、と思うようになった。貧困削減や開発の必要性を意識し、緊急支援の限界を感じるようになり、もっと開発に関する勉強をするためにアメリカの大学に留学することにした。

❖難しい、しかし面白い仕事

「開発の仕事は難しいかもしれない。しかし、多くの人が開発の仕事に関わっている。それは面白いからだ」

国際開発論の最後の講義でスティーブ・アーノルド教授が言った。たしかに面白い。アメリカではワシントンDCにあるアメリカン大学で国際開発の修士コースに入って勉強した。アメリカの大学院ではたくさんの文献を読まされ、少人数のクラスで宿題も多かったが、開発の勉強をしたいと思って来たため、いろいろな知識を吸収できて勉強が面白く感じられた時期だった。現場での経験が理解を早めたのかもしれない。大学院では開発経済や農村開発、そして行政や市場と地域社会をつなぐ役割を持ったＮＧＯや協同組合などの仲介組織について学んだ。仲介組織という考え方はジョージ・ワシントン大学のトーマス・キャロル教授がラテンアメリカのＮＧＯや協同組合の役割を研究する中で用いるようになった概念である。ワシントンＤＣの大学間の単位互換制度を利用してキャロル教授の農村開発の講義を受けた私は、タイのＮＧＯを事例に仲介組織をテーマにした論文を書いた。

大学院修了後、途上国の開発関係の仕事に就きたいと思い就職活動を行った。しかし国際協力事業団（ＪＩＣＡの旧称）と後の国際協力銀行（ＪＢＩＣ、現在はＪＩＣＡと統合）である海外経済協力基金（ＯＥＣＦ＝Overseas Economic Cooperation Fund）は、当時あまり中途採用をしておらず難しかった。日本での就職活動と同時に国連機関での就職も考え、外務省が実施している国連ＪＰＯ*の試験と国連事務局が実施している競争試験を受験した。そして国連ＪＰＯの試験に合格し、派遣が決まるまでは友人の紹介で社団法人海外コンサルティング企業協会（ＥＣＦＡ）*（二七頁）のアソシエート研究員として仕事をしていた。そんな中、国連事務局の試験にも合格したとの連絡があり、一九九〇年二月にタイのバンコクに事務局を持つ国連アジア太平洋経済社会委員会（ＥＳＣＡＰ）*（二七頁）の国際貿易観光部にアソシエート経済担当官とし

＊国連ＪＰＯ（Junior Professional Officer）　外務省では、将来正規の国際公務員を志望する若い日本人のために、一定期間（原則二年間）、国際機関で職員として勤務することで、正規職員となるために必要な知識・経験を積む機会を提供する派遣制度を設けている。この制度で派遣される者は、国連機関によりＡＥ（Associate Expert）、ＪＰＯ（Junior Professional Officer）またはＡＰＯ（Associate Professional Officer）と呼ばれている。

て赴任した。

地域協力機関であるESCAPで、私は天然ゴムやジュートなど一次産品の国際貿易振興の域内協力プログラムを担当した。アジアのコーヒー生産国の会合を初めて開催し、生産国間の情報交換や今後の協力に関して話し合う機会を提供した。また、ラタンとゴムの廃材を活用した家具の生産と貿易に関する調査、ワークショップの開催も行った。ジュートの適正な農家価格に関する調査では中国、バングラデシュ、ネパール、インドに出張し、ジュート生産振興を図っている機関との協議を行った。

ESCAPの仕事は域内諸国の共通問題を話し合い、政策提言を行うものだが、地域協力機関の性格上、特定の国の特定問題を支援することが難しい。それに域内の会議で政策提言をしても、それをどのように生かすかを決めるのは加盟国の政府による。域内の問題を話し合うフォーラムとしてのESCAPの存在は意義があるが、政策提言のインパクトをどこまで個々の国と地域に与えることができるのか、疑問を感じるようになった。特定の国・地域に対して直接支援を行う方が効果的なのではないかと。

そんな時、JICAのジュニア専門員の公募広告*に目が引かれた。そして国連職員を二年間で辞職し、JICAのジュニア専門員となり、ケニア国別援助研究会の調査研究タスクフォースの仕事をしたあと、パプア・ニューギニア大蔵計画省の開発計画・援助調整専門家として一九九二年一〇月から二年間パプア・ニューギニアに赴任した。JICAの専門家は相手国政府の中に入り活動する。私はパプア・ニューギニア大蔵計画省の援助窓口機関である国際開発援助局アドバイザーとして、日本の支援への要請案件形成や実施中案件の運営管理に関する助言を行った。カウンターパート*と一緒に案件の実施状況や運営の仕方を確認するなど、新規案件形成に助言し、必要な手続きのフォローを行っていた。

パプア・ニューギニアは治安が悪いといわれていたが、豊かな自然と文化があり、面白い国である

（第10章参照）。さまざまな部族が独自の言葉と文化を持ち八〇〇の言語があるといわれている。個々の人はよい人が多いのだが、ラスカルと呼ばれる強盗団の存在や、ワントークと呼ばれる部族・氏族集団の強い結びつきにより、部族どうしのもめごとがペイバック（仕返し）の慣習を通じて争いに発展することもあり、治安の問題になっていた。しかしタイの国境や難民キャンプでも安全には気を付けていた

＊（二五頁）**社団法人海外コンサルティング企業協会**（ＥＣＦＡ＝Engineering and Consulting Firms Association, Japan）　技術コンサルティング企業の海外事業活動の振興や海外コンサルティングに関する調査研究等を行う公益法人。
＊（二五頁）**国連アジア太平洋経済社会委員会**（ＥＳＣＡＰ＝United Nations Economic and Social Commission for Asia and the Pacific）　国連経済社会理事会の下部機構である五つの地域委員会の一つとして、一九四七年に国連アジア極東経済委員会（ＥＣＡＦＥ）が設立された。その後、太平洋地域加盟国の増加と社会開発の必要性を反映させ、七四年に名称をＥＳＣＡＰと改め、経済・社会開発のための協力機関として広範囲な分野で地域協力を遂行している。本部は、タイのバンコクにあり、西はロシアから東は南太平洋諸島に至る地域を対象とし、域内の加盟国・準加盟メンバーは五八カ国・地域で、域外の加盟国四カ国を合わせて計六二カ国・地域がこれに参加している。なお、日本は五四年に加盟国となった。
＊**ジュニア専門員**　ＪＩＣＡが、青年海外協力隊（五五頁注参照）や国連ＪＰＯの経験者など国際協力の経験をすでに有する人材で、将来も国際協力の分野で活動を志望する人材を対象に、ＪＩＣＡでの実務研修を提供する制度。ＯＪＴ（On the Job Training）による国内実地研修と海外実地研修を組み合わせて三年間の研修を行う。
＊**カウンターパート**　支援対象国の政府機関や関連組織の職員・技術者など、支援する側の外国人専門家など共に働く現地側の人材を指す言葉。

ので、治安の問題はさほど気にかけなかった。危険なところには近づかず、周囲に注意を払って行動すれば何とかなると思っていた。

パプア・ニューギニアでの二年間の専門家の任期とジュニア専門員の任期を終えたあと、名古屋大学大学院博士課程（後期）に入学し、ＪＩＣＡの国際協力専門員の試験を受けた。年齢がまだ若かったせいか最終選考には残らなかったが、客員専門員として調査研究の仕事をしないかとの申し出があり、一九九六年一月から三年間の任期でこの仕事に従事した。そして九九年から参加型開発、開発行政を専門分野とする国際協力専門員となった。四一歳の時だった。

❖インドネシア地方分権化ビックバン

インドネシアとの関わりは、かつてのＪＩＣＡ国際協力総合研修所が一九九六年に実施した「地域の発展と政府の役割」という調査研究の研究会にタスクフォースのメンバーとして参加したことがきっかけである。この研究会は地方分権化や中央・地方関係に着目し、開発の担い手が多様化する中で政府（中央政府・地方政府）がどのような役割を担うべきか、地域の発展を促進するためにはどのような支援のあり方が考えられるかを検討するものだった。現地調査には、インドネシア地域研究を専門とする日本の大学の著名な研究者の方々と参加した。ジャカルタでは内務省や国家開発計画庁などの中央省庁を、また南スラウェシ州や南東スラウェシ州では地方政府を訪問した（後掲地図参照）。幸運だったのは、インドネシアの研究者の方々からあらかじめ背景説明を伺った上で現場でのインタビューを行ったため、非常に勉強になったことだ。この最初のオリエンテーションが、その後スハルト体制が崩壊し激動の変革期を迎えるインドネシアとの関わりの始まりだった。

インドネシアでは一九九七年のアジア通貨危機により自国通貨のルピアが大暴落した。景気は落ち込み失業が増加して、経済危機は社会不安をもたらした。翌九八年五月にはジャカルタで暴動が発生し、三二年間続いたスハルト体制が崩壊。あとを継いだハビビ大統領はスハルト色を払拭するために改革と民主化の推進を行い、自らの政権の正統性の確立を目指した。その中で打ち出されたのが地方分権化政策である。スハルト時代は中央集権により中央政府が強い力を握っていたが、スハルト体制崩壊後の改革民主化の中で地方の不満は一気に噴出した。特に資源を持つ州は中央からの独立の動きを見せ始めていた。地方の不満を抑えなければならない。分権化によって地方に権限を移譲することの必要性が高まっていった。こうして九九年に地方分権化に関する二つの法律、地方行政法と中央地方財政均衡法が制定され、二〇〇一年から施行されることになった。私はまさにインドネシアの改革・民主化の激動期である九九年九月から二〇〇二年一〇月までの三年間、そのうちの一年間をＪＩＣＡ事務所の企画調査員として、そして二年間を地域開発政策支援の専門家としてインドネシアで過ごした。その間にハビビからワヒド、そしてメガワティへと大統領が交代した。

インドネシアは経済危機に対応するため、弱者や貧困層に直接支援を届けようとするプログラムを、世界銀行*（三一頁）や支援国の協力を得て実施していた。教育では貧困家庭の子どもに対する奨学金（無償）の供与、保健では保健所への直接補助金と貧困家庭への無料健康保険カードの提供、そしてそのほかにも経済活動や小規模インフラ整備のための住民グループへの資金提供、労働集約的な公共事業による雇用創出、中小企業に対する低利の融資制度などのプログラムを、ソーシャル・セイフティーネットの名のもとに緊急的に実施していた。

ソーシャル・セイフティーネットのプログラムでは貧困者をどう確認して支援を届けるかが重要な課

題となっていた。実際、本当に貧困者に支援が届いているのか、プログラムはうまく実施されていないのではないかという批判の声も聞こえていた。というのも政府の貧困者の統計は古いデータに基づいたもので、経済危機で貧困に陥った人が増えたため、既存の統計情報では捕捉し切れないという状況が生じていたからである。

そこで私は一九九九年からプログラムの企画調査員として、貧困者を特定して支援を届ける仕組みと、今後緊急的な時期が終わったあと通常のプログラムの中にセイフティーネットをいかに組み入れていくかについて調査を行った。教育、保健、融資制度のプログラムでうまくいっているところを調査し、なぜうまくいっているのかを調べて今後のプログラムの参考にする、いわゆるグッド・プラクティス事例の調査である。

調査の結果、現場レベルでさまざまな工夫がなされていることがわかった。奨学金の場合、学校に校長や教師、ＰＴＡによる学校委員会が組織され、教師が家庭訪問を行って貧困家庭を確認し、学校委員会で奨学金の受給者を決めていた。また、無料健康保険カードの配付においても、村の保健委員会で村長や保健ボランティアが選定基準に従って貧困家庭を確認していた。現場の状況はその村の住人が一番よく知っている。このグッド・プラクティスの事例では地域社会の利害関係者による委員会が組織され、現場の事情を確認して地域社会自体が貧困者を特定し、支援の提供がなされていたのである。インドネシアの村落社会ではゴトンロヨンと呼ばれる相互扶助の慣行があり、地域社会の中での助け合いは昔から行われてきた。近年その慣行は廃れつつあるといわれているが、一九九〇年代後半の経済危機の時には都市の失業者が村落に戻り受け皿となって、身内や地域社会の助け合いなどインフォーマルなセイフティーネットの機能を高めた。また、スハルト後の民主化の進展で言いたいことが言えるようになり、村落レベルでもより民主的な意思決定がなされる環境になった。地域社会自体が民主的に貧困者を特定できた要因にはこうした背景もあったのである。グッド・プラクティス事例は中央政府の関係者を集めたセミナーで紹介され、今後の政策に関する議論の材料となった。現場の事例を見ることが多くの学びにつながる、現場の事例に基づいて政策の議論を行うことが何よりも説得力を持つ、このことを私はこの調査で学ぶこととなった。

＊（二九頁）**世界銀行**　第二次世界大戦末期の一九四四年、四四カ国の連合国代表がアメリカ・ニューハンプシャー州ブレトンウッズに集まり、戦後の世界経済安定と復興について協議した。この時に国際復興開発銀行（ＩＢＲＤ＝International Bank for Reconstruction and Development）と国際通貨基金（ＩＭＦ＝International Monetary Fund）を設立することを合意し、翌年にＩＢＲＤが設立された。現在、世界銀行（世銀）はＩＢＲＤと国際開発協会（ＩＤＡ＝International Development Association）を一般的に意味するが、姉妹機関である国際金融公社（ＩＦＣ＝International Finance Corporation）、多国間投資保障機関（ＭＩＧＡ＝Multilateral Investment Guarantee Agency）、国際投資紛争解決センター（ＩＣＳＩＤ＝International Centre for Settlement of Investment Disputes）をまとめて世界銀行グループと呼ぶ。世銀は世界最大の開発援助機関で、ＩＭＦに加入している一八五カ国がその経済力に応じて資本を拠出し、また加盟国からの借入れや債券の発行により資金を調達し、準商業ベースで資金を貸し付けている。準商業ベースで資金を提供できない開発のより遅れた途上国に対しては、ＩＤＡ（第二世銀とも呼ばれている）が無利子による三〇年から四〇年にわたる長期返済期間の借款（ローン）を提供している。日本は五二年に加盟し、戦後復興と経済開発のために五三年から六六年まで電力、鉄鋼、造船、道路、鉄道など三一件に多額の資金を借り入れ、借入れ総額は約八億六三〇〇万ドルに達した。借款の使途には愛知用水、黒部第四水力発電所、名神高速道路、東海道新幹線などがある。日本は九〇年に借款をすべて返済した。

二〇〇一年のビッグバンと呼ばれたインドネシア地方分権化の実施により、これまで中央政府の指示に従っていた地方政府の職員は自らの判断で行政を行うことが必要となった。しかし、地方政府の職員は中央からの指示どおりに動くことには慣れており、自分たちで考えて工夫するということには慣れていなかった。また、そのような能力を持った人材も限られていた。一部の地方政府では開明的な首長が先進的な取り組みを始めるようになったが、地方分権化で地方政府間の格差も生じるようになった。

そこで地方政府の能力向上が重要な課題となり、これまでのトップダウンのやり方から、いろいろなステークホルダーの参加を得てボトムアップのやり方で地域開発計画づくりを行うことが求められるようになった。改革に伴う地方分権化と民主化が「参加型の計画づくり」を必要とするようになったのである。これはインドネシアの地方政府職員にとって、従来のやり方を根本から覆すものであり、今までの考え方をがらりと変えるものとなった。一方、中央政府も自らの役割を変えていくことが求められた。これまで中央の省庁が予算と権限を握っていたため、中央は自ら定めた政策やガイドラインに沿って地方に実施内容を指示していたが、予算と権限が県・市を中心とする地方政府に移されたため、中央省庁の役割は政策やガイドラインの整備などに限られるようになった。

また、政府の役割に関する考え方にも変化が見られた。これまで政府は住民にいろいろなサービスや援助を提供するいわばプロバイダーで、住民はその支援に依存するだけだった。しかし、地方分権化により政府、特に中央の省庁や州政府はファシリテータ*としての役割を担っていかなければならないとする議論が盛んになっていった。とは言え、分権化直後はファシリテータとしての具体的な役割がよく掴めず、また、これまでのトップダウンの考え方も払拭できずにいたため、中途半端な状況に置かれていたというのが現実だった。

❖現場での学び合い

二〇〇〇年から私はインドネシアの内務省地域開発総局に身を置いて、「地域開発政策支援プロジェクト」のアドバイザーとしてこれに関わることになった。三つの州にそれぞれ派遣されたＪＩＣＡ専門家とともに地域開発の良い事例、すなわちグッド・プラクティスを調査・分析し、これを他の地域の活動にも生かしてもらうために、ワークショップを開催して参加者に情報を提供し、実際にその現場を訪れてもらって成功地域の経験を共有してもらうという取り組みである。また、それらの成果を地方政府や中央政府の政策にも反映させていくことが目指された。

南スラウェシ州の州都マカッサルで開催したワークショップでは、同州タカラール県の南ガレソン郡にある庶民信用金庫ＢＰＲ（Bank Perkreditan Rakyat）をはじめ、いくつかの金融機関の事例が紹介された。ＢＰＲは郡あるいは村レベルに設立される小規模融資を行う金融機関の総称である。その中の一つ、ＢＰＲ‐ＧＭＤ（Gerbang Masa Dupan）の事例は次のとおりである。ＢＰＲ‐ＧＭＤは「将来の門」という意味の名を持つ信用金庫で、一九九六年に設立された。この信用金庫が誕生したのは、タカラール県政府が「環境友の会」というＮＧＯに沿岸漁村部の開発調査を委託したことがきっかけである。ＮＧＯの調査の結果、この地域の開発のボトルネックは金融機関へのアクセスにあることがわかり、高利貸しからの借金に依存する現状を変えるには村落部においても金融機関の存在が求められるとの提言がなさ

＊**ファシリテータ**　問題解決や合意形成、学習促進の過程で議論や話し合いを促し、参加者の多様な意見交換の中から新たな発見やアイデアが生み出されるよう支援する役割を果たす人のこと。

インドネシア全図（点線は州境）

れたのである。調査結果の報告を行ったワークショップでこの提言が説明され、関心を示した県政府がＢＰＲ・ＧＭＤの設立を支援することになった。ＢＰＲ・ＧＭＤの主な出資者は県政府が二五パーセント、地元の有力者など個人株主が五三パーセントであったが、地元の財団、地域社会の住民グループ、協同組合、ＮＧＯなども出資した。経営は元州開発銀行の職員とＮＧＯの職員を中心に行われ、理事会は県政府と住民グループの代表により構成された。こうして動き始めたＢＰＲ・ＧＭＤでは民主的な運営がなされていた。村落レベルの金融機関であることから、ＢＰＲ・ＧＭＤの職員はみな地元の出身者であり、借り手の情報をよく知っていた。また、融資は一〇人程度のグループを対象に実施し共同責任を持たせるとともに、活動の内容に応じて返済期間を設定して預金制度も設けていた。そのため高い返済率を維持していた。高い返済率の他の要因には、住民グループや村の有力者が出資者に加わっていること（これにより返済への社会的な圧力が生まれる）や、漁業などサイクルの短い経済活動への出資が多いため資金の回転が速く、リスクが少ないことも挙げられている。このようにＢＰＲ・ＧＭＤは、地域社会の住民グループや地元の有力者、地方政府、ＮＧＯなど多くの関係者の出資によって地域に根付いた経営が行われている銀行の事例といえる。

南スラウェシ州で行われたワークショップでは、このほか同州タナトラジャ県の信用組合や中部ジャワ州のＢＰＲなどの事例も紹介された。ワークショップには地元の州・県・市の開発企画局の職員や関連部局の職員、それにＮＧＯ、大学関係者などさまざまな人たちを呼び、事例の発表をもとに議論を行うとともに、ＢＰＲ‐ＧＭＤの現場を視察し、職員から直接説明を受けたり意見交換を行った。この視察では南スラウェシ州マムジュ県の開発企画局長が関心を示し、熱心に質問していた。また、同州シンジャイ県の漁業局長も、地元沿岸部の村落に同様の金融機関を作ることに関心を示していた。

南スラウェシ州でのワークショップのあと、北スマトラ州でもグッド・プラクティス事例から学ぶワークショップを開催し、ここでもタカラール県のＢＰＲ‐ＧＭＤの事例を紹介した。参加者の一人、南スラウェシ州開発企画局の長官は、じつはＢＰＲ‐ＧＭＤ設立当時のタカラール県知事で、彼によるとＢＰＲ‐ＧＭＤの設立は北スマトラ州の村落レベルの金融機関を参考にしたということだった。ワークショップで紹介したタカラール県のグッド・プラクティスは、もともと北スマトラ州で得た情報がアイデアの基になっていたのだ。他の地域から情報を得ることは、自分の地域の活動にとっていかに大きな参考になるかをよく物語る話である。

ところでこうしたワークショップや現地視察は、グッド・プラクティス事例として紹介された側の機関にとっても、自らの活動を振り返り今後の活動を続ける上で自信をつける契機となる。「自分たちの銀行は何も特別ではなく普通だと思っていた。ところがＪＩＣＡの調査では自分たちの活動はグッド・プラクティスだという。そう言われると自信が出るし、訪問客がやって来るとさらにしっかりやらねばという気になる」。ＢＰＲ‐ＧＭＤの元副頭取アスハール氏は、グッド・プラクティスの事例に紹介されたことでそのような変化が生まれたと語っている。

グッド・プラクティス事例の収集と分析、そしてその紹介は継続して実施された。中部ジャワ州スラゲン県では、民間投資の許認可に関する事務を一カ所に集めて実施するワンストップサービスという取り組みがなされていたが、この事例は同県で行われた報告会で効率的な行政サービスの試みとして紹介された。折しも内務省では地方の民間投資の許認可を促進するためのガイドラインづくりが進められていた時であり、報告会に参加した内務省の担当者はさっそくスラゲン県に視察に行き、ガイドライン策定の参考にしている。現場の事例を通じて、現場での工夫が中央にフィードバックされ、それが中央政府の政策ガイドラインづくりに反映されたということである。このように、現場からの情報収集は効果的な政策の立案にとって重要な要素であり、現場の事情や工夫を見ることは政策効果の発現をモニターするためにも必要なことなのである。

❖ユステン氏を刺激したもの

二〇〇二年一〇月に帰国後、今度は同じインドネシアで二〇〇四年一月から「市民社会の参加によるコミュニティ開発プロジェクト」が開始されることになった（二〇〇六年一二月終了）。ここでもグッド・プラクティス事例の蓄積がプロジェクトの構成要素として含められ、私はグッド・プラクティスの事例調査を担当する短期専門家として関わることになった。このプロジェクトはインドネシアでも比較的貧困地域の多い東部インドネシア一〇州を対象に、ＮＧＯと地方政府との連携を促進して地域社会開発を推進していこうというものである。具体的には「参加型開発に関する研修を通したファシリテータの育成」「地域社会開発におけるグッド・プラクティス事例の調査・分析と情報の蓄積」そして「地域社会開発に関するパイロット活動の実践」という三つのコンポーネントを組み合わせた活動からなり、これにより地域社会の課題を把握する手法やグッド・プラクティス事例の調査方法が学ばれたり、パイロット的な地域社会開発活動の実践をとおしてＮＧＯや地方政府のファシリテータとしての能力向上、連携促進が図られた。

　この時の事例調査では、調査を大学や研究機関の専門家に委託するこれまでのやり方とは異なり、地域社会開発に直接関わる人々が調査の主体となる方式を取った。プロジェクト活動の各州の参加者たち、すなわちこのプロジェクトのパートナーであるＮＧＯや地方政府の関係者が調査事例を提案し、実際に自分たちの手で調査を行った。研究者ではなく実務家たち自らが調査を行って、そこから直接学ぶことを重視したのである。また、実務家の調査チームの中に地域社会の代表者を組み入れ、対象地域の住民から直接話を聞き、学んでもらうといった水平的な要素も取り入れた。百聞は一見にしかず、である。

　事例調査の対象の一つに、西ヌサテンガラ州東ロンボク県イジョウバリ村で行われた灌漑施設整備の活動がある。調査に参加したのは南東スラウェシ州と東ヌサテンガラ州のＮＧＯの実務家たち、そして東ヌサテンガラ州の住民リーダー、ユステン氏である。

　イジョウバリ村は気候が乾燥しており、以前はキャッサバぐらいしか作れない土地だった。しかしこの村に大きな変化が訪れる。ジョクジャカルタでエンジニアリングを勉強した村のリーダー、スラメット氏が、地元で取れる軽石の商売で資金を貯め、丘の向こうの川から村に水を引くために自らの資金で建機を借り、丘を切り崩し、村人に働きかけて水路を開いたのである。村に灌漑施設を作り、丘の向こうの川から水を引くことはスラメット氏の父親の代からの悲願であった*（三九頁）。スラメット氏が始めたこの活動は、公共事業省による灌漑施設整備事業のフィジビリティ調査（ＦＳ）につながり、国際協力銀行（ＪＢＩＣ）の小規模灌漑事業の支援対象にもなった。その結果、この村ではトウモロコシや他の作物が栽

2006年、ゴロンタロ州ゴロンタロで開催された市民社会の参加によるコミュニティ開発プロジェクトの最終ワークショップで、村の活動を報告するユステン氏（右から２番目）。

培できるようになった。スラメット氏は現在、豊かな水を利用して池やプールを建設し観光施設の開発を進めるとともに、子どもたちに対する環境教育の場も提供している。

調査に参加したユステン氏は、東ヌサテンガラ州クパン県のビポロ村で魚の養殖池を作った農民グループのリーダーの一人である。スラメット氏から直接話を聞いたユステン氏は、スラメット氏のリーダーシップに感心するとともに、イジョウバリの村人の活動から大きな刺激を受けた。ユステン氏は村に帰ったあと、魚の養殖池の活動を継続的に行うとともに、村の若者を集めて沿岸部の保全や森の保護の必要性などを話し合う環境教育の活動も始めるようになった。まずは村の若い人たちに自分が学んだことを伝えようとしているようである。

この一連のプロジェクトではＮＧＯや地方政府のパートナーを日本に送り、ＮＧＯのマネジメントや、行政とＮＧＯとの協働に関して、日本の事例や経験から学んでもらうという研修も行った。しかし研修というと、カリキュラムがすでに組まれ講義を受けるという受け身のスタイルになりやすく、深い学びにはつながらないことがわかった。そこで、二年目からは研修とは呼ばずに日本に調査に行く「ジャパン・ミッション」という呼び方に変え、受け身の「研修」ではなく、自分たちの抱える課題を解決するという積極的な目的を持って日本に「調査」に行ってもらうことにした。実際、ＮＧＯの運営の現場、あるいは神戸や岐阜の行政と民間非営利組織（ＮＰＯ）との協働の現場、そして新潟や滋賀県の共有資源管理の現場を見に行き、現場の人から直接話を聞いた。訪れた現場で自分たちの課題を説明し、日本の事例から何を知りたいかについて質問する形で調査は行われた。「何かを知りたい」という目的意識を持っていないと、自分たちが抱えている課題との関係がうまく摑み切れず、現場から見えてくるはずのヒントが頭にすっと入ってこない。情報を受容する側の準備ができていないと、重要な情報を認識できずに取りこぼしてしまうのである。

❖同じ立場だから伝わるメッセージ

一九九〇代の初め頃から、開発協力の議論の中では、途上国の開発プロジェクトがうまくいかない要因は不十分な住民参加による貧弱なオーナーシップ*と、その結果としての不十分な持続性にあると指摘されてきた。地域開発や村落開発の分野においては、住民、行政、ＮＧＯ、大学、民間セクターなど、さまざまな関係者による参加の重要性が認識されるようになっている。

人々が何かの活動に参加するということは、何かの目的や誘因があるからだろう。それは、自分の経

＊（三七頁）**フィジビリティ調査**（ＦＳ＝Feasibility Study）　事業実施可能性調査のことで、その事業が技術的・財務的・経済的に実施可能かどうか調査・分析し、事業実施の準備を行う。
＊**オーナーシップ**　外部からの支援に対し、それを受ける受益者たちがその支援をどの程度自分たちのものとして受け止め、主体的に参画するかの度合い。

済的な利益のためかもしれないし、自分の評判を保つためかもしれない。あるいは人のために何かをしたいためかもしれないし、自分の好奇心を満足させるためかもしれない。私の場合は、自分の好奇心を満足させることが、国際開発に関わるインセンティブ（誘因）の多くを占めていたといえる。

何かの行動を起こそうとする時、参考になる情報が重要な役割を果たす。その行動によって何が得られるのか、あるいは別の行動を取った場合には何が得られるのか、それを見極めようとするための情報がないと行動を起こすインセンティブにはつながらない。「情報」は途上国の村落で不足しているものの一つである。村の住民の多くは村の外の世界に触れる機会をあまり持っていない。そのため、参考になる情報が少なく、問題に対処する選択肢も少なくならざるを得ない。したがって、村人にとって自ら参考情報を吸収し情報源を広げることや、自ら考え方の選択肢を増やしていくことは、新しい何かを始めるきっかけにつながる。しかし新しく得た情報が参考情報になるかどうかは、受け手の問題意識や目的意識にも依存する。何らかの行動を起こすためには、情報と問題意識と目的意識が必要なのである。

グッド・プラクティスの事例から何かを学ぶことは、参考情報を入手するための一つの手段である。では、その情報はどうやって入手するのか。もっとも有効な方法は、実際に事例の現場を訪問し、現場を見て当事者から話を聞くことだろう。教室で講師の話を聞く研修よりも、実際に現場へ足を運び、自分の目で見て、現場の人の話を聞く方がずっと理解しやすい。しかも、現場で実践している人が自分と同じ立場の人たちであった場合、そうした人たちの経験はいっそう参考になる。農民は同じ農民の経験や工夫から、また行政官は同じ行政官の経験や工夫から多くを学ぶことができる。もちろん行政官が農民や村落住民から多くを学ぶこともできるだろう。そして自分たちと同じ農民や行政官が自分たちよりも厳しい状況の中でがんばっている姿を見れば、われわれもやれるはずだという気持ちになるだろう。

百聞は一見にしかず、である。

❖地域に風を運ぶ人

「地域の特徴を示す言葉として、日本には『風土』という言葉があります。『風土』は風と土によって作られます。外から風を運ぶ人がいて、地域に新しい情報を送り込む。そして地域に住む土の人がその風を受け入れて、新しい『風土』ができるのです」

一〇年ほど前、あるNGOの代表からこんな話を聞いた。なるほど、と思った。以来、受け売りではあるがこの「風土」の話を他の人にするようになった。新しい「風土」ができる過程では外から風を運ぶ人が必要になる。風を運ぶ人は地域の外の人かもしれないし、内の人かもしれない。ある時はNGOなど外部の仲介組織や起業家が新しいアイデアや情報を運んで来るかもしれない。またある時はその土地の人が外で働いて学んだ経験を地域に持ち帰るかもしれないし、地域のリーダーが新しいアイデアや情報を求めて外に行き、風を持ち帰ってくるかもしれない。先進事例の視察やグッド・プラクティス事例の視察はこうした風を運ぶための一つの方法である。

風が吹いても風を受け止める地域の人がいないと地域は変わらない。風を受け入れる受容体としての地域住民の問題意識、目的意識が重要になってくる。地域おこしの活動や運動においては、外からの情報と内からのイニシアチブの両方が必要なのである。

日本の地域で最近実践されている地域おこし、地域活性化の手法として、地元学の取り組みがある。地元学は、一九九〇年代に水俣や仙台で実践された住民主体の取り組みの中から生まれてきた。この取り組みは外部者である「風の人」と地域に住む「土の人」の共同作業により、地域の「あるもの探し」

を通して地域資源を掘り起こし、地域の個性、文化の見直しをとおして地域活性化につなげていこうとする運動である。地元学では「土の人」が自分の地域の見直し作業を行うが、この時「風の人」は地域の人にとって当たり前に存在すると思われているものに対して質問することで「土の人」の気づきを促す。つまり「風の人」はファシリテータの役割を果たすのである。

これと同様に途上国のそれぞれの地域にも、当たり前に存在するもの、しかも工夫一つで「豊かなもの」に変わり得るものがたくさんある。それは長い時間をかけてその土地やそこに住む住民が培ってきたものである場合が少なくない。それゆえ途上国の地域社会開発においてもファシリテータの役割が重要となる。「風の人」＝ファシリテータはNGOや地方政府の職員など外部者の場合が多いが、「土の人」の気づきや主体的な参加を促すには、そうした「風の人」が問いかけて「土の人」が答えを見つけるという作業が必要だ。しかし最初から答えありきでは活動やプロジェクトの押し付けになりかねない。ファシリテータとしての仲介組織の役割は、地域住民と一緒に考え、住民が答えを見つけ行動に移すことを支援するところにある。それが住民のエンパワメント*や問題解決能力の向上につながるのかもしれない。

私はJICA派遣の専門家として途上国の現場で活動を行ってきたが、いわゆる技術移転の仕事だけではなく、現地のカウンターパートと一緒に考え、アイデアや情報を提供するというファシリテータ的な役割をすることも多かった。欧米の支援国が派遣するコンサルタントとは違って、日本の技術協力はJICA専門家の活動に見られるように、カウンターパートと一緒になって考える姿勢を持っていることが特徴的だといわれている。専門家の役割とは、「風の人」として新しいアイデアやグッド・プラクティスという「風」を地域に運び、「土の人」であるカウンターパートと一緒に考えながら、答えを見つけ出す手助けをすることなのだろう。

❖日本の地域おこしを途上国へ

日本では多くの地域で住民や地方自治体が地域おこしの活動を行っている。大分県で始まった一村一品運動は地域おこしの先進事例として有名になり、タイやマラウィなど海外にも広がって国際的になっている。私がインドネシアで地域開発政策支援のプロジェクトに関わっていた時も、一村一品運動の事例を紹介し、カウンターパートの研修では大分を訪問して現場の視察を行った。大分県の国際交流協会は一村一品運動に関して多くの国からＪＩＣＡの研修員を受け入れてくれている。

一九七九年に平松守彦大分県知事（当時）によって提唱されたこの一村一品運動も、最初は平松知事が県内の大山町や由布院町の面白い取り組みを取り上げて事例紹介したり、「豊の国づくり塾」を通じて地元のリーダーどうしが経験を共有し、水平的な研修を行うことから始まった。以来、地元リーダーが他県の先進事例を視察し自分たちの活動の参考にしたり、逆に、他県や海外の地域社会の担い手たちが大分の先進的な事例や運

2001年、インドネシアの北スマトラ州メダンで開催された地域開発グッド・プラクティス事例ワークショップでは、一村一品運動の事例を紹介。

＊エンパワメント　能力開花や権限付与とも訳される。個人や集団が自分で主体的に問題を解決する能力や社会的、経済的、法的な力をつけることを意味する。

動を視察に訪れるといった交流が盛んに行われてきた。

途上国で紹介されている日本の地域開発のもう一つの事例は「道の駅」である。インドネシアの「地域開発政策支援プロジェクト」でも、地域産品のマーケティングと地域観光情報の発信拠点として「道の駅」を紹介した。カウンターパートの研修では千葉県富浦町の「道の駅とみうら・枇杷《びわ》倶楽部」を訪問した。そこで「道の駅」のコンセプトと経営に関して担当の方から直接話を聞き、この事例をインドネシアでどのように生かせるかについて考え合った。地元の特産品である枇杷を生かした「枇杷倶楽部」は二〇〇〇年度の〝道の駅グランプリ〟に輝いたこともあり、全国から多くの視察者が来ている。一方、「枇杷倶楽部」の関係者も「道の駅」の立ち上げや経営が軌道に乗るまでは他の先進事例の視察を行ってきた。この時にはアメリカやフランスの事例も参考にしたそうだ。

その他、地方自治体の行政改革に関しても先進自治体を視察する自治体が増えている。埼玉県志木市では市民グループに自治体の業務を委託する「行政パートナー」制度を導入しているが、市の担当者によれば、他の自治体から多くの依頼があり視察者を受け入れているとのことだった。

インドネシアでも地方分権化が推進され、先進的な取り組みをしている地方政府に他の地域から視察に訪れるケースが増えている。やはりそれは、実際に自分の目で現場を見て、現場の人から話を聞くことが一番わかりやすく参考になるからだろう。百聞は一見にしかず、である。

「百聞は一見にしかず」。この言葉は開発に関わる者として、私が一番大切にしているキーワードである。

第2章　農業・農村開発

私の天職

●時田邦浩（一九五七年生まれ）

❖農村という私の原点

ケニアに青年海外協力隊員（五五頁注参照）として派遣されて以来、発展途上国の農業・農村開発に携わって二五年になる。この仕事を選択した背景に、自分が農家に生まれたこと、農村で育ったことが大きく関わっていると思う。一九五七（昭和三二）年、濃尾平野のど真ん中、見渡す限り田んぼの広がる岐阜県羽島《はしま》市に生まれ育った。六四年の東京オリンピックを前に新幹線と名神高速道路が開通し、飲料水が井戸水から水道水になった。しかし井戸水に比べ、水道水はまずくて飲めるものではなかった。晴天はほこりをまき上げ、雨天はぬかるみで泥だらけだった市道がやっと簡易舗装になり、生活が少しずつ便利になっていた。炊事が竈《かまど》からプロパンのガスコンロに変わったが、昭和四〇年代は風呂を薪で沸かしていたので、夕方には煙の上る家が多かった。近くを流れる木曽川で流木を拾い、また庭木を剪定して薪にし、籾殻ももちろん燃料として活用していた。専業農家が多く、家を建てる時には近所から人手を集めて棟上げまで協力することもあった。大きな家、小さな家の違いはあるにしても瓦屋根の落ち着いた家が多く、大きな貧富の差などあまり感じることはなかった。わが家は一八九一（明治二四）年の濃尾震災後に建てられた古い家で、養蚕のため家の中で火を焚いていたので、柱や天井は煤で真っ黒だった。

小学生の頃は上級生が下級生を連れてよく遊んでくれた。木曽川の河川敷は格好の遊び場だった。浅瀬でカラス貝を探して大きさを競ったり、一抱え以上もある太い松の木に登り誰が一番高い枝まで登れるか競争したり、つるにぶら下がりターザンの真似をして田んぼへ飛び降りたりした。夕飯の準備で立ち上る煙の匂いで、空腹感に帰宅を煽られるまでよく遊んだものだ。

その頃、この地域の農業は大きな変化を見せていた。土地改良区ができ、単位区画を大きくする耕地整理が行われ、機械化が進められた。農地の一区画を大きくするための交換分合は、農家にとって自分の慣れ親しんだ土地が他人のものになり、人のものを自分が使うことになると同時に農地の価値が決められる一大事であった。父が区長をしていたため、毎晩遅くまで村人が集まって話し合いが繰り返された。必ずしも皆に利益が渡るとは限らないので、父は自分の農地を割り当てて帳尻を合わせることもあったようだ。当時の機械化は、大規模経営の北海道を除くと、耕耘機の利用が中心であり、バインダー（刈取り結束機）が収穫作業に使われるようになったのはやはり昭和四〇年代のことだった。籾摺り機や精米機などの機械は近所との共同所有、共同利用であった。農業機械取扱店に勤める叔父にねだって耕耘機を借りてきてもらい、畑を耕して得意になっていたのは小学校六年の時であった。

機械が導入されてからは農作業がずいぶん楽になり、時間に余裕ができるようになった。だからと言って暇をレジャーに振り向けるような余裕はなく、むしろ経済的余裕を得るために、特産品の野菜づくり、養鶏のほか繊維産業の下請けなどの農外労働にも携わった。農業協同組合では、養鶏のための飼料の共同購入と卵の共同出荷を進めていた。ほとんどの住人が米づくりを中心に暮らしていたので、養鶏にしても数百羽単位の経営規模にすぎず、農協の組合員であることで皆が益を得られるように考えられていた。少し時が経つと市場競争が激しくなってきて、一万羽経営を目指したり、多くの農家が「下中ささげ」をブランド特産品として生産したりするようになった。このような生産活動に参加した農家はある程度まとまった収益を得られた。とは言っても、いいことずくめではなかった。ささげの生産は水稲作が比較的暇になる夏場だったが、生産が多くなる頃には一日二回の収穫作業や、夜遅くまでの出荷準備と早朝の出荷は多忙で、睡眠を減らさざるを得なかった。ささげのサイズと等級を分類し束ねる作業を夜遅くまで手伝ったが、出荷量が多ければ多いほど価格は暴落し、小学生ながら値段がむなしいほど安かったのを覚えている。もっとも、機械化が一番大きな影響を農村に与えたことは、第二種兼業農家（農業以外の所得が農業所得を上回る農家）を増やしたことであろう。このように農村社会の変貌を感じながら育ったという原体験が、いろいろなところで現在の自分に大きな影響を与えた。

❖江戸時代の国際協力

羽島市をはじめ、濃尾平野を流れる木曾三川（東側から順に木曾川、長良川、揖斐《いび》川）に囲まれた地域に育った人なら皆が知っているという薩摩義士の歴史から国際協力を考えてみたい。この話は小学校の社会で学んだだけでなく、親から何度も聞かされ、そのゆかりの地である千本松原にも遠足で訪問している。その中心人物である平田靱負《ゆきえ》の責任感の強さを小学生ながら感じ取ったものである。

昭和三〇年代まで、濃尾平野を流れる木曾川の提防は左岸の方が右岸よりも高く、高水の時は岐阜県側の右岸に洪水を先に流れ込ませ、大経済圏の名古屋・尾張地方の洪水被害を最小限に抑えるようになっていた。美濃の田舎と尾張の都会という格差はごく普通に存在していたし、美濃地方に住む自分から見ても尾張優先で仕方がないというあきらめに似た気持ちがあった。しかし当時の建設省は、堤防の強化と河川管理用の道路の設置などの改修を開始した。提防の上にあった農家を移転させて、竹薮や雑木林、畑は、芝生を植えた近代的な堤防に様変わりした。一番大変だったのが河川敷の共同墓地移転である。代替地の確保、墓標の特定、無縁仏の供養などを進めるには、住民との説明会、移転保障の交渉も含め大変な苦労があった。このような努力があって初めて右岸と左岸の高さが同じになった。もっとも、この地域では昭和四〇年代まで、水屋と呼ばれる石垣などで積み上げた一段と高い小屋が屋敷地の中に建てられているのが一般的で、母屋が浸水被害にあっても大切な家財道具を持ち込んで家族が一時的に避難するために使われていた。浸水に備えて、上げ舟と呼ばれる手こぎの舟が軒下にしまってある家も少なくなかった。

また、水害から村全体を守るために村の周りを囲んだ輪中《わじゅう》と呼ばれる堤が江戸時代以前から形成されていて、今でもその名残が点在している。一九七六（昭和五一）年に長良川が決壊した時、墨俣町で大きな被害が出た一方、安八《あんぱち》町や輪之内《わのうち》町では大きな被害が出なかったのは、輪中の一部が残っていて提防としての役目を果たしたからである。このあたりでは、水害から地域を守るために水防団と呼ばれる消防団に似た住民組織が形成されており、警戒水位を超すと水防団は見回りをして警戒に当たり住民への注意を喚起する。ひとたび水害が発生すれば、公的機関の指示に従って住民の安全を守ることになる。

徳川幕府が参勤交代を課していた頃は、輪中の決壊も頻度が多く洪水被害が絶えなかったという。その理由は、木曾・長良・揖斐の三川が合流・分流を繰り返す下流部での河床位置が西側の河川ほど低くなっており、山間部で地域的な集中豪雨が発生すると、雨量および源流の標高と距離に応じて時間差をもって河口付近に濁流が来て、河川間の水位差により逆流が起こるためである。そこで徳川幕府はこの地に縁もゆかりもないはるか南の薩摩藩に、「お手伝い普請」として木曾・長良・揖斐の三川を分流する提防工事を命じた。幕府は外様藩の軍事・経済力を抑える巧妙な手段として、大名にさまざまな工事の手伝いを命じていた。この命を受けた大名は、工事に要する資金と人員を供出し、幕府の監督のもとに工事を完成させなければならなかった。薩摩藩の「お手伝い普請」では、工事の責任者に家老の平田靱負が任命され、薩摩から来た約一〇〇〇人の武士と地元の人夫が工事に当たった。ただでさえ藩は財政難の中、遠国の土木工事を強いる幕府に対する薩摩藩士の怒りは頂点に達し、いざ開戦という雰囲気にあった。その時、家老・平田靱負は次のようなことを語って説得、藩論をまとめた。

「幕府と戦えば、薩摩は戦場となり、罪もない子どもや百姓までもが命を落とす。ならばこのお手伝い普請の治水事業を引き受け、異国といえども美濃の民百姓を救うことこそ、薩摩隼人の誉れを後世に知らしめ、御家安泰の基となろう」

薩摩藩は最善を尽くした。労賃・牛・馬・荷車の借代などを合わせると薩摩藩の当時の予算の二年分（約四〇万両、今の一〇〇億円以上、評価によっては三〇〇億あるいは一〇〇〇億円以上ともいわれる）が使われた。その資金は幕府の出したわずか一万両と、大坂の商人から借りるなど平田が工面して藩が必死で集めたものだった。

薩摩義士が尾張と美濃の国でこのような大規模土木工事を実施したことは、当時の国際協力といっても過言ではない。当時は標準語などなく、美濃の国で、言葉の違う薩摩義士は人夫を使うにしても話が十分通じなかっただろう。さらに、技術といえども薩摩には木曾・長良・揖斐のような大きな川があるわけでもなく、治水事業の経験すらなかったと思われる。そのような状況の中で、その地域に適した技術を模索しつつ、地元にあるものを活用して、多くの犠牲者を出しながらも難工事を一年三カ月で完成にこぎつけた。一七五五（宝暦五）年五月二二日のことである。その結果、この工事による治水効果は三河川の下流地域三〇〇カ村に及んだとされる。

この工事を総奉行として担当した薩摩藩家老の平田靱負は竣工後どうなったであろうか？　この工事では三二人が病死し、幕府への抗議の意味も含めて藩士五一人が切腹している。大命を果たし本国・薩摩へ帰国する藩士たちを見送ったあと、多くの犠牲者を出したことへの責任から靱負は五月二五日に自刃《じじん》している。これが〝宝暦治水〟である。

しかし、平田をはじめとする薩摩義士の偉業は、今日もなお土地の人々に感謝され続けているのである。一九三八（昭和一三）年には平田靱負を祭神とした治水神社ができ、工事で亡くなった薩摩藩の人たちを祀った。このような結びつきもあって鹿児島と岐阜は姉妹県となっている。平田の言葉にあったように、「国内の財政は厳しいが、異国のために尽くしてこそ将来の誉れとなる」ということが実を結んだ。江戸幕府の命令で工事が行われたのがきっかけではあるが、他国への協力が発展して親善関係が築かれた範例といえよう。まさしく江戸時代の国際協力である。

これには続きの話がある。皮肉なことに、堤が完成した後には洪水回数がむしろ増加したとされ、これは、完成した堤が川底への土砂の堆積を促したためと指摘されている。明治政府は西洋技術の輸入と国内制度整備を目的に外国人を多数雇ったが、ヨハネス・デ・レーケもその一人で、彼は木曽三川改修工事を手掛けるオランダ人技師であった。一八七三（明治六）年に来日して各地で調査を始め、一八七六（明治一一）年二月には木曽三川流域を一二日間にわたって踏査し、改修工事を提案した。デ・レーケは一八八一（明治一四）年に妻を亡くしながらも一カ月後に来日し、三〇年間にわたって日本に滞在して河川改修のモデルを築いた。木曾三川改修工事の中心は、川幅を広げ、川の蛇行をなくし川岸に連続した堤防を築くことにあり、これにより耕地面積拡大の効果も上げた。改修工事の着工は一八八七（明治二〇）年で、四期にわたり工事が行われ、一九〇二（明治四五）年に完工した。またデ・レーケは当時から「治水は治山にあり」という理念を持ち、改修工事だけでなく山林の保護や砂防工事も提案した。環境アセスメントという発想は微塵もなかった時代に、本質を見抜く力を持って行動したことは非常に驚くべきことである。

この二人の例は時代こそ違うが、同じ地域の農村基盤整備という点で共通している。しかし、二人に与えられた任務とそれへの対応には大きな違いがあった。〝宝暦治水〟は住民参加型の国際協力であり、さしずめ平田は周りにいる者を引き付けてその能力を最大限に引き出すという総合的マネジメントの達人だったといえる。一方、デ・レーケ技師は、明治政府のオーナーシップに応えてパートナーシップを発揮し、日本の土木技術者育成に携わり、治水のために山林保全や砂防も含んだ総合的考え方にこだわった技術協力の達人ということになろう。

今に伝わる治水をめぐる地元の話は、その後の私に大きな影響を与えた。

❖二足のわらじ

高校を卒業すると私は従業員三〇人ほどの鉄工所に就職した。同時に名古屋工業大学工学部機械工学科の夜間にも籍を置いた。自分の社会経験で大きな財産となっているのは、じつはこの鉄工所での三年間にある。技術も身に付けさせてもらったが、それ以上に会社組織と外との関係、あるいは人間関係を学んだことが一番の糧になっている。また、会社勤めと夜学という二足のわらじは非常に履き心地が良かった。というのも、職場の仕事で生じた疑問を、授業で勉強した理論で整理できるという利点があったし、逆に授業に出てきたことを職場で実践できるという利点もあったからだ。

入社して最初の仕事は、水門修理の補助作業員という下積みであった。その現場の初仕事が、水を堰止めて汲み出し、水門を交換するという作業だった。水門の扉が木製だったため、下請けの木工職人の下で働いた小さな仕事であったが、この初仕事は勉強になった。職人の型にはまった、無理と無駄のない作業の進め方は安全で能率が非常によい。段取りが職人の身体の中に染み付いていて、テキパキと仕事をこなしていた。堂に入った動きというのは、状況把握がされていて、こちらの動きに対してどのような反応があるかを十分に予測した自然な動きで、このように美しい動きを身に付けたいとあこがれた。

鉄工所だから高度な技術を求められる設計部門から、溶接・機械部品などの製造部門、そして荷造り・輸送と据付工事などの現場まで、さまざまな仕事が身の回りにある。大企業では分業化されており、全体を知ることは困難で、小回りの利く中小企業の中にこそ発揮できる総合力が潜んでいる。鉄工所入社時は工学部学生への配慮もあり設計部であったが、半年後には積算が主な仕事となり二年目は営業部に移った。小さな会社であるから在庫管理部門などはない。そのため受注後に部品の注文伝票がすぐに回されていなかったり、製品の在庫を確認して出荷に備えても、その中にすでに買い手が決まり配達を待っている在庫が含まれていたりすると納品遅れが発生する。個々の部門の中で問題が発生することはほとんどないが、設計から製造へ行く段階、あるいは設計と営業との連絡などに温度差が生じることは少なからずあり、時間の経過とともに大きな問題まで発展することもある。

いろいろな部署を経験したことで、部門間のつなぎ目部分が弱いことを痛感した。三年間の勤務であったが、小型の水門工事の時には営業部員として設計・積算書を作成、受注後には一部の溶接加工を行ってクレーン付トラックで搬送し、据付までを一貫して担当したこともあった。二〇歳の時には電設工事の現場監督をさせてもらったこともある。このような経験をすることは、大きな会社ではほとんどあり得ないだろう。専門家といえばスペシャリストということになるが、必要な条件が整っていないことの多い途上国では、たとえスペシャリストであれ何事にも対応できるジェネラリスト的センスが要求されることが多い。この時の体験は、その後の国際協力専門員の仕事で大いに生かされることになる。

❖海外への憧れ

私が中学生の頃、従姉は結婚してトロント郊外に移り住んだ。結婚相手は高校卒業後まもなくブラジルに渡り、さらにカナダへ移住した三重県出身者だった。夫妻が一時帰国した折、その従姉の伴侶から初めて話を聞くチャンスがあった。「ブラジルへ行った時は密航同然だったけど、とにかく外国へ行きたかったから船に乗った」、という一言に含まれる強い意志と行動力は、中学生の私にとって驚きであり憧れでもあった。その言葉に影響されたのか、高校時代に留学を夢見、いつか海外で仕事をしてみたいと想い、従姉に頼んでカナダの大学の入学案内書を取り寄せたこともある。しかし高校の先生や家族からは「そんな無理はするな」と諭されて留学はあきらめざるを得なかった。また大学生の時にはカナダ移住を考え、移住の申請書を持って朝早くバイクにまたがり東京・港区のカナダ総領事館へ行ったこともある。「投資できる資金を持っていないし、まだ学生なので卒業してから考えなさい」と言われ、すぐに移住することは無理と判断した。しかし海外志向は深まるばかりであった。鉄工所に勤め始めて二年目、英語をものにしようと考えて辞職を切り出したが、「石の上にも三年」と周りから諭され、もう一年お世話になって三年目で退職した。それからは英語専門学校に籍を置きつつ、ＹＭＣＡの児童体育教室で体操のお兄さんのアルバイトをしながら大学を卒業した。専門学校ではフィリピン国籍の語学講師もいたし、途上国でのＮＧＯ活動もよく紹介されていた。

その英語専門学校にアジア学院*の研修生が訪問し、意見交換をする機会があった。その時にフィリピン人から日本批判を受けた。「フィリピンの大切な森林資源を安い価格で伐採して持ち出し、環境破壊と公害を残していったのは日本である」との発言に言葉を失った。恥ずかしながら、その時は日本の商業ベースでの森林皆伐がフィリピンでどのような問題を引き起こしているのかまったく認識していなかった。この一言は、自分も加害者の側にあることを認識させ、途上国の問題と自分との関係を初めて強く意識する瞬間となった。今にして思えば、この一言が青年海外協力隊（ＪＯＣＶ）*に参加するきっかけだったといえる。

この頃、私の関心は海外へ向けられ、積極的にいろいろな活動に関わっていた。たとえば、日本でも社会的関心が高まっていた南アフリカのアパルトヘイト政策（人種隔離政策）に反対の論陣を張る英文雑誌『*Perspective*』の記事を和訳するボランティアを行った。また、ＹＭＣＡから平和教育ミッションの一員としてアメリカに派遣され、原爆写真展やその講演会を手伝うこともあった。派遣の直前にスリーマイル島の原発事故が発生したことから、このミッションは現地で常に注目を浴び、大学や高校で開催された講演会でも大きな反響を呼んだ。若かった私には無理に背伸びした面もあったが、こうした活動を通じて視野を大きく広げることができた。

❖人生の一大転機

大学と英語学校を同時に卒業する時期を迎え、大学の指導教官は工作機械メーカーへの就職を斡旋してくれたが、結局モラトリアム状態で迷ったあげく大学院を受験するも、準備不足のため不合格となった。そこで研究生として岐阜大学に籍を置くことにし、財団法人科学技術情報センターの英語技術論文抄録の翻訳で語学を磨きながら、再び大学院受験を目指して農業機械の勉強をした。しかしすぐに受験勉強に物足りなさを感じるようになった。協力隊の存在を知ったのはその頃である。岐阜大学農学部の卒業生は協力隊参加者が多く、また協力隊ＯＢの学生からの刺激もあり、すぐに協力隊の受験を決めた。

こうして協力隊の試験に合格し、派遣されたのは一九八一年、二四歳の時である。任地はケニア。日本が協力し開校したばかりのジョモケニヤッタ農工大学で農業機械を教えることになった。しかし当時は教員が十分揃っていなかったため、いきなり農業機械コースの主任を任され、専門分野の仕事以外にも溶接実習場の管理や一般科目の物理の授業まで兼任することとなった。

ある日、学生たちが部屋にやって来て、「日本のスポーツである空手を始めたいので顧問になって欲

＊**アジア学院**　アジア・アフリカの農村地域から草の根で活動する農村指導者を日本に招き、農村コミュニティの自立を目指して農業研修を行っているＮＧＯ。栃木県那須塩原市にある。
＊**青年海外協力隊**（ＪＯＣＶ＝Japan Overseas Cooperation Volunteers）「青年たちの海外に向ける熱い思いに道を開こう」という青年団体や青年政治家たちの呼びかけにより、一九六五年四月に発足したＪＩＣＡの一事業。翌年に第一期生としてフィリピンへ一二名が派遣されて以来、二〇〇八年七月までに累計で三万一八〇〇（男一万八二二八、女一万三五七二）名が八二カ国に派遣されている。

はからずも務めた空手部顧問。1983年、ケニア理数科教員大学との対抗試合。団体戦で、ジョモケニヤッタ農工大学が勝利した。

しい」と頼んできた。空手は協力隊の訓練期間中に教えてもらった程度で得意ではなかったが、日本との絆を強くしたいという学生たちの熱意に押された。一年目の学生総数約二〇〇人のうち意外にも半数近くが空手部に入ってきた。責任重大である。ナイロビに空手道場を構えている協力隊ＯＢの田村良雄氏にお願いして改めて空手を習い、大学では学生と一緒に練習に励んだ。田村氏にはケニア人コーチも派遣してもらった。習熟の早い学生の中には黒帯を着ける者も現れ、ケニア国内の大学対抗では常勝となった。そのため、有段者でもない私のことをスポーツ隊員と勘違いしている人も多かったようである。

この新生大学の整備は、日本の専門家と協力隊員による大型技術協力プロジェクトとして進められていた。夏休みともなると日本の大学教員が短期専門家で派遣され、瞬間的にではあれ総勢四〇人ほどの日本人が大学にいたこともある。この中に都築孝 国際協力専門員（当時）もおられた。都築氏はコンピュータプログラムを駆使した大学紹介のアニメーションを作り、当時としては画期的な技術を披露してくれた。「できる」と思った。これが〝専門員〟との初めての出会いである。

協力隊員時代には、現地の人々はもとより、アフリカ好きでユニークな多くの専門家や訪問者と接する機会があり、たくさんの刺激を受けた。とりわけ協力隊ＯＢの専門家には何かと世話になり、週末ともなると夜を徹して話すことが常であった。専門家たちが熱く議論を交わす姿を見て、自分なりに専門家の理想像を作り上げていったように思う。そして二度の任期延長を行い隊員生活が終わろうとする四年目には、ライフワーク専門家としての国際協力専門員に憧れるようになっていた。

しかし同時に、隊員生活四年目ともなると、大学で教えるための経験と蓄積をすべて出し尽くしてしまったという感覚にとらわれ、協力隊受験の時に持っていた自信を完全に失っていた。これから専門家としてやっていくためにはもっと高度な知識と応用力が求められると思い、帰国後、一度は棄てた大学院の道を再び歩み始め、農業工学を学ぶこととなった。修士論文のテーマは「落下流水エネルギーの利用」であったが、その研究室では人間工学に関する研究も行っていたため、農業普及員たちによる農作業の労働調査にも参加することができた。専攻が工学分野でありながら、農家との接点を維持し得たことはありがたかった。

その後、ＪＩＣＡの海外長期研修に合格し、アメリカのミシガン州立大学で農業システム工学も学ぶことができた。農業技術ばかりに焦点を当てた農業開発ではなく、村社会を含めた生きたシステムとして農業をとらえ、それぞれの要素の相互の関係性を分析することで、農村開発を幅広い視野で考える素地を培うことができた。

長期研修を一九八九年に終え、今度は専門家として再びジョモケニヤッタ農工大学プロジェクトに参加する機会を得た。協力隊ＯＢの専門家で協力隊員時代に世話になった杉山隆彦氏（後に国際協力専門員）が当時のプロジェクトリーダーを務めていた。氏からは国際協力に携わる上で重要なことを多く学び、専門家として必要な資質を高めることができた。特に、専門家には幅広い情報収集力と地に足のついた分析能力が必要であり、時には大胆な判断力と行動力が要求されるといったことの深い意味を考えさせられた。専門家中の専門家と呼ばれる国際協力専門員を目指そうと具体的に思い始めたのもこの頃である。しかし当時は国際協力専門員の募集分野が少なく、三〇代前半の私には狭き門となっていた。

専門家として二年間の派遣が終わった一九九二年、博士論文をまとめるためにすぐにアメリカに渡った。そして半年後には論文発表を終え、最終論文を提出して学位を取得した。留学後の身の振り方としてＪＩＣＡの社会人採用*も検討していた。そんな時、ＪＩＣＡのつくば国際農業研修センターから研修指導員としての誘いを受け、専門性を活かせる仕事と思い決断した。そして研修員受け入れの業務に二年間携わったあと、国際協力専門員の募集分野が大きく広がった機会を得て、農業機械分野の専門員として採用されることになった。三八歳の時であった。

❖「モノ」から「ヒト」へ

これまでの農業開発協力を振り返ると、一九六〇年代のプロジェクトは、土壌肥料、イネや野菜栽培、農業機械、そして灌漑など個別技術分野の専門家によって構成されることが多かった。当時、技術協力の主要な課題は生産技術の開発・普及を通じた生産基盤の強化にあり、収量の増加をもって途上国の食糧安全保障に対する貢献ととらえられていた。その後、「緑の革命」*によって収量増が可能になると、生産量よりも農産物の品質や流通に目が向けられるようになっていったが、近年では、農村地域における貧困削減のための協力として、参加型開発（第1章参照）の取り組みや、地方分権化支援に見られる地方行政への支援も含めた協力が増えている。

国際協力専門員としての最初の長期派遣は、一九九九年から二〇〇一年までのフィリピンであった。

2001年、フィリピン・ボホール総合農業振興計画プロジェクト。プロジェクトで栽培法を農家に指導し、できたスイカをカウンターパートたちがご馳走になっている。

「フィリピン・ボホール総合農業振興計画プロジェクト」のチームリーダーとしての仕事である。このプロジェクトは、主にボホール農業振興センターでコメの増産と品質改善のための稲作技術の研究・試験を行い、試験場で開発された技術をボホールの灌漑地域に普及して農民の所得向上を目指すというものであった。プロジェクトの専門分野の構成は、肥培試験や栽培実証試験等をベースにしている点では以前の農業開発プロジェクトとさほど変わらなかったが、その技術を向上させるために農民参加を重視し、農民を協力対象の中心に据えて水管理や総合防除の重要性を重視した点で、従来の農業協力とは大きな違いがあった。これは技術協力の焦点が、収量増加や品質改善など生産性向上を中心にした「モノ」から、農民の生計向上を中心にし

＊ＪＩＣＡの社会人採用　ＪＩＣＡでは即戦力になる人員を補充するため、大卒後二年以上の社会経験を持つ三五歳以下の青年を対象に、途上国への協力活動に情熱を持ち、交渉力・適応力のある人材を定期的に募集していた。最近の募集についてはＪＩＣＡホームページを参照。
＊緑の革命　一九六〇年代後半以降、コメ・コムギ・トウモロコシ等の高収量の改良品種の導入、化学肥料および農薬の投入、農業基盤整備および機械化などにより、穀物の生産性が向上した現象。

た「ヒト」へと移っていったことを意味し、潮流の大きな変化といえる。

この変化の背景には、市場原理に基づく経済の自由化やグローバリゼーションの進行がある。途上国ではこれまで、国際間で競争力を持たない自国の農業を政策的に保護していたが、グローバリゼーションによってこれが国際市場に晒されることになった。つまり、近代的な産業が発展しておらず、経済全体における農業部門の比率が高く、人口の過半数が農業中心の就業形態にある途上国においても、国際市場に対応するために自給的農業経営から商業的農業経営に移行せざるを得なくなったのである。その結果、零細農家は大規模な農業経営者のもとに吸収されて契約生産者になるか、農地を手放して小作あるいは農業労働者となるなど負の影響を被り、貧困層の拡大とともに富める者はますます富むという国内格差を増大させている。以前のように収量拡大を農業開発協力の目標とするだけでは済まない状況に陥っているのである。

このような途上国の実情を踏まえると、いつでもどこでも役に立つ万能薬はあり得ないと考えるべきで、個々の状況に対応できる多様なアプローチが必要である。たとえば、内戦後の復興プロセスを歩むような国に対する農業協力と、ある程度工業化が発達している国に対する農業協力とでは当然アプローチの内容が大きく違ってくる。内戦後の復興段階にあるような国の場合、安定した行政サービスを提供できるようにすることがまず重要となる。治安維持とともに、人々の雇用機会として公共事業の役割が大きく期待され、政府・行政による制度づくりや仕組みづくりが優先されなければならない。しかし、政府の財源が乏しく公務員給与が十分に支払われない場合には頭脳流出が起こったり、勤労意欲の減退をもたらしたりする。このような事態になると、住民は政府・行政への不信を募らせ、復興の前提条件である「和平の維持」を損なうことにもなりかねない。

都市近郊の農村と辺境地の農村とを比べてみても、そのありようはまったく異なり、協力の進め方には大きな違いがある。また、プロジェクト関係者や地方自治体が担っている役割の内容も、地域によって大きく異なる場合が多い。各農村に対する歴史的視点も重要である。移住地など新しく開拓された農村よりも、古くからある農村の方が社会的な成熟度の面で安定しているのは当然である。古くからある農村では慣習や村人どうしの強い結びつきによって、伝統的な農業技術などが整っている場合が多い。しかし、そこに新しい情報や技術が持ち込まれた時にどのような社会的変化が起こるのか。協力する側はその影響の大きさと方向を考え、住民が切実に必要と思うことを第一にアプローチする必要がある。

2007年、フィリピン稲作プロジェクト第3フェーズの合同中間評価調査で、評価内容について話し合うフィリピン側団長（元農業次官）と日本側団長である筆者（右）。

農業と一口に言っても、その定義の仕方はさまざまである。一般に農業とは農業生産を指すとされているが、生産から流通、そして消費まで含んだ一つの産業として定義されたり、農民が生活の糧を得る際の唯一の生計手段として定義されることもある。したがって、農業をどうとらえるかで途上国に対する農業協力の考え方も大きく異なってくる。これまでの農業開発では、作物と土壌、水、気象といった栽培環境ばかりに重点が置かれ、農民の生活にはあまり焦点が当てられていなかったように思う。しかし、農家の生計を視野に入れず、農作物の生産技術ばかりに重点を置いて協力を進めることは、「農業協力栄えて農家栄えず」につながりかねない。技術的な問題を解決することだけで、地域社会に深く根ざした貧困問題を解決できるなどとは考えられない。村人の置かれた社会・経済的環境や農業生産の条件など、「ヒト」の視点からの取り組みが重視されなければならない。それを実行しようとしたのがフィリピン・ボホールのプロジェクトであり、これから述べるカンボジアのプロジェクトだった。

❖農村社会を俯瞰する視点

国際協力専門員として二度目の長期派遣は二〇〇三年から二〇〇六年までで、「カンボジア・バッタンバン農業生産性強化計画プロジェクト」のチーフアドバイザーの仕事であった。

長年内戦が続いていたカンボジアでは、国連暫定統治機構（UNTAC = United Nations Transitional Authority in Cambodia）が一九九二年にカンボジアに入り、九三年、九八年、二〇〇三年には国際的監視のもとで総選挙が実施されていた。二〇〇三年の選挙では閣僚人事が難航し、新閣僚の決定が一年後という問題はあったが、フンセン政権は安定を保ち、海外投資を呼び込むには十分な環境が維持されていた。この間、地雷除去や武器の回収も着実に進展した。また国道も急ピッチで舗装され、首都プノンペンにはモーターバイクが溢れた。ビルの建設工事が至るところで進められ、経済は順調に発展を始めた。

しかし都市部と農村部の貧富の格差、あるいは農村内の貧富の格差はより一層大きくなっていた。カンボジアの貧困は農村部に多いといわれており、その農村部には総人口の八割以上が住んでいる。内戦が終わったあとこれまで多くのNGOが緊急人道支援活動を行ってきた。難民を帰還させ、定住できるように支援し、国際機関などが支援できないような場所でも、地雷除去や井戸掘りなどの活動を行ってきた。この結果、安全と生存という大きな宝を手に入れることができた。とはいえ、農村の暮らしは決して楽になったわけではなく、人々の自立への道のりはまだ遠いというのが実情であった。

当然ながらカンボジア政府も貧困削減を最重要課題として位置付けてきた。ＪＩＣＡなど二国間援助機関やアジア開発銀行（ＡＤＢ）*など国際援助機関の関係者、そしてカンボジアの政府高官などをプノンペン市内のホテルに招いてセミナーやワークショップを開催し、経済財務大臣の出席のもと国家貧困削減戦略の立案もした。その実施に伴っては、現状を把握するためのモニタリングも開始した。しかし地方の州政府では、主な人事権が中央省庁に握られているため、予算は光熱費等を支払うだけで精一杯である。農村開発などに使う予算はほとんどない。大卒の公務員給与にしても、一般職で月に二〇〜三〇米ドル程度であるから、給与だけではとても生活できない。このため開発事業予算のほとんどが海外からの開発援助に頼り、職員の給与さえも援助機関やＮＧＯからの補填に頼っているという状態だった。

このようなカンボジア政府の脆弱な体質では、政府に主体的な貧困対策を期待することは不可能だった。農村の持続的発展を目指すには農民自らの潜在力が必要とされた。それゆえこのバッタンバンでのプロジェクトの目的は、復興支援のあとのカンボジアで、バッタンバン州農業局のカウンターパートや地元の人々とともに、農業の自立に向けた持続的な取り組みを試行錯誤していくところに定められた。

技術中心の農業開発ではなく、農村社会全体をとらえた視点でプロジェクトを実施したい、これが私

＊アジア開発銀行（ＡＤＢ＝Asian Development Bank）　アジア・太平洋地域の途上国加盟国に対する資金の貸付けと技術協力を通じ、この地域への投資および社会・経済の発展を促進する目的で、一九六六年一一月に東京で開催された設立総会により設立された。本部はマニラにあり、域内加盟国は四八カ国、ヨーロッパや北米地域などの域外加盟国は一九カ国ある。歴代総裁はすべて日本人が勤めている。

たちの思いだった。そうした協力の仕方が農村社会に持続的なインパクトを持つためには、農村開発の担い手として村長、僧侶、学校教師など農民以外の構成員もプロジェクトの中に位置付けなければならない。また、土地なし層や病人を抱える世帯など、農業による自立が困難な保護すべき住民に何らかの協力を届けるためには、相互扶助を含むソーシャル・セイフティーネットが機能する制度づくり、組織強化も必要である。

このプロジェクトでは、国際協力専門員になって初めて赴任したフィリピンでの教訓が生かされた。それは、技術系のみならず農村社会全体を視野に入れた社会科学系の長期専門家と、ジェンダー*の視点を持った女性の専門家の採用である。カンボジアでは四人の専門家の分野を、「営農」「栽培と普及」「参加型開発と農民組織」「業務調整と研修」とし、「参加型開発と農民組織」には社会科学系の専門家を配置して、人と農村社会に一層配慮することにした。また、専門家四名のうち女性を少なくとも一名、できれば二名入れたいと考えた。結局、プロジェクト開始当初は農村社会調査を女性に担当してもらい、その後任には「参加型開発と農民組織」担当の長期専門家として、人類学をバックグラウンドに持つ女性にお願いすることにした。これによりプロジェクトの後半では食品加工を切り口として、農村女性の組織的活動を進めることができた。

プロジェクトの対象地域であるバッタンバンは、カンボジアでも有数な穀倉地帯として知られている。しかしプロジェクト開始当初の農村調査で明らかになったのは、年間を通じて食糧不足に陥っている家庭が約三割もあることだった。また、調査した家庭の二割から三割では、過去一年間に子どもが腸チフスやデング熱などの熱帯伝染病に罹っていることもわかった。家族の働き手が病気になれば労働力が減ってしまう上に、社会保険制度などないカンボジアでは医療費が家計の大きな負担となる。難しい病気で高額な医療費が必要になると、田畑を売却するか、親戚、友人あるいは高利貸しから借金をして工面することもある。健康を回復できればいいが、最悪の場合は重要な働き手の死である。常に貧困と隣り合わせという、農村生活の脆弱さをこの農村調査で垣間見ることとなった。しかしこのような農村の現状を村人自らが進んで私たち（部外者）に語ることはない。だからカンボジア人のカウンターパートを含めた協力する側にとって、プロジェクト開始当初の社会調査は極めて重要なのであり、注意深くなされなければならない。

これまでの農業開発では、生産が増えれば農民は豊かになるという暗黙の了解が存在していた。しかしカンボジアの現実にそれは当てはまらない。バッタンバンでのプロジェクトの主な活動の一つは、灌漑用水を利用した水稲栽培によって生産性と品質を改善し、販売価格を高めることで農家所得の向上を図るというものだった。しかし灌漑受益者は必ずしも最貧困層の農民であるわけではなく、またプロジェクト対象地域には土地なし農民や寡婦も少なからずいるため、灌漑受益者を対象にした協力だけでは貧富の格差をより拡大させてしまうという懸念があった。そこで協力の対象を稲作以外にも広げ、畑作を含む生産の多様化や農民組織の育成を通して不利な生活条件に陥っているあらゆる人たちに支援の一端が届けられるよう工夫した。

プロジェクトでは土地なし農民などが短期間に肥育させて換金できる養豚、養鶏のための小屋づくり

＊ジェンダー　生まれつきの生物的な男女の違いは「性」（Sex）と呼ばれる。ジェンダー（Gender）とは、社会的、文化的に形成された性別のことで、「男だから」や「女だから」として私たちが言及することがジェンダーに当たる（詳しくは一二七頁注を参照）。

バッタンバンの農家でカウンターパートと聞き取り調査（中央が筆者）。

や飼料づくりも指導し、コメ以外の収入を確保できるようにした。また女性が参加しやすいバナナチップスやパパイアジャムなどの食品加工を振興するために女性グループを作ってもらい、技術講習会の定期開催などを通じて支援を行った。当初は自家消費用から始めたが、やがて現金収入を得るために販売も行うようになり、収益を貯蓄するグループまで現れた。

農家の相互訪問やファーマー・フィールド・スクール*などの手法を使って、これまで情報へのアクセスがほとんどなかった貧困層の人々にも、農家どうしで間接的にプロジェクトの情報が届くよう配慮した。単にイネの生産拡大だけに重点を置いていては、農村の貧困問題解決にはつながらない。生産や技術だけでなく、人や社会をも注視する姿勢が伴わなければならない。これが、このプロジェクトで改めて強く実感したことである。

プロジェクトで苦労を共にしたカンボジア人のカウンターパートの姿勢にも変化が現れた。現場の活動を通じて失敗や成功を繰り返すことで、農民の生活を中心に据えた真の農業支援のあり方を自分たちの役割としてとらえるようになった。

カンボジア人自身が正負の両面から自分たちの社会全体を直視し、貧富の問題に立ち向かう適正な開発を目指すよう願わずにはいられない。支援する側、される側を問わず、カンボジアの若い人々の間で農村社会や貧困層に対する理解者が増え、開発の担い手となっていくことが理想である。

❖柔軟なものさし

最近、日本ではサラリーマン家庭から大学の農学部を卒業し、開発協力関係のコンサルタント会社に就職する若者も珍しくなくなり、非農家の農学部出身者と一緒に国際協力の仕事をする機会が増えてきた。じつは途上国政府の農業省などの官僚にも非農家の出身者が多いが、日本人、途上国の人を問わず、非農家出身者の農業・農村開発に対する見方はごく普通の農民の生活実感とは異なっているように思われる。農業を単なる産業や技術の一部門としてしか見なしていないかのような印象を受けることが少なくないからだ。農業生産者という言葉からは農民の姿は見えてこない。それは先に触れた一九六〇年代前後の農業・農村開発プロジェクトの主流派の考え方を思い出させるものである。

兼業農家が多い日本で、農業の存在感は薄れてきているかもしれないが、とりわけ途上国の農民にとって農業はすべての生活の中心であり、重要な生計維持の手段である。そのような農業の担い手を一産業部門の生産者としてのみとらえてしまったなら、途上国の農民の実情を理解することは難しい。また、農業を理論的によくわかっているつもりでも、その実情に感覚的に反応できないなら、現実的な問題に真に対応することもできない。

当然かもしれないが、子どもの頃の生活環境が田舎であったか、都会であったかによって、その感覚

＊ファーマー・フィールド・スクール　一般の農民の圃場で、栽培期間中、毎週一回同じ時間に周辺の農民を招いて稲作技術の講習を行うこと。イネの病気や発育障害などの問題は周辺の圃場でも生じていることが多く、より実情に即した講習が可能になる。

の培われ方には大きな差が出るように思える。裸足で水田を歩く、農村社会の深い人間関係の中で育つ、そうした体験に裏打ちされた感覚、「絶対音感」という言葉になぞらえると「絶対農感」とでも言うべき感覚。これは日本と気候風土が異なる途上国の農村を理解する上でも大事な感覚だといえる。

しかし時代は変わり、日本の農家人口が六パーセントとなった今、「絶対農感」を持たない日本の若者が途上国の農業・農村開発協力を担うという時代が来ている。途上国に対する開発協力が一つの仕事として社会的認知を得た現在、この仕事を志す若者が多くなったことは正直に嬉しい。語学ができ、開発論にも詳しい若者たちである。しかしこのような若い世代を心強く思う一方、気がかりなこともある。実社会での経験に乏しい人があまりにも多く、経験から湧き起こる自分の言葉というものを持っている若者に出会うことが少ないのだ。語学ができても、中身がないと真の対話はできないが、実社会の経験に裏打ちされた話は、たとえ下手な言葉でも強い説得力を持つ。それに農村開発の問題は途上国だけにあるわけではない。ごく身近な日本の地域にもさまざまな問題が存在している。自国の農村問題に触れたことのない人がどうして途上国の農村問題を理解できるといえようか。

農業・農村開発を志す人には、途上国の農村に入る前に日本の農村に滞在し、実際に農作業や農村の生活を体験する機会を是非持って欲しい。好奇心を旺盛にしていろいろなことを経験すると、視野が広がるだけでなく、アンテナが張り巡らされたように物事に対して敏感になってくるだろう。もちろん、「絶対農感」がなければ国際協力に携わるべきではない、などというつもりはない。努力を惜しまず経験の場を積極的に求め、自分の能力を最大限に伸ばせるよう幅広い視野を持って取り組めば、若い世代でも「絶対農感」とはまた一味違う独自の感覚を身に付けて、国際協力の仕事で十分活躍できると思う。「途上国の農村の現状を具体的に変えていきたい」、私はこの思いをいつも持って国際協力の仕事に携わってきたが、それは至難の技である。この至難の技を成し遂げられるかどうかは、さまざまな問題への対応能力を人と人との関係性の中でどれだけ持っているかにかかっていると思う。人間社会に問題は付き物だが、ただ回答を導かせる学校教育的な方法だけで解決できる事柄は極めて少ない。問題が発生した時に、その人がどのように解決していくことができるかは、教室や文献だけで知り得た知識・分析力よりも、現場での実際の経験がものをいう。だから対応能力を身に付けるためには、当の問題、つまり途上国の開発問題だけを集中的に考えるのではなく、たとえば日本の開発問題のありようにも目を向け、幅広い角度から実社会というものを複眼的に見ていく経験を積むことが大切である。

また対応能力を高めるには、その人がどれほど柔軟性のある考え方に立てるかにもよる。ものの価値は人それぞれで異なるが、その価値観の違いは個々が持ち合わせているものさしの違いでもある。これまで日本人は同一規格のものさしを持っていたように思うし、それを持ち続けることをよしとしてきたようにも思える。グローバル化が進む中、一つの規格化されたものさしだけでは測り切れない現実を私たちは生きている。ところがこの状況に人々は十分対応できていない。今の日本が抱えるさまざまな問題の根幹はここにあると思う。複雑で不透明なこの時代を生きるには、どのような変化にも対応できる柔軟なものさしを個々の人間が一本でも多く持つ必要がある。そうして身に付けた柔軟な感覚こそ、国際協力に従事する人々にもっとも求められているものである。

価値観や文化の異なる途上国の社会にも柔軟な眼差しを向け、明るく前向きに彼の国の農村社会を理解していこうとする人であれば、シニアであろうと若者であろうと、きっと希望の持てる農村社会を現地の人々と共に目指していくことができるだろう。

第3章　農村開発と開発行政　私の大学

●清家政信（一九五六年生まれ）

❖国民の生活は一晩で変わる

「Masa! This is Ghana!」　西アフリカのガーナ共和国首都アクラ、農業省経済調査計画部。一緒に統計数値を眺めていた同僚のガーナ人女性職員が、私に向かって素っ頓狂な声を上げた。

一九八一年一二月三一日。乾季のガーナは、ハマターン（サハラ砂漠から吹く緩やかな季節風）に運ばれた黄色い砂塵に覆われて、文字通りカラカラに乾いていた。私たちは、エアコンのない、瞬き蛍光灯だけが生きているようなオフィスにいた。傍らのラジオからは、雑音とともに早口の演説とガーナ国歌が流れていた。聴きながらぼんやりと、「そうか、ここでは大晦日に国歌を放送するのか」と陳腐なことを思っていた私は、彼女の叫びの意味をすぐには理解できないでいた。「God, bless our homeland Ghana, to make our nation great and strong…」。国歌は、七九年六月に続くJ・J・ローリングス空軍大尉、二度目の軍事クーデタのアナウンスだった。五七年に独立したガーナでは、独立の父エンクルマ大統領の失脚以来、軍事クーデタが頻発した。多くの未遂事件を含めて、国民はこの種の「事件」に嫌気がさしていた。独立は安定とは無縁だった。「またか…」、ラジオのアナウンスを聞いて、彼女は私にガーナをそう説明しようとしたのだった。

年が明けて、アクラ中心部のマコラ・マーケットに火が放たれた。三桁のインフレの元凶として、マコラの商人たちが軍部の標的になったのだ。賑やかだったマーケットは、殺伐としたただの赤茶色の広場になってしまった。私は、国民の生活が一晩で変わることを知った。軍部の指示を受けて、職場には汚職摘発を目的にした下級官吏主体の「人民防衛委員会」が組織され、上役連中は姿を見せなくなった。日用品だけでなく、シャベルや斧といった農具に至るまで、ありとあらゆるモノに公定価格が設定されたが、それは流通経費や人件費、モノの質を販売価格に含めることを否定する価格制度だった。経済は、瞬く間に地下に潜った。それまで以上に、金と情報を持っている者のところに富が流れた。日本の戦後の闇市、かくありなんと思った。わずかなドルを懐に忍ばせて、隣国トーゴまで料理油や電池、砂糖、石鹸などの日用品を買出しに出かける生活が始まった。モノがなくなると、「先進国」出身の人間は脆くもさもしくなる。タバコ一本が原因で、日本人同士の関係が険悪になった。人間の「地」が、あからさまになる生活環境だった。高卒も博士も、一枚また一枚と身にまとったカラを剥ぎ取られていった。そして、地のま

演説するローリングス空軍大尉。

クーデタ前の賑やかなマコラ・マーケット。

クーデタ後のマコラ・マーケット。

まの人間は日本人もガーナ人も同じだった。
私は東京でのモノトナスなサラリーマン生活に見切りをつけて、その春に赴任したばかりの青年海外協力隊員だった。「農業センサスを手伝え」、その一言の要請を受けて、私はガーナに派遣されていた。農業センサスというのは、一〇年に一度の国勢調査の農業版である。人生は退屈であってはならないと信じていた私は、その数カ月前、ある得意先の社員食堂の昼休み、ふと手にした青年海外協力隊の宣伝パンフレットに、「世の中にこんなオモロイものがあったんか！」と、いわばイチコロで悩殺されたのである。学生時代に経済学を専攻して農業経済学や経済発展論をかじったとはいえ、成績は加山雄三（可が山ほどあって、優はたったの三個程度。当時は成績の悪い者を、そういう語呂合わせで貶した。加山雄三氏ご本人の成績とは無関係だと思う）、出来の悪い学生が出来の悪いサラリーマンになり、それでも自分にもう一度かけてみようとなりふり構わず思い立った、人生のそういう局面だった。二五歳の敗者復活戦は、青写真のないまま、その社員食堂で始まろうとしていた。

❖未熟者が飲んだアフリカの毒

「ガーナで農業センサスを手伝う」といっても、自分の統計技術に自信があったわけではない。私には教科書から得た知識しかなかった。おまけに協力隊の派遣前訓練を目前にして腹膜炎を患い、盲腸炎と誤診された結果、五時間に及ぶ激痛に苦しんだ手術。そして一カ月半の入院。一五キロ痩せて、筋肉を失った。ベッドから降りると、ラグビーで鍛えた太腿は痩せ細って、軽くなった我が身をようやく支えながらガクガク震えていた。退院後も微熱は消えなかった。誰もが私のガーナ行きに反対した。それでもガーナへ行きたかった。第二次世界大戦後、ブラックアフリカで初めて独立を遂げた国、ガーナ。国の独立って、いったいどんなことなのだろう。素朴な疑問だった。「アフリカの黒い星」と言われた国の、未知の人々に会ってみたいと思った。どんな暮らしをしているのか、それをこの目で確かめたかった。額に汗して国造りに取り組んでいる姿を、勝手に想い描いた。自分もそんな熱気の中に身を置いてみたかった。入院中も、アフリカとガーナの本を読んだ。「俺はここへ行くんだ」、そう思って読むと気持ちが高ぶった。片想いのように、イメージだけが膨張していった。

一九八一年四月から二年間を過ごしたガーナは、私にとってマキシム・ゴーリキーの自伝『私の大学』に描かれている場所と同じだった。元流刑囚の革命家、ナロードニキの商店主など社会の底辺でうごめく毒のある多彩な顔ぶれとの生活、そしてその時代そのものを、ゴーリキーは「私の大学」として描いている。ガーナという私の二年間の「場」に現れた初対面のガーナ人たちも、「一億総中流」と言われた国から来た若造にとっては、多彩できつい毒を持っていた。エネルギーが沸騰しているような顔つきをしたローリングス大尉の側近たちもガーナ人なら、一日中パイナップル畑の木の下に腰掛けて、のんびり盗人猿を見張っている村のおっさんも、同時代のガーナ人だった。統計調査員の訓練をしながら、ガーナ全国の村々を巡り歩いた。大して役にも立たない若い日本人を無視するでもなく、適当にあしらうでもなく、村人は私に遠来の客人をどう遇するべきかを教えてくれた。貧しさ故の豊かさ、豊かさ故の貧しさ、私はそういう世の中のことを教わった。私はガーナという「私の大学」に入学して、二年間を過ごしたのだ。

日本人が開発協力の仕事をするということは、生半可なことではない。統計の理論的なことは教科書にいくらでも書いてある。読み返せば、配属先カウンターパートの質問にも難なく答えられる。しかし、それまで農業調査の実務に携わった経験がなかった私には、調査の手伝いはできても、その改善策を提案するのは甚だ心許ない。さらに、カウンターパートだけでなく、同年代の友人・知人から発せられる質問は多岐にわたった。東京オリンピックのマラソンで活躍した円谷幸吉選手のこと、三島由紀夫割腹事件の意味。銀行員の友人からは日本の信用保証制度と御本家ドイツの制度との違いを尋ねられて、何も答えられなかった。クーデタの最中に、ローリングス大尉のアドバイザーをしていた大学講師の友人が、私に国造りのことを真剣に尋ねた。日本の食糧管理制度について、そのトウモロコシへの適応性を尋ねられても満足に答えられない。彼らの日本への関心は驚くほど高かった。ガーナがアフリカの黒い星なら、日本は有色人種の黄色い星。好むと好まざるとにかかわらず、日本人は外へ出ればそういう「日の丸」を背負う。そして思った、「俺は、何も知らないじゃないか」。

❖くちばしの色を塗り替える

技術協力を本旨とする協力隊員としては、甚だ中途半端なガーナでの二年間だったに違いない。しかし一方で、発展途上国は日本（人）を求めていること、それは日本の金だけではないこと、そして今のままの自分では、残念ながら役に立たない、日本の来し方、それもどうやら戦後の経済成長だけではなく、江戸時代あたりからきちんと勉強しておかなくては、途上国の熱い連中と本当に意味のある向き合いができないことがよくわかった。「私の大学」は、私に強烈な知識欲を与えた。日本人として技術協力に関わりたい、それを一生の仕事として取り組むプロフェッショナルになりたい。私は、黄色いクチバシの色を塗り替えなくてはならなかった。

帰国後、私はＪＩＣＡの海外長期研修制度によって、オランダと南部アフリカのジンバブウェで二年間の研究生活を過ごす幸運に恵まれた。ガーナで自分の内側から湧き出た知識欲に応える絶好の機会となった。「サブ・サハラ・アフリカ（サハラ以南のアフリカ）の農村開発」をテーマに置きつつ、同時に持ち込んだ大量の日本の文献も読み漁った。生まれて初めて、遊びの時間を惜しんだ。日本の経験を国際協力の観点から外国に伝えようとした試みとして、犬飼一郎氏による『興行意見』の紹介が目に留まった。『興行意見』は明治の農商務省次官であった前田正名が著した日本各地の産業に関する膨大な調査報告であり、地場産業の育成を中心課題とした「世界で初めての地域開発計画」として紹介されて*（七七頁）いる。犬飼氏の論文は、それまでその存在さえ知らなかった国連地域開発センター（ＵＮＣＲＤ）の出版物にあった。ＵＮＣＲＤという機関はいったいどこにあるのか、そう思って裏書を見ると、何と日本の名古屋にあった。長峯晴夫氏の著書『第三世界の地域開発』をオランダに取り寄せて読んだ。演繹法によるアングロサクソンと帰納法による日本人のアプローチの違いに納得した。

オランダから帰国して、今は亡き長峯氏をUNCRDに訪ね、余語トシヒロ氏（現、日本福祉大学教授）の知己を得た。「お前、国というのは何でできているのか、言ってみろ」、余語氏が一通りの話を終えた私の顔を見て尋ねた。思いがけない質問に面食らっている私の顔を見ながら、「それは、国土と国民、そして国富だよ。それぞれ再生産のサイクルが異なるこの三つのバランスが取れて、はじめてそれは国と呼べるんだ」。私は余語氏の骨太で的確な表現に、独立が安定と無縁だったガーナのことを思い出していた。ガーナという国、そこで過ごした二年間を咀嚼し切れていなかった自分を、私はこの瞬間に超えることができたのだ。

その後、南太平洋の大国パプア・ニューギニアへJICA専門家として赴任し、大蔵計画省で開発援助管理業務に従事した。そして再びアフリカの地に戻り、マラウィ共和国で農業省計画局顧問の任に当たった。経済の構造調整、独裁政治から民主政治への転換、あるいは連続する旱ばつという大きな出来事が連続した三年間だった。世界銀行（三二頁注参照）主導で進められていた農業部門開発戦略の策定にストップをかけて、この作業をマラウィ人の手に取り戻すことが私の仕事だった。これを成功裡に収めたあと、一九九七年に国際協力専門員として採用され、フィリピンのセブ島に赴任した。地方分権プロセスの支援と地域開発を融合したプロジェクトの実施に当たった。

❖不測の事態に対処できない社会

私の専門領域は、農村開発と開発行政である。この領域から貧困問題の解決に取り組むことが、JICAの国際協力専門員としての私の仕事である。多くの途上国では、国民の大多数が農村に住む。その生活水準はきわめて低い。満足な収入を得る機会に乏しいだけでなく、教育をはじめとする基本的な行政サービスも整備されていないことは、よく知られているとおりである。普段の彼らの生活は、低位均衡とでもいうような状態にあり、これを慢性的貧困と呼んでいる。何もなければ、それはそれで済むのだが、不測の事態がこの均衡を破る。そして、彼らの生活は一挙にさらに厳しい困窮状態に陥る。昔の日本なら、娘を売りに出すような絶望的な状態に陥る。アフリカのどこかで撮影された、枯れ枝のようにやせ細った母子の写真がメディアを賑わせるのは、こういう局面に至った時である。

不測の事態といっても多様である。たとえば、世帯レベルでは稼ぎ手の事故、失業、病気、逮捕、蒸発、死亡。村のコミュニティ・レベルでは、自然災害による水源の損壊、家畜を襲う疾病、あるいは地主の横暴。より広い地域での、旱ばつ、豪雨、害虫の発生。そして、価格制度や為替制度などのマクロ政策の変更、極端な場合には内戦などである。貧困層は普段からギリギリの綱渡り的な生活をしているので、こういった事態が招く大きな、急激な変化に対処する能力を欠いている。そして途上国の行政は、こういった事態に陥った国民を救済する能力に、著しく欠けている。世帯レベル、地域レベル、国家レベル、すべてにおいて脆弱なのである。この環境に、敗者復活戦の機会はない。そういう状態から脱出するための手伝いができないか、これは国際協力に携わる者に共通する思いであろう。

日本を基準にして行政の意味を考えると、相手国の実情に合わないことがある。日本では行政が開発

＊（七五頁）**国連地域開発センター**（ＵＮＣＲＤ＝United Nations Center for Regional Development）　ＵＮＣＲＤは国連と日本政府との協定により一九七一年に名古屋に設立され、㈠途上国の行政官を主たる対象とする地域開発研修、㈡調査研究、㈢助言、㈣情報ネットワークの確立に関わる活動を実施し、地域開発における「人間の安全保障」と「環境」を中心テーマとしている。

計画を作成し、この計画に従って予算が配分される。この一連のプロセスの主役は官僚である。わが国は高度に確立された「行政国家」なのである。一方の途上国に、そのような例を見ることはできない。計画そのものがないか、あったとしても、その多くは世界銀行などの国際機関により他力本願で作成されたもので、それらは自からの手によって更新されることはない。また政治家が計画を無視することは、日常茶飯事だ。三権分立の枠組みの中で、行政は司法と立法以外の国家機能として消極的に規定されるのか、あるいはもっと積極的な意味付けを持つのか、これは国によってまちまちである。だから、その国の行政にできることとできないこと、そして「外国人」たる日本人にできることとできないことを、しっかりと見極めなくてはならない。

❖数字が造る虚構の世界

行政に関わる課題は、多岐にわたる。行政はそのレベルに従って、国家行政と州、県、町などを対象とする地方行政とに大別することができるし、保健、農業、教育など、お馴染みの縦割り行政の構造に従った分類もある。計画事務と執行事務に分けて考えることもある。では、開発行政というのは何だろうか？「Development Administration」の訳語で、その意味するところは広範囲にわたる。簡単に言ってしまえば、国の開発に関わる行政全般が、そのまま開発行政である。たとえば、税収を大きく上回るような資金を開発協力に頼っているような国では、協力資金の管理自体が開発行政の枢要を占めるし、そこでは国家予算や累積債務に関わるマクロ経済の幅広い課題を取り扱う。他方、地方の開発を促進するために行政に求められているところが、地方レベルでの開発行政である。行政の仕事をするには対象とする国や地域の現状を把握する必要があり、否応なく数字を扱うことになる。たとえばどこに何がどのくらい不足しているのか、これを知るためには数字が必要不可欠である。そして、その現状を踏まえて行政として何かをしようという段になると、「そこはどんな社会で、どんな人たちが住んでいるのか」という地域社会のあり方への具体的関心を持つに至り、数字を超えた情報が必要になる。すなわち単純にいえば、国や県といった広域行政は数字で判断し、地方は数字の向こう側にある地域特性に着目して判断するのである。この点で、地方行政は「現場行政」にほかならない。

このように広域行政は統計がなくては仕事にならない。これは、おそらく世界中のどこの国にも当てはまることである。だから、乱暴な言い方をすれば、途上国の中央政府は、本来やるべき仕事ができていない。食料が足りないと言うが、いくら足りないのか、じつはよくわかっていない。たとえば、ガーナでの協力隊時代に食料生産調査の原票を見直してみると、南部の村でガーナ料理に必須の食材となるトマトの作付け面積がゼロだったり、一人の調査員が担当しているいくつかの村でトウモロコシの作付け面積がすべて二〇〇ヘクタールだったりといった事例がたくさん見つかった。食料生産統計の数字は調査によるものではなく、調査員の想像力によってできあがるものだった。このように食料生産の統計はいい加減だし、人口動態がきちんと把握されているとも言いがたい。

統計には、大別して記録統計と調査統計がある。車両の登録台数、病院の入院患者数、化学肥料の出荷数などのように、きちんと記録さえしておけば足し算を間違わない限り正確なはずの統計が記録統計である。一方、調査員を使って調査票による情報を集めて回った挙句に、ようやくできあがるのが調査統計の数字である。農産物の作付け面積や生産量の統計などがこれに当たる。記録統計を整備できないところでは、大掛かりな国勢調査や農業センサスのような調査統計をきちんと実施するのは至難の業なのである。発展途上国は、だから発展途上国なのだ。

数字によって表現される架空の現実ではなくて、数字の向こう側にある日常的な現実を取り扱う方が、ずっと効果的な協力ができるのではないか、私はそう考えるようになって経済学から接近することをやめてしまった。いくら精緻に理論化されていても、コンピュータから打ち出される「結果」は仮定の上でのバーチャルだ。それを相手にしながら、開発協力の世界で一度きりの人生を生きようとは思わなかった。もったいないと思ったのだ。生身の人間と、彼らの生きている泥臭い人間社会に入り込もう。そこにはバーチャルはない。ガーナでの生活を通して、私は「人は人に会って最大を得る」ということを信条とするようになっていた。悩ましいのは、誰もが納得する普遍的な正解を得がたいことであって、難しい仮定を設定することではない。経済学や経済学者を揶揄しているのではない。統計学や経済学は、発達した工業化社会にあってこそ、その本来の威力を発揮する独特の学問だと私は思う。

❖よそ者の役割

長年の経験がある専門家といえども、途上国ではどこに行ってもよそ者である。では途上国の農村開発でそんなよそ者に期待される役割は何なのか、手始めとして、まず都市と農村の違いを考えてみよう。万国共通の農村の定義、都市の定義があるわけではないので、常識的な範囲で都市と農村を比較する。都市の景観や立地は、どこの国でもよく似ている。四大文明発祥の地がそうであったように、おおよそ都市というのは大きな河川のそばにあって、水の豊富な沿岸部の平野に形成されている。そこには人が集まっていて、人口密度が高い。都市には高度に分業化された職業人たちが住み、自らの世帯の労働力、資金、土地を、市場（マーケット）を通して取引しながら生計を立てている。匿名性が高いので、自由度も高い。国際協力専門員になりたての頃、学生だった甥と一緒に神楽坂のアパートに住んでいたことがある。両隣の住人に挨拶をしようと尋ねても、ドアを開けてくれない。昨今悪くなるばかりの都会の治安状況のせいとはいえ、「隣りは何をする人ぞ」というのは、都市を象徴する台詞として秀逸である。多様な価値観が混在する社会が形成されているので、ある世帯や集団にとって必要なものが、別の人たちにはまったく必要がない。だから、物事を決める時には、多数決が基本的な手段となる。

一方、農村は国によっても、一つの国の中でも、景観や立地が多様である。山の中にも平野部にも広く存在し、土壌や日照時間、雨量、風向き、水温などの自然環境もさまざまである。都市のように人口密度が高いことはない。世帯は自らの手にある資源を組み合わせて生産活動に投入し、市場を通して調達することは稀である。村の住民はお互いのことをよく知り、匿名性は限りなく低く、相互依存と相互監視が表裏一体となったウェットで窮屈な生活環境がある。専門職としての分業化のレベルは低く、むしろジェンダー（一二七頁注参照）や世代、社会階層といった社会文化的な分業が生活の枠組みを形成していて、意思決定のあり方にも、こういった社会の固有要因が反映される。昨日や今日に、そうなろうと選択してそうなったのではない。長い時間をかけて、そうなっている。

さて、このような違いを念頭に置いて、農村開発を考えてみよう。まず、その立地条件や社会的な固有要因が多様なので、全国一律の規定を当てはめるような行政施策は、あまり効果的ではなさそうだ。また人口密度が低いので、行政サービスの効率性も低い。都市から遠隔地になるほどインフラの整備状況は劣悪となり、水道も電気もない田舎が珍しくない。市場形成が進んでいないので、民間セクターが入る上でもコスト高になりがちである。こういったことだけでも、よそ者が農村の開発を進める難しさは理解されるだろう。

他方、農村を都市のようにすることが農村開発ではなかろう。自らの住む場所をどのようにしたいのか、したくないのか。これは基本的に、そこに住む住民が、自らの環境の中で決めればよいことである。それが、農村開発のエッセンスであると私は思う。ただ、外部の者が気にかけておくべきなのは、途上国の田舎の人たちは世間が狭いということである。生活圏がじつに狭いのである。たとえば、フィリピン・セブに住んでいた頃、わが家ではアイリーンという二〇歳になったばかりのお手伝いさんに住み込みで働いてもらっていた。彼女はセブ市の中心から少し離れた村の出身で、牛一〇頭のほかに一ヘクタールあまりのマンゴー園を持つ比較的裕福な農家の三女だった。ある日、彼女に尋ねた。

「アイリーンは、泳げるのかい?」

「家のそばの川で泳ぐ」

「海は?」

「行ったことない」

「!」

私たちが住んでいた家の前の道をジープニー（乗り合いバス）で二〇分も行けば、瀟洒なリゾートが立ち並ぶ青い海が広がっている。女性の生活範囲は比較的狭いと知ってはいても、彼女が海を見たこともないとは想像していなかった。農村開発が、すべて農村の中で完結して十分であるのなら、外部の者の存在は不要かもしれない。他方、問題のない人間社会は想像し難く、村の中だけでは解決できない深刻な問題もあるだろう。あるいは、もしかすると、そこに住んでいるだけでは気付かない、何がしかの開発の可能性だってあるかもしれない。私たちよそ者の役割は、じつはそこにあるのである。

❖セブ州での地方分権支援の試み

二〇〇三年六月。椰子の葉陰を突き抜けるように、私の車は海岸線を走っていた。この道は、一九四五（昭和二〇）年の夏、米軍の搬送車に乗せられて、多くの日本兵が移動した道だ。道路脇から「バカッ」「コノヤロウ」と罵られながら、椰子の実やゴツゴツした岩が、頭めがけて容赦なく飛んで来た。長く続いた戦闘が終わって帰路につこうとした矢先に、こうして命を落す日本兵が何人もいた。私は戦記で読んだそんな哀しい話を思い出しながら、フィリピンの中部ビサヤに浮かぶセブ島の青い海を眺めていた。車窓を雨滴が走り出した。こうしてセブ島で本格的な雨季の到来を迎えるのも、これで五度目だ。

フィリピンでは、一九九一年に「地方自治法」が制定され、地方分権の法的な環境が整った。フィリピンの地方へ行くと、そこでは昔ながらのボス政治が幅を利かしていることがある。分権はそういう地方ボスたちの権力を強めるだけだ、という強い懸念があった。加えて、分権の理念はわかるが、人材も資金も乏しい地方に分権して大丈夫なのか、という危惧も強かった。しかし長く続いたマルコス大統領による独裁政治への反発は強く、そういう懸念は掻き消されたのである。「セブ州地方部活性化計画」（Cebu Socio-Economic Empowerment and Development Project, 通称「セブＳＥＥＤプロジェクト」）は、そんな環境の中で九九年から二〇〇四年までの五年間、ＪＩＣＡの技術協力プロジェクトとして実施された。私は前半の三年間を開発行政の専門家として、そして後半の二年間をチーフアドバイザーとしてこのプロジェクトの実施に当たった。

フィリピンの行政構造は、中央、州（Province）、町（Municipality）、バランガイ（Barangay）という階層をなしている。セブ州は日本の高知県くらいの面積で、州人口が約三五〇万人（二〇〇〇年国勢調査）、

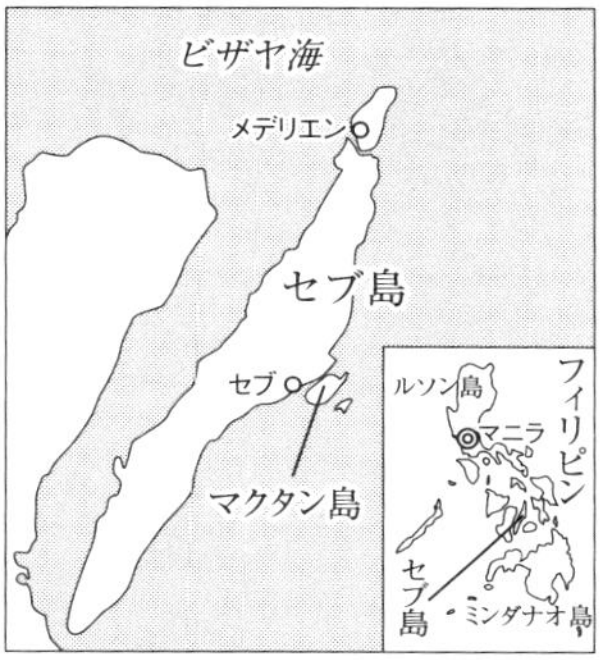

州内には町が四七ある。町の人口はおおよそ二万人から三万人で、町内にバランガイが二〇程度ある。バランガイというのは日本の大字のようなもので、これが最小の行政単位である。バランガイを含めて、それぞれのレベルの自治体首長は選挙で選ばれる。地方自治法は、これらの異なる行政レベルの役割を緩やかに規定するものである。
日本でセブというと、青い海と白い砂、瀟洒なホテルが立ち並ぶマリン・リゾートというイメージが湧く。しかし、リゾートで有名な「セブ」は、じつはセブ島の東岸中央部に出ベソのようにくっついている「マクタン島」であり、「セブ州」全体を意味しない。「セブＳＥＥＤプロジェクト」の対象地域は、多様な社会地理環境を持つセブ州北部である。ここには医療、教育など基本的な行政サービスにも手がついていない離島部や山間僻地などの貧しい地域、長年にわたる固定的な社会関係の中で地主階級が開発を独占するハシエンダ（大規模砂糖プランテーション）地域等があり、地方行政が直面している多様な開発課題がある。地方自治法の示す制度的な枠組みの中で、どのような開発方式がこれら開発課題に対して持続的な効果を持ち得るのか、これが「セブＳＥＥＤプロジェクト」の取り組む課題だった。前提条件として、町やバランガイは自己資金だけで開発プロジェクトを実施するのは困難で、州政府の持つ開発資金の補助が必要だということ。そして州と町、バランガイの間には、開発資金を軸とした依存関係が形成されていて、利益誘導型の政治的な関心が容易に入り込む環境だった。
そこで私たちが目指したのは、「足し算関係を掛け算関係にすること」である。フィリピンの地方自治法の特徴は、州や町といった異なるレベルの地方自治体が、その地域の開発を協力しながら進めることを促進しているところにある。また、ＮＧＯや住民組織が地域開発に積極的に参画できる環境も提供されている。中央集権時代には、マニラですべて物事が決まり、中央政府は地方にそれを実施させていたわけである。そこには、自治体どうしの共同など視野に入ってさえいなかった。だから、セブ州全体の開発には、中央政府からの交付金を単に足し合わせただけの効果しかなかった。新しい自治法は、この関係を掛け算関係に発展させる機会を与えているものだと解釈できる。だから、私たちのプロジェクトで自治体の能力を少しだけ上げさえすれば、相当の効果が期待できると考えた。従来の各自治体の能力を一〇点満点の二点くらいと仮定すると、式はこうなる。
　中央集権時代　州（二）＋町（二）＋バランガイ（二）＝六
　自治法の環境　州（二）×町（二）×バランガイ（二）＝八
　プロジェクトの目指すもの
　　　州（二→三）×町（二→三）×バランガイ（二→三）＝二七
六点が二七点まで飛躍するのである。具体的には、二つのアプローチを取った。一つは、統計分析による共通認識の形成、もう一つは、地域資源を重視した小規模事業による共同関係の形成である。

❖統計は無用な雑務か

プロジェクトの開始当初、対象となったセブ州北部二〇町の町長一人ひとりを訪ねて聴いた。「あなたの町と隣りの町は、何がどう違うのか？　町の売り物は何？」「まわりの町とあなたのところと、若い人はどっちが多いの？」。行く先々で町長は目を白黒させて、隣りの企画担当を見ている。その担当は、同席している州政府の企画担当を見ているが、こちらはそっぽを向いて知らん振りだ。そんな様子を見ながら、州政府は客観的な指標で町の姿を比較したことがないこと、町の方も州内での自分たちの相対的な姿を把握できていないことがよくわかった。この二〇町行脚を経て、州政府企画担当に訊ねた。

「どの町にどんな行政サービスが不足しているか、州政府は全然わかってないのと違うか？」

「知事が自分で何でも決めてしまうから、こちらは言われた通りにやるだけだ。仲良しの町長の頼みごとを、知事は優先する」

「仲良しの町長五人が同時に同じような頼みごとをしたら、知事はどうやって優先順位を決めるのか？」

「そんなことは知らん。知事に聞いてくれ」

先に述べたように、途上国の公式統計の信頼性は低い。フィリピンも、その例外ではない。だから行政の実務に公式統計は利用しないのだという議論は、一方で正しい。他方、格言は「統計なくして行政なし」と率直に言う。両者を併せると、途上国の統計の質が変わらない限り、公正な行政は実現されないということになる。公正な行政を実現する第一歩は、統計分析による共通認識の醸成であると考え、「セブSEEDプロジェクト」としてこの課題に取り組むことにした。セブ州には四七の町がある。個別の町レベルでは見えないものを、州の広域的視点はとらえなくてはならない。そしてその逆も、しかり。お互いの姿かたちを客観的に知ることは、良い関係性を築く上で大事なことだ。州政府と町、両者の視点を融合した開発計画が作れるような道筋をつけなくてはならなかった。信頼できる数字はないが、とにかく使い始めよう。分析の結果が現実の予算配分や開発計画に反映され出したら、統計の信頼度も徐々に良くなる可能性は否定できまい。私は、そう考えた。

州政府職員は国からの指示を受けて町からデータを集めたことはあるが、そのまま中央政府へのメッセンジャーとなって送り返すだけで、それを加工分析した経験はない。町にしてみれば、統計業務は勝手に上から降って来て働かされて、上に吸い上げられて、そして戻って来るのは退屈な数字の羅列か、梨のつぶて。大金をかけた一〇年に一度の人口センサス（国勢調査）の結果さえ十分に知らされていない。だから、行政の階層が下がるにつれて、統計業務を無用の雑務ととらえる意識が強くなる。州政府にも町にも、統計業務に喜んで取り組もうとする職員はいなかった。州政府企画開発局職員を対象に、平均値などの代表値を求める簡単な計算試験をしたら、経済学や土木工学の修士たちが赤点を取る始末だった。暗澹たる気分になった。

❖町の総合ランキングで盛り上がる

標準得点方式というランキング付けに便利な統計処理方法がある。これは大学入試などで使われる偏差値のことだが、これを使って町の順位表を作ることを考えた。そしてナショナル・ミニマムの考え方を援用して「セブ・ミニマム」とし、基礎的な行政サービスの充足度を町ごとに示し、この二つを併せて検討すれば、州政府としてどの町のどんな部門に財政支援が必要かを、おおよそ判断できると考えた。町にしてみれば、セブ州全体の中で、自分の町と他の町を比較して弱点を知り、そこを改善する取り組みを始めればよい。州政府に対しても、共通のデータに基づいて交渉するので、話がしやすくなる。

町の順位表は、私の故郷である徳島県が開発した「健康指標」を参考にし、高校の同窓生で統計数理研究所の中野純司教授のアドバイスを得ながら、計算方法に若干の改善を加えた。持つべきものは友である。人体機能を（一）エネルギーの生産、（二）血液の循環と浄化、（三）身体の支持と保護、（四）身体の情報伝達と調節、（五）精神作用に五分類し、それぞれの機能に類似した自治体・地域機能を当てはめて得点を計算する。たとえば人体の循環機能は、血液を循環させることで体内に栄養分を運び、同時に不要物を排泄するわけだが、これを農道延長、道路舗装率などの交通インフラの整備状況を示す指標と便所の普及率などの環境、衛生施設の整備状況を示す指標で代替表現し、これらの標準得点を計算して、循環機能についての町のランキングを付けるのである。それぞれの機能に同様の処理を加えて、最後にこれを総合化すれば町の総合ランキングのできあがりである。

人体は健康であれば、他からの助けなく完璧に機能する。地方分権環境にあるフィリピンの自治体にも、「自助」や「自立」が求められる。自治体を人体になぞらえたこの分析方法は、その結果がレーダーチャートに明瞭に示されるのでわかりやすかったことと、自分の出身地（町）への思い入れを掻き立てられるために、代表値の計算で恥をかいた州政府の企画担当者たちも興味を示して面白がった。ある日、スタッフのデスクの上に古い統計学の教科書を見つけた。どうしたと尋ねると、照れながら言った、「Because you look busy, I am reviewing my old textbook」。カウンターパートがこうして独学を始めてくれれば、技術協力の七割がたは終了である。

❖見慣れた入り江が宝箱に

セブ市から海岸線をまっすぐに北上して三時間あまりのところに、メデリエンという町がある。そこは、セブ島の北端に近い。この町の沿岸部にあるバランガイ、ティンドグ（Tindog）には遠浅で水通しの良い入り江があり、セブの人たちが好んで食べるグソ（和名キリンサイ）と呼ばれる海藻の養殖に適している。私たちはここで、地域資源を使った小規模事業による共同関係を形成する試みとして、グソの養殖事業を実施した。

グソを酢でしめて、トマトや玉ネギと一緒に混ぜ合わせると、ヘルシー・サラダのできあがりである。外務省の広報番組の撮影でティンドグを訪れたフィリピン出身のジャズ歌手、マリーンも「これはマニラにはないわねぇ」と言いつつ、一口味わって「もっと！　おいしい！」。私の家族も、このヘルシー・サラダは大好物だった。グソ独特のコリコリした食感が病みつきになるのだ。また、グソは凝固剤、保湿剤などとして利用されるカラギーナンと呼ばれる成分を含んでいる。セブ島内には、カラギーナンの加工工場があり、「作ったわ、売れないわ」という事態も避けられる。セブ島北部はフィリピンの台風通過ルートに引っかかっているために、二〇〇一年のプロジェクト開始から何度か災難に遭いはしたものの、二〇〇四年までにグソ養殖住民組織のメンバーは当初の二三名から三四名まで増加し、回転資金の積み立ても進んでいる。

先に述べた「足し算関係を掛け算関係にする」には、お互いの姿かたちを客観的に把握する統計分析だけでは十分でない。まず州政府職員と町の職員、それに加えて地元で活動するＮＧＯや住民組織を、一つのプラットフォームに乗せなくてはならない。同じ方向に向かって出発するためのプラットフォームである。そこで町の開発はどんな方向に向うのがよいか、顔を突き合わせて意見交換し、お互いの考え方を理解することが第一歩である。町よりも広い視野に立って州内の関係機関や専門家を探すことができる州政府は、ここでその町の開発課題についてのネットワークを形成する。そのネットワークの中から、共同して事業を形成・実施できる相手とパートナーシップを結ぶ。地元事情をよく知る町職員や住民組織、ＮＧＯと州政府、専門技術を持つ関係機関が、「セブＳＥＥＤプロジェクト」を触媒として共同関係を形成するのである。

グソの養殖事業では、州政府農業局職員のやる気、民間組織「フィリピン海草産業協会」の栽培技術とマーケティングの支援、隣町に活動拠点を置くＮＧＯのきめの細かいソフト支援（会計指導や監査など）などが一つのプラットフォームに乗り、同じ方向に向かって動いていった結果、先に述べた掛け算関係が形成された。そして、もっとも基本的な事業環境を提供したのはティンドグの地域資源、すなわち「遠浅で水通しの良い入り江」である。ティンドグの住民誰もがアクセスできて、しかも綺麗な海水は無尽蔵にある。台風の影響を察知し、被害を最小限に食い止めるために養殖施設を浜に移動させる…この経験知を身に付ければさらに前が開けるものと、この地域資源を利用したプロジェクトには期待している。

❖見方によって変わるものの価値

ここで重要なのが「資源」という言葉だ。「資源」は、おおよそ世の中に存在するあらゆるものを含意している。社会のあり方や技術の進歩によって、すなわち私たち自身の生活様式の移り変わりとともに、「資源とは何か」という問いへの答えは変化するだろう。たとえば今では見向きもされない稲ワラ一つとってみても、江戸時代には建材から草履、蓑などの材料にいたるまで、多様な用途に用いられる大切な資源であった。また、シカやクマなどの野生動物を生物資源として保護しようとする立場と、食料や害獣として捕獲しようとする立場が対立することもある。こういった例に見られるように、仮に同じモノを見ても、それを資源という人もいれば、ゴミという人もいるわけである。それでは「地域資源」という場合は、どうだろうか。都市と農村の違いのところで触れたように、農村は地域特性が強い。だから、地域資源の観点からその特性を見直そうという姿勢は重要である。

具体的には、地域資源の量とアクセスのあり方を分析することによって、地域特性に接近することである。すなわち、資源量が豊富で誰もが利用できるような状況であれば、地域資源は基本的に個人ベースの管理に任されてよく、地域社会による組織的な管理の必要性は低い。しかし、森林資源のようにその利用が資源を減少させる可能性がある場合には、個人利用のあり方にも何らかのルールが求められよう。このルールがうまく守られなければ資源量は減少し、資源の賦存状況を改善するための社会的、組織的な取り組みが必要となる。たとえば資源利用に時間制限を加えるような手段を講じる必要があるだろう。一方、利用できる人が地域住民のある特定の集団や階層などに限定されている場合には、注意を要する。そこには身分制度、ジェンダー、地主・小作関係等々のいわゆる社会の固有要因が作用していて、地域社会の共有資源という意識はないかもしれない。この場合、私たち外部の者には歴史的な経緯や背景が見えにくく、甚だ取り扱いにくい性格を持つものであることをよく承知しておかなくてはならない。

誰でも利用できる豊富な資源を事業の対象にできると、多くの人たちに事業の成功を実感してもらえる可能性は高くなる。しかし、ことはそう簡単ではない。それは「はい、これがわれわれの地域資源です」と差し出してくれる人は、まずいないからである。その土地に住んでいる人たちが自分の周りを見る眼には、そのような資源は当たり前にありすぎて、その値打ちにはなかなか気がつかないものなのだ。それは、往々にして空気のような存在なのである。ティンドグの人たちにとって、見慣れた入り江は「資源」ではなかった。その同じ入り江を見て、「ここならグソをやれる」、そう考えたのはプロジェクトで日本から招聘した水産資源の短期専門家だった。

じつは、こういった農村開発と地域資源、よそ者の役割といった見方に興味を抱くようになったのは、四国の徳島に帰省した時に出会った、ある町の取り組みに教えられるところがあったからである。

横石さん（右）と彩農家の庭先で。

❖日本の経験は宝の山

徳島市から南西部に向かって車で約一時間のところに、上勝《かみかつ》という町がある。人口二〇〇〇人あまり。自治体としては、四国で一番人口の少ない町である。毎年この町を、何千人という視察者が訪れている。日本国内からの視察者だけではない。世界中から来る。ここでは、葉っぱが資源だからである。葉っぱを使った事業、「彩《いろどり》」が人を惹きつけているのだ。

和食は、料理そのものだけでなく、美しい器、季節感を演出するツマ物が三位一体となって完成する。昔、まだ日本が田舎だらけだった頃には、修行中の料理人が、春なら柚子の花やふきのとう、初夏になれば紫陽花《アジサイ》といった歳時記にある山野の彩を自らが採取していたらしい。こういった植物が身近な環境から徐々に姿を消している。「彩」はこのツマ物市場に着目し、地元の山にある資源（葉っぱ）を商品化した事業である。しかし、葉っぱは上勝だけにあるのではない。日本全国の山にある。上勝だけにあるのは、葉っぱは売れると言って、皆に馬鹿にされながらも本当に資源化した人物である。横石知二氏という。そして、最初は半信半疑ながらも、横石氏と苦労を共にしながら「彩」を育ててきた上勝の農家の人たちである。

横石氏は、上勝生まれでもなければ、上勝育ちでもない。徳島市の人である。農協の営農指導員として、一九八七年に上勝へ赴任してきた。「上勝には何もないわ」「ここはアカンわ」、上勝の人たちは、そんな嘆き節が得意だった。「なんで自分の町のことを、そんなに悪く言ってばかりなのか」、彼も悩んだ。嘆き節を打破するブレイクスルーは、なかなか見出せるものではなかった。そんなある日、日本料理屋に入った横石氏の隣りの席で、若い女性客のグループが歓声を上げているのが耳に入った。「うわぁ、このモミジきれいやわ！」、彼女たちがそのモミジを大事そうにハンカチに包み込んで持ち帰るのを見て、「これだ！　葉っぱなら、上勝の山になんぼでもある！」。この横石氏の直感が上勝町の「彩」の原点である。

「葉っぱが売れるんなら、秋田町（徳島市の飲み屋街）を逆立ちして歩いたるわ」、町内の農家にそんな具合に馬鹿にされながら、横石氏は確信していた。「必ず、売れる」。最初は四軒の農家が事業に参加しただけだった。まったく売れなかった。横石氏の料亭通いが始まった。自腹を切った。器に盛り付けられているツマ物を、注意深く観察した。大きさ、色合い、そして料理との組み合わせ。横石氏の頭の中に、葉っぱ以外のものが入る余地はなかった。

「よし、わしは葉っぱを金に変える狸になってやる」

上勝は高齢者の町である。横石氏が「彩」を導入するまで、スダチやユズといった柑橘類が主な産物だった。水分の多い柑橘類は、重い。お年寄りには農作業がきつかった。彩が扱うのは、葉っぱだ。軽い。そして、山にいくらでもある。料亭で集めた横石氏の市場情報が、徐々にこの葉っぱを商品に変えた。年商二億円を超える事業になった。上勝の人たちの、山を見る目が変わった。そして、より美しく、形の整った葉っぱを作るために、農家が苗を植えて、手をかけて栽培するようになった。

横石氏に連れられて、彩農家、菖蒲《しょうぶ》さんのお宅を訪ねた。かくしゃくとして、葉っぱを採っている。彼女が、庭の柿の木を指しながら、静かに私に言った。「昔はなぁ、私、この木が憎たらしかったんよ…。落ちた葉っぱを掃いとけって、お父さんに言われては掃いてな。掃いても、掃いても、落ちてくる。

それが憎らしくて、いつか切り倒してやろと思うとった。ほなけんど（だけど）、彩をしだしてからなぁ（始めてからは）、この柿の木をありがたいと思うようになったんよ。この葉っぱが、お金になるんよなぁ…」。柿の木が変わったのではない。昔からそこにあるままだ。変わったのは、菖蒲さんの柿の木を見る眼である。八〇歳を超える菖蒲さんが、今も自分の土地に木を植える。苗が育って葉っぱが出るのを楽しみに植えている。微笑みながら言った、「生甲斐みたいなもんかしらねぇ…」。上勝の人たちは、元気だ。徳島県で最高の高齢者率ながら、寝たきりのお年寄りはわずかに一人だけだ。「彩」は眠っていた地域資源の商品化に成功しただけではない。上勝から嘆き節を追い払った。英語の流行り言葉で、これを「エンパワメント」という。

　彩は、全国駅伝大会に出ればいつも四〇位に入るかどうか、高校ラグビーで花園へ行けば一回戦敗退の「弱小県」徳島の、しかも片田舎の事業である。それでも、伝統ある朝日農業賞も、国土庁長官賞も、総理大臣賞ももらった。横石氏と彼を支えた笠松和市上勝町長は、東京のど真ん中、六本木ヒルズで竹中平蔵大臣（当時）との座談会に出て、胸を張って言った。「彩の成功の五パーセントが葉っぱ、残りの九五パーセントはソフトです」。ソフトは人間である。事業の成否は人間同士の信頼関係が決める。今、日本全国を見渡せば、そんな関係を発展させながら、新たな経験を蓄積している人たちがたくさんいる。

　国際協力専門員という仕事をしていると、海外留学から帰ってきて意気揚々と仕事探しをしている若い人たちの相談係のようなこともする。外国語には習熟しているし、たしかに彼らは真面目によく勉強している。他方、そこで出会うのは、たとえば＊マイクロ・ファイナンス（小規模金融）の先駆的事例として知られるバングラデシュのグラミン銀行のことは研究していても、日本の講や無尽、二宮尊徳のことは露ほども知らなかったり、ガーナの構造調整のことはよく知っていても、ほぼ同時期に進行していた日本の構造調整、たとえば国鉄の民営化についてはまったく知らなかったり、という自分の国を知らない若者たちである。ＪＲはＪＲになる前、日本国有鉄道、略して国鉄といったのだ。彼らとの別れ際、私はいつもこう言う。「もう少し日本のことを知ろうよ。それはきっと、いつか必ず役に立つ」。それだけの経験が、この国には間違いなくあるのだ。

日本の経験は、日本だけが持つ資源である。国際協力という視点から、この膨大な資源に新たな価値を見出し、それを協力事業の現場環境に合わせて翻訳する…、これからの若い人たちにぜひ身につけてもらいたい能力である。そのための資源へのアクセスは解放されている。そして、その資源は先人による研究業績だけではない。今日も全国至るところで、毎日のように蓄積されている。同時代の日本の経験も宝の山である。私はこの宝の山に魅入られて、そこにいる人たちを訪ねるのがこの上なく楽しい。生の姿に触れ、生の声を聞く。「人は人と会って最大を得る」。ガーナで「私の大学」を卒業して以来、私の信条に変わりはない。

＊**グラミン銀行**　一九八三年に設立されたバングラデシュの首都ダッカに本部を置くマイクロ・ファイナンス機関。女性貧困層を中心に無担保融資を提供し、「貧者の銀行」として知られている。創設者のムハマド・ユヌス氏は、同銀行とともに二〇〇六年のノーベル平和賞を受賞している。

第4章 地方電化 近代的で便利な生活

●林　俊行（一九五三年生まれ）

❖内なる発展途上の世界からマラウィへ

四歳か五歳の頃、夜中熱にうなされて寝床で下痢に苦しめられたことがある。今でも覚えている赤黒いその便は、赤痢による血便だった。隔離病棟に隔離され、数週間療養した。私は一九五三（昭和二八）年の生まれだが、五〇年代の日本は、発展途上国と呼ばれる他のアジア諸国と似た諸相を多分に持っていた。

「もしアフリカのどこかの国で生まれていたら、たぶん死んでいただろう。たまたま日本に生まれて幸運だった。しかし、ただ運が良かったというだけで忘れてしまってよいのだろうか…」

この思いは若い頃、開発協力の仕事を選択していく中で、いつも私の心の片隅に潜んでいた。

中学、高校、そして大学時代を過ごした一九六〇～七〇年代は、イタイイタイ病や水俣病などの公害問題や、安保闘争、学園紛争、沖縄返還問題、そして連合赤軍による浅間山荘事件などで日本が揺れ動いていた時代であり、第二次世界大戦後の「日本の民主化」の中でさまざまな価値観がぶつかり合い、冷戦によるイデオロギーの対立もあった。

小さい頃から科学雑誌を読むのが好きだった私は、一九七一（昭和四六）年に大学の工学部へ進んだ。しかしこのような時代背景の中で、技術者としての自分の将来像を十分に描き切れないまま、アルバイトをしてはユースホステルを使って一人旅に出るという学生生活を送っていた。工学部の学科にはなかなか興味を持てなかったが、話題となっていた自国の社会・文化論やアジア・アフリカ事情に関する本などは好んで読んでいた。七〇年代は、五〇～六〇年代にかけて独立したアジア・アフリカ諸国で反植民地主義やナショナリズムが高揚していた時期だったが、「人間にとってあるべき社会とはいったいどんな社会なのか」と漠然と考えていた当時の私にとって、これらの諸国のダイナミックな動きには未知の可能性を感じていた。

第二次オイルショック後の鍋底景気といわれた一九七五（昭和五〇）年、大学を卒業すると同時に制御盤を設計・製作する中小企業に就職した。しかし、盤屋と呼ばれるこの業種は設備投資が冷え込むと途端に仕事がなくなってしまう状態にあり、入社した時点ですでにこの会社も倒産の危機にあった。私は若手従業員が作った第二組合に入り労働組合運動に参加したが、「これからどうやって食っていったらいいのか」と真剣に悩んだ。そしてわかったのは、自分には技術者としての実務的な力がないということだった。入社の翌年にこの会社を退職し、職業訓練校で一年間コンピュータのソフトウエアを学ぶことにした。修了後の再就職先はソフトハウスと呼ばれる業種で、コンピュータ技術者を派遣する会社だった。しかしこの仕事にも興味を持つことができず、一年半で辞めることになった。コンピュータは一生携わる仕事とは思えなかった。

このように私の社会人としての旅立ちは紆余曲折に満ちていた。しかしその一方で、日本ユースホステル協会のボランティア団体に入って、国際交流のボランティア活動を始めてもいた。職場と家の往復だけではつまらない、何か「自分の事」をしてみたい、そう考えていたのである。日本を訪れる外国人ホステラーへの旅行案内が主な活動だったが、これを通して実用的な英語を身に付けたいという意図もあった。

そんなある時、アジア太平洋地域の青少年団体リーダーを集めた国際セミナー（日本の青少年団体の連絡協議会が主催）に参加する機会を得た。「開発と伝統」というテーマで行われたこのセミナーには韓国、タイ、インドネシアなどのアジア諸国やオーストラリア、フィジーなどの太平洋諸国から三〇名程度が参加し、約一〇日間にわたりフィールド・トリップや講演会、ディスカッションなどが行われた。

このセミナーは私にとって、アジア太平洋地域の人々とさまざまな問題について直接議論する初めての機会となった。特に気付かされたのは、アジア太平洋地域で生じているさまざまな問題は、当時の日本の社会問題とは根本的に異なるということだった。日本では、公害、村落地域の過疎化、青少年の非行、都市における高齢者の孤独死、交通戦争などが問題になっていた時代だが、タイやインドネシアなどでは、低所得や青少年の高い失業率、貧困、感染症による高い乳児死亡率などが重要な問題になっていた。そして、これらの国々では伝統文化が社会で重要な役割を果たしているということも知った。

伝統は古臭く悪しきもので、近代化すべきであると単純に考えていた当時の私にとり、この時の経験は他国の事情だけでなく、日本社会そのもののあり方も別の視点から見つめ直す契機となり、その後、「開発と伝統」は私にとって重要な視点となった。

このボランティア活動で青年海外協力隊のＯＢと話す機会を得た私は、自分も協力隊に参加してみたいと考えるようになり、理数科教師の採用枠に応募することにした。しかしソフトハウスの会社で仕事をしながら二度ほど挑戦したが失敗、会社を辞めて塾講師のかたわら三たび挑戦し、やっと合格することができた。アジア・アフリカの人々の生活を実際に肌で知りたい、日本とまったく違った世界で自分の力を試してみたい、そして実務で通用する英語を身に付けたい。夢はふくらんだ。派遣が決まったのは一九七九年、二六歳の時だった。

派遣された国はマラウィ。南部アフリカにある小さな内陸国である。赴任先は首都リロングウェ（Lilongwe）から一〇〇キロほど離れた未電化の田舎町ンチシ（Ntchisi）にあるセカンダリー・スクールであった。マラウィでは八年間のプライマリー・スクールがあり、その後四年間のセカンダリー・スクールとなる。この学校で私は理科と数学を二年間教えた。

この二年間は私にとり、人生の中で一番充実した時だったと今でも思える。「理数系の人間」として、理科と数学を学ぶことの面白さとその意味をやっと理解した。未電化のアフリカの田舎町でたった一人の外国人として暮らした経験が、私にとってはたとえようもないほど貴重な、人間としての財産となった。マラウィでの二年間、この経験がその後の私の人生と今ある職業を決定する直接のきっかけとなった。

❖マラウィ再び

一九八一年、マラウィから帰国すると、一足先にマラウィから戻っていた協力隊駐在員の方から、「大手商社が協力隊ＯＢを欲しがっている、紹介するからそこで働いてみないか」というありがたい誘いを受けた。

しかし、アジアやアフリカの国について勉強したいと考えていた私は、すでに筑波大学の大学院を受験する気持ちでいた。この大学には、北米・中南米・ヨーロッパ・アジアなど世界各地域の経済、社会、政治、文化などを総合的に学び研究する「地域研究研究科」があった。工学部出身の私が社会科学系のしかも修士課程に受かるとも思えなかったが、だめもとで受験した。しかし、理数科教師として鍛えた英語力と、「開発と伝統」に関する問題意識が認められたのか、その年の秋、幸運にも合格することができた。これが私にとって、協力隊に続く人生の第二の転機となった。

ここで私は高校を卒業してから初めて真剣に勉強した。アフリカで体験した途上国の社会や経済の実状を、開発経済学や比較文化論などの学問的枠組みの中で理解し直すことが非常に刺激的だった。また、この研究科には多様な背景を持った学生たち（留学生も含む）がたくさんいて、教室以外での交友も貴重な経験となった。

二年後の一九八四年、国際学修士を取得し、電力会社の子会社に就職、これがそれ以後電力開発の仕事に携わるきっかけとなった。また、八九年からの二年間はこの会社を休職しアメリカの大学院に留学、地域科学と呼ばれる数量分析手法の研究を中心に行って二つ目の修士を取得した。帰国後に復職。しかし、もっと自分の経験と知識を生かしたいと考えて挑戦したのが国際協力専門員の試験だったのである。そして幸運にも二度目の応募で合格し、それまでの仕事に区切りをつけ専門員になったのはアメリカから帰国して四年近く経つ九五年の三月だった。

専門員になって三年目、地方電化計画アドバイザーの専門家要請がマラウィ政府から出ていると知らされた。長期専門家として途上国で経験を積むには絶好の機会と考え、自ら赴任を申し出た。こうして一九九九年四月に再びマラウィへ赴任することとなった。未電化生活を経験した自分が今度は地方電化計画アドバイザーとしてマラウィの地を踏めるという偶然に私は大変感謝した。

職場は首都リロングウェにある天然資源環境省（当時）エネルギー局。当初二年間の派遣予定は、途中で一年延長され、帰国は二〇〇二年四月となった。妻と当時小学生だった二人の子どもを連れての赴任だった。子どもたちは日本人学校がないためインターナショナル・スクールに通ったが、学校生活にうまく適応して友だちもたくさんでき、英語も上達した（公用語は英語と国語のチェワ〔ニャンジャ〕語）。妻は子どもの送り迎え、スーパーマーケットでの買い物、ボランティア活動、そしてフランス語のレッスンなど車を使って忙しく動き回っていたが、皆たいした病気もせずに元気に帰国することができた。

以後今日まで、地方電化を中心に電力開発分野の専門員としてマラウィにはたびたび出張することとなるが、次節以降ではそこでの経験と学びを「開発と伝統」という視点も視野に入れながらまとめてみたいと思う。

❖家屋電化率四パーセント

マラウィは東アフリカ地溝帯の西側を南北に延びる小さな内陸国で、国土面積は日本の約三分の一、その二〇パーセントほどをアフリカで三番目に大きく世界遺産に指定されているマラウィ湖とその南に連なるマロンベ湖などの湖沼が占める。国土のほとんどが五〇〇メートルから二〇〇〇メー

1981 年 5 月、卒業を前にしたセカンダリー・スクールの生徒たちと（前列中央が筆者）。彼らの少なくとも 4 分の 1 はすでにこの世にいない。

トル前後の高原台地で、標高の低い南端を除いて一年を通じて過ごしやすい気候である。一九六四年にイギリスから独立し、六六年に共和国へと移行、七九年の人口推計は五五〇万人、二〇〇〇年には一一〇〇万人であるから、増化率は二〇年で二倍の勢いである。アフリカ諸国の中では人口密度が比較的高く、しかも地下資源に恵まれていないために一人当たりの年間所得は常に二〇〇米ドル前後、典型的な最貧国に分類されている。住民の生計手段のほとんどは農業で、人口が二倍になったにもかかわらず土地生産性は改善されず、新しい土地を開墾して農地を外延的に拡大することも難しい状況下、主食であるトウモロコシの一世帯当たりの収穫量は絶対的に減少している。
そしてこのような「絶対的貧困」状況をさらに悪化させているのがＨＩＶ／エイズ（以下、エイズ）である。私が配属されたエネルギー局の総職員数は当時三五人ほどの小さな集団だったが、滞在中の三年間で三名の職員がエイズと思われる病

2000年雨季、ソングウェでオスカー（左から2番目）と再会。彼は出入国管理官として働いていた。

気で亡くなった。いずれも三〇～四〇代で、周囲の人がその死因について特に語らなかったのは暗黙の了解があってのことだったのだろう。また、タンザニアとの国境の町ソングウェで二〇年ぶりに偶然再会した昔の教え子オスカーによれば、同級生の三分の一から四分の一はすでにエイズで亡くなったとのことだった。私が理数科教師をしていた一九八〇年当時、エイズはまだ誰にも知られておらず、この年代からたくさんの犠牲者が出ている。二〇年後のマラウィは、発展しているどころかますます国の先行きすら見えない困難な状況に陥っているように感じられた。
このようなマラウィで、電気を使っている人々の総人口に占める割合、いわゆる家屋電化率は当時四パーセントと推計されていた。周辺国のザンビアとモザンビークの当時の電化率は二〇パーセント前後であったから、マラウィ政府はこの現状を何とか打開したいと考えて、地方電化計画アドバイザーの専門家を日本から受け入れようとしたのである。

❖「月夜の電信柱」

日本では現在、電気のない生活を想像することは不可能である。しかし、そうした日本でも地方電化に社会的関心が寄せられていた時代があった。アジアの地で初めての開催となった東京オリンピックの二年前、一九六二（昭和三七）年の日本の未電化世帯数は五万戸あったと推計されている。当時の全世帯数の一パーセントにも満たない数字ではあるが、「近代化された日本の姿を世界の人々に示したい」というのが当時の日本の雰囲気であったろう。地方自治体と電力会社は未電化地域解消のために大きな努力を払い、東京オリンピック開催までにはほぼ一〇〇パーセントの電化が達成された。

日本の電化の歴史は、明治維新以後に開始された電気事業の歴史でもある。日本で初めてガス灯が点灯されたのは一八七八（明治一一）年の銀座三丁目であり、一八八七（明治二〇）年には東京電燈会社が日本初の電力会社として電気の供給を開始した。以後十数年間に、民間事業家や地方自治体による電気事業が他の都市でも次々と開始され、日本における地方電化は一九〇〇年代初頭に急速に進展することとなった。一八九六（明治二九）年に生まれた宮沢賢治は、「月夜の電信柱」という作品で当時の電化の模様を題材にしている。彼の出身地である東北地方の花巻は一九一二（明治四五）年に電化されたが、貧しい農民の生活改善を目指して科学技術に注目していた賢治は、新しいエネルギー源である電気にも多くの関心を寄せたことだろう。

第二次世界大戦を経て、一九五〇年代後半から始まった高度経済成長期には、一般家庭にテレビ、洗濯機、冷蔵庫などの家庭電化製品が急速に普及し、人々の生活はさらに便利になっていった。それは豊かさの象徴として多くの国民に歓迎された。以後、今日に至るまでさまざまな電気製品が開発され、人々の生活の隅々にまで入り込むようになった。そして情報通信時代に入った現在でも、新製品の開発はとどまることがない。しかし高度に近代化された現在の日本社会の元をたどれば、そこには電化という一大変化の時代があったことを忘れてはならない。近代化は電化を起点として始まったと言っても差し支えないだろう。

❖マラウィの電化事情

マラウィの地方行政はディストリクトと呼ばれる郡単位で行われており、各ディストリクトにはディストリクトセンターと呼ばれる郡都の機能を持った町がある。独立から一六年目を迎えた一九七九年当時、二四ほどあったこれらディストリクトセンターにおいても未電化のところは多かった。電化されていた町（ディストリクトセンター以外の町を含む）はマラウィ全体でまだ一四しかなかったのである。現在は二七あるディストリクトセンターのすべてが電化されている。しかし二〇〇七年時点における全国の家屋電化率は七パーセント程度にすぎず、低い電化率に大きな変化はない。

一般的には、人がたくさん集まって住んでいる都市で配電線を建設し電化を進めることは比較的容易である。しかしマラウィにおいては製造業をはじめ雇用機会を提供する産業がほとんど発達していないため、総人口に対する都市人口の割合が他のアフリカ諸国と比べてかなり低く、住民の多くは広大に広がる農村地域に住んでいる。このような条件下で配電線を建設し電化率を上げることは非常に難しく、低い電化率の一つの要因になっている。

マラウィの場合、首都リロングウェやブランタイア（Blantyre）、そしてゾンバ（Zomba）などの大きな都市でも、電化率は三〇パーセント程度でけっして高くない。広い庭の大きな家が並ぶ裕福な地区ではすべて電化されているが、それ以外の地区では未舗装道路が多く、たとえ配電線が家の上を通っていても電気を引いていない家がかなりある。その多くは、ドライバーやメッセンジャーなどの下級公務員か、ヨーロッパ人など裕福な家庭で働くガーデンボーイ、ハウスキーパー、夜警など低所得者層の家である。収入のほとんどが食費で消えてしまう彼らにとって、屋内配線の経費と接続料金（マラウィ電力公社〔ＥＳＣＯＭ＝Electricity Supply Company of Malawi〕が電化当初に徴収）を一度に支払う余裕はない。また借家住まいの人も多いことから、月々の電気代ぐらいは払えても、大家が屋内配線をしてくれない世帯も少なくない。

一方、全体の九五パーセントを占める農業地帯の電化率は一パーセント未満とされている。ＪＩＣＡから貸与されたランドクルーザーで田舎の未舗装道路を走ると、萱葺き屋根と乾燥レンガづくりの小さな家々が点々と続き、道路の両側に一面の畑が広がる風景が続く。

マラウィでは灌漑がほとんど発達していないため畑は天水に依存しており、農民は一一月頃から三月頃まで続く雨季の間にトウモロコシやキャッサバなどの主要食糧作物を栽培し、乾季から次の年の収穫期までこれを食べつなぐ。雨季に雨が適度に降ると高収穫がもたらされ、余剰を売却して貴重な現金収入となる。主食以外の換金作物としてはタバコの葉、コーヒー（北部）などが栽培されており、タバコは貴重な輸出商品作物として日本も重要な輸出先となっている（最近では日本でもマラウィのコーヒーを売っている専門店が見られる）。しかし、大きな実をつけたトウモロコシや値段のいいタバコの葉を栽培するには、適度な降雨とともに良質な化学肥料を十分与える必要があり、マラウィ農民にとって一番重要な問題は、いかにして化学肥料を買うための資金を確保するかである。

また、主食や野菜のほか、トウモロコシ畑で混栽する豆類や放し飼いの鶏、ヤギを年に二、三回つぶして貴重な淡白源を摂ったとしても、塩、料理油、石鹸、ランプ用灯油、ろうそく、そしてささやかな贅沢品である紅茶、砂糖、コンデンスミルクなどを得るにはどうしても現金が必要となる。近年プライマリー・スクールの授業料が無償化されたが、制服や学用品なども必要で、家族が病気になればさらに支出が増えるばかりか、農作業の働き手も減る。ほとんどのマラウィ人農家にとり、雨が適度に降れば食べることにはそれほど困らないものの、現金は最低限必要な物資購入などに充てられ、屋内配線の資金の確保どころか月々の電気料金を賄う資金さえ乏しいのが現状である。

農家の立地条件も、電化をより難しくしている。日本や東南アジア諸国の農村地域と異なり、マラウィの農民は自分の畑に近いところに住む傾向がある。そのほとんどは血縁者を中心とした小さな集落を作るか、世帯単位の家屋が広大な畑地に点在している散村形態を取り、役場や商店が集まった中心的な区域がない。村役場に当たるものはなく、村長といっても世襲制のチーフが政府から小額の手当てをもらって自宅でその役をやっているにすぎない。広大な大地に家屋が点在していると、配電線を引くこと自体が、費用対効果の面で相当な困難を伴うことになる。

このようなマラウィで、地方電化の第一の対象となるのがディストリクトセンターをはじめとするトレーディングセンターと呼ばれる田舎の商店街である。トレーディングセンターは地方の道路沿いに数キロから数十キロ置きに点在しており、ここには日常雑貨や化学肥料、農薬などを売る小売店・卸売店が数軒から数十軒集まっている。農民は周辺の村からここにやって来て、野菜などの農作物を青空マーケットで売り、料理油、灯油、石鹸、塩、衣類などの日用品やトウモロコシの種、化学肥料などを購入する。郵便局、警察署、プライマリー・スクール、セカンダリー・スクール、そしてクリニック（診療所）などの公共施設が整っているところも多く、農民にとってトレーディングセンターは近代的な生活物資を購入し、社会サービスを受けるための生活の拠点となっている。

❖電気のない世界

一九七九年に初めてマラウィを訪れた際の赴任地ンチシは、まさにこうした田舎町であった。赴任した当時、「よくンチシまで赴任してきたね」とたびたび言われたものである。ンチシへの転勤を命じられると、それを拒否して退職してしまうマラウィ人もいたという。当時のンチシは幹線道路から外れてアクセスしにくい立地条件と未電化の中で、伝統的な秘密結社ニャオの不穏な活動拠点としても知られる地域であった。ニャオはマラウィの主要民族の一つ、チェワの人々の伝統的な信仰組織だが、トラディショナル・ヒーラー（伝統療法師）としての側面がある一方で呪術師的な世界も持っており、多くの場合ブラック・マジックとして恐れられていた。

学校、役所、病院、郵便局、警察署などの公共施設が備わるディストリクトセンターとしてのンチシの町には、都市部で高等教育を受け、電気のある生活を経験したマラウィ人が公務員として赴任してくるが、彼らは必ずしもチェワと同じ文化的背景を持っているわけではない（マラウィの住民は、バントゥー系で主に六つの民族からなる）。しかしここで暮らす限りは、何年も電気のない生活をし、ニャオの世界とも無関係ではいられない。このため彼らにとって、ンチシのような僻地での生活は非常に厳しかったに違いない。私が赴任した学校では教師が頻繁に異動し、一年目には私以外にもう一人しかいなかった理数科教師がマラウィ大学へ戻ってしまったため、その後帰国まで私一人で理数科目を教えることとなった。また別の教師は酒に酔って子どもに性的ないたずらを行ったため、警察に逮捕されてしまった。未電化の僻地ンチシには学校の教師がなかなか居つかなかった。未電化は教育や医療サービス自体の質的向上を妨げるだけでなく、そのサービスを提供する人材にも悪影響を与えているのである。

もちろん未電化といっても、夜はいつも照明器具として灯油ランプを使っている。しかし、灯油ランプと電灯では照明としての質がまったく違っている。

ンチシで電気のない生活を始めて三カ月ほど経ったある日、約一〇〇キロ先にある首都リロングウェにバスで向かったことがある。途中で日が沈み暗くなったが、電気のあるトレーディングセンターに停車した時に久しぶりに見た電灯の美しさは今でも忘れられない。たった一つの裸電球が軒下に点いていただけだったが、電球はきらきらと輝いて不思議なくらいに美しかった。

灯油ランプと電灯では使いやすさもまったく異なる。ンチシ・セカンダリー・スクールでは遠方から来る生徒たちのために宿舎が用意されているが、生徒たちは毎晩ここで夕食をとったあと、教室に戻って自習することになっている。電気のない教室では天井に圧力式灯油ランプを吊るすが、故障して暗くなり使えない時もあり、また通常でもランプの下は灯油タンクの陰になって薄暗く、勉学意欲を減ずる原因となっていた。

マラウィではセカンダリーの卒業試験結果に基づいて、唯一の大学であるマラウィ大学への入学資格が与えられるが、ンシチのセカンダリー・スクールは当時、誰も大学に選抜されず、教育環境の改善が求められていた。しかし二〇年後に再訪して驚いたのは、毎年この学校から二、三名の生徒が大学へ選抜されていることだった。ンチシの町は学校を含めた公共施設が一九九三年に電化されていた。蛍光灯の下で行う自習は格段に能率が上がる。また、電化は生徒の心理にも影響を与えている。

地方にあるセカンダリー・スクールで勉強している生徒たちの出身村のほとんどは未電化である。マラウィの成人非識学率は約四〇パーセントほどだが、未電化の村に住む生徒たちの親にとり、自分の子どもを電化された学校で学ばせることは一つの大きな誇りにもなっている。

❖地方電化の意味

ンチシは青空マーケットを挟んで商店、レストラン、ゲストハウスとともに、セカンダリー・スクールや病院、役所などの公共施設が二〇〇〜三〇〇メートルほどの道路沿いに立ち並んだだけの小さな町である。ディストリクトセンターとはいっても、一九九三年に電化されたのはこの道路沿いだけであった。町の外に一歩出ればトウモロコシ畑が続く〝村の世界〟となり、周辺の村まで配電線が延びることはない。

二度目の赴任時に再訪した二〇〇〇年、電化によるこの町の変化は明瞭だった。店にはコカコーラなどソフトドリンクを冷やしているモダンな冷蔵庫と、ラジカセなどの電気製品が並んでいた。スーパーでは乳製品、精肉、ソーセージ、そしてマラウィ湖で取れた鮮魚などが冷蔵・冷凍庫に並べて売られていた。二〇年前にはこのような商品を手に入れることなどまったく不可能で、灯油やLPG（液化石油ガス）を使った冷蔵庫はあっても、灯油自体が入手できなかったり灯油代が高価だったためほとんど使われることなく、いつも生ぬるいビールを飲んでいた。それを思うとンチシの町に住む一般公務員や商店主は、電化の恩恵に預かっていることは確かだった。しかも、いまだ配電線が届かない村人にとっても、この町の電化は大きな意味を持ち始めていた。それは平均余命が四一～二歳のこのマラウィで、町の病院が電化され、医療サービスの質が改善されたからである。

マラウィには全国に約四五〇の病院とクリニック（診療所）がある。そのうち約一五〇はカソリックやイギリス国教会などのキリスト教各派が設立したミッション系医療施設で、その他は政府が設立した施設である。医療施設の電化率も未だ非常に低く、全国的に見るとミッション系は約半分、政府系は約三分の二が現在でも未電化で、特に村落地域の施設に至ってはそのほとんどが未電化のままである。医師の数も非常に少なく、村落地域のクリニックでは三年間の訓練を受けたメディカルアシスタントと看護師・助産師が治療や出産の介護を行うのが普通である。医療従事者はクリニックの敷地内にある宿舎で暮らし、夜間の急診も行っている。

病院やクリニックには通常サーベイランス・ユニット（感染症対策班）があり、予防接種用ワクチンを冷凍・冷蔵保管して伝染病の発生に備えているが、遠隔地にある未電化クリニックの冷凍・冷蔵庫はＬＰＧを使用しているため、燃料を定期的に搬送・補給することが難しい。またこうしたクリニックで夜間、灯油ランプの下で行う治療や分娩介護の困難さには想像を絶するものがあり、重病患者をクリニックからディストリクトセンターの病院へ救急車で搬送したくても、電話線がなく連絡が遅れ、手遅れとなる場合も多い。しかも、電気のない遠隔地での生活を嫌い、医療従事者がなかなか村に居着かないという問題もある。

このような困難な状況の中で、献身的に働いているのがカソリック・ミッションのシスターたちである。彼女らは非婚を貫きキリスト教精神のもとで奉仕することを誓い、ミッションから支給される簡素な衣類とわずかな金銭で人々のために働いている。

モザンビークとの国境近くにあるンザマ（Nzama）のクリニックでも、こうした献身的なマラウィ人シスターが働いていた。このクリニックは二〇〇二年に、日本政府の「草の根無償資金協力」＊（当時）を使った太陽光発電設備でようやく電化を実現した。妊婦は電灯による明るい環境の産室で安心して出

＊草の根無償資金協力　中央政府を対象にした協力ではなく、地方政府や教育・医療機関、そして途上国で活動しているＮＧＯ等、一〇〇〇万円程度を原則上限とした小規模プロジェクトに対して日本の在外公館が贈与契約を結び提供される小規模資金協力。現在は「草の根・人間の安全保障無償資金協力」と改称されている。無償資金協力は、これ以外にも「一般プロジェクト無償」「経済構造改善努力支援無償（ノン・プロジェクト無償）」などを含めて九つの分野に分類されているが、これ以後の各章で「無償資金協力」と記述されている場合は「一般プロジェクト無償」を指す。また、円借款の棒引措置として「債務救済無償資金協力」が実施されたこともある。

ンザマのミッションクリニックに設置された太陽光発電パネルとシスター。

産できるようになり、村人が灯油ランプを持参する必要もなくなった。また、無線機とワクチン用冷凍・冷蔵庫が常時使えるようになり、いつでもディストリクトセンターの病院と連絡が取れるようになった。

近代的な医療サービスを提供するために、電気は必要不可欠である。この点で「地方電化」は村人にとっての基本的人間ニーズ（ＢＨＮ）＊といえる。そして電化は、人間の最低限の生存条件を満たす以上に、「生活の質的向上」を人々に実感させる大きな力を持っている。

天然資源環境省エネルギー局に赴任していた二〇〇〇年当時、ンチェジ（Nchezi）というリロングウェに隣接した比較的大きな町も未電化だった（その後二〇〇三年頃にこの町は電化された）。ここの住民はリロングウェにある工場や商店に勤めており、屋内配線の費用や月々の電気代程度なら自分で賄えるだけの給与稼得者がこの町にはたくさんいた。しかしマラウィ電力公社（ＥＳＣＯＭ）に資金がなく、未電化で放置されていた。ある日、この町の有力地方議員の音頭で結成された電化組合の代表者がその政治家とともにエネルギー局にやって来た。ンチェジの電化事業を早急に進めるよう陳情に来たのである。このように、ある程度収入があっても、配電線が来ていないために電気を使えない人々がマラウィにはたくさんいる。まずはこのような地域から着手することが、マラウィにおける地方電化の第一歩である。

一方、町から離れた多くの未電化地域では、食うや食わずの生活をしている人々がほとんどであり、電気のある生活は大変贅沢でまだまだ手が届くものではない。だからといってこれらの地域が未電化で放置されていてよいということではない。こうした地域に必要なのは、公共サービスの改善による個々の人々に対するＢＨＮの向上とともに、住民自らの力で自分たちの生計を改善していくためにその地域全体の産業を振興する手段であり、そのためにも「地方電化」には重要な役割が期待されている。

❖矛盾した電力分野の政策

とはいえ、アフリカにおけるこれまでの地方電化と電力分野の政策は、人々の自立を促す手段足り得てきたとは言いがたい。

植民地時代、アフリカにおいて電気は白人行政官と入植者が使うもので、一般のアフリカ人世帯は電化の対象とはならなかった。多くのアフリカ諸国が独立した一九六〇年代、新生政府の多くは国家建設のため大規模なインフラ事業に取り組んだが、なかでも道路整備や地方電化は重要な課題となっていた。近代化を象徴する地方電化は、新政府にとって独立の成果を内外に示す格好の事業であっただろう。しかしそれゆえに、地方電化とその後の電力供給は長年にわたり政治資源となり、その政策においては多くの矛盾を抱え続けることとなった。

マラウィの場合を見ると次のようになる。まず、政府は貧困対策の一環として電気料金を非常に安く

＊基本的人間ニーズ（ＢＨＮ＝Basic Human Needs）　飲料水、保健医療、基礎教育など、人間が人間らしく生きていく上で最低限必要な基本的サービスを指す。

設定していた。一見、妥当と思えるこの政策は、じつは大きな矛盾だった。電気を使い始めるには屋内配線を自費で行い、ＥＳＣＯＭに接続料金を支払って引き込み線をつないでもらわなければならない。屋内配線と接続料金の費用は、一般のマラウィ人にとってかなり高額であり、ましてや貧しい人々がこれらの資金を賄うことなどとうてい不可能である。つまりマラウィで電化の対象となり、電気を使うことのできる人々は、貧しい人々ではなかったのである。電気事業は適正な電気料金を設定し、料金徴収をしっかり行えば供給費用を的確に回収できる産業だが、マラウィではＥＳＣＯＭがこの費用を回収できなくなり、今でも赤字補填のために国の補助金が使われているのが現状である。マラウィの電化率が七パーセントであるということは、わずか七パーセントの比較的裕福な人々が国の補助金を優先的に使っているということを意味するのである。

また地方電化事業において、配電線は地方の町から外延的により遠隔地にある町や村に延びていくため、敷設された配電線の単位距離当たりの電力需要、いわゆる需要密度は一般的に減少し、これに従って売電収入も減少する一方で、電力会社が行う維持管理と料金徴収の費用は増加する。電気料金が安く、もともと供給費用の回収に苦労していたＥＳＣＯＭは、地方電化が進むことで費用の増加に見合った収入を得ることがさらに困難となり赤字を増加させる。この結果、ＥＳＣＯＭは地方電化に消極的にならざるを得なくなっていた。一九九九年当時、人々が電気の接続申請を行うと、ＥＳＣＯＭは配電線建設費のほぼすべてを「建設協力金」として電化希望者に要求していた。たとえ数十メートルの配電線でもその建設費は高額で、この制度は明らかに電化率向上の障害となっていた。すでに電気を使っている少数の人々からは適切な料金回収をせず、これから電気を使いたいと希望する人々には接続のための敷居を高くするという、地方電化の推進にはまったく不適当と見なされる政策をとり続けていたのである。

❖よく切れるナイフ

このようなマラウィの現状の中で一九九九年四月、地方電化計画アドバイザーとしての私の仕事が始まった。

日本の地方電化は四〇年以上前に終わっており、日本国内で地方電化の実務を経験した人材はすでにいない。私自身はマラウィへ派遣される前に、タイ、インドネシア、ジンバブウェなどである程度地方電化の調査を経験していたが、初めての経験であるＪＩＣＡ長期派遣専門家としての立場から、具体的にどのような活動をしていったらいいのか期待と不安を持って赴任した。

赴任して判明したのは、カウンターパート組織である天然資源環境省エネルギー局は、地方電化の経験をほとんど持っていないということだった。エネルギー局は、民営化の方針が打ち出されたＥＳＣＯＭから一九九五年に地方電化事業を引き継いだ政府機関であるが、当時すべての職員は大学で経済学を専攻した人材で、電力事業の実務経験はなかった。電気工学と機械工学を専門とする二名の技術者が配置されたのは私が赴任する数カ月前だが、これまたいずれも電力事業の経験はなかった。

地方電化を引き継いだ一九九五年以来、地方電化を進めるために試行錯誤を行っていたエネルギー局は、私が赴任する前年の九八年にエネルギーファンドの設立に成功していた。電化事業には膨大な建設費が必要だが、その財源を確保するために、ガソリンやディーゼル燃料の販売価格にわずかな額を上乗せして、これをエネルギーファンドとして徴収することにしたのである。しかしこのファンドの存在が国会議員の目にとまると、国会会期中に数十の質問がエネルギー局に寄せられることとなった。「わが選挙区の〇〇トレーディングセンターはいつ電化されるのか」といった類いのものばかりで、エネルギー局はそのつど対応に追われ、各トレーディングセンターの調査に出る必要に迫られた。しかし調査を行うにしても、予算不足のエネルギー局には未舗装道路を縦横に走れる整備された四輪駆動車がなかった。そこで、地方電化アドバイザーにＪＩＣＡから貸与されていたランドクルーザーの出番となった。

こうしてカウンターパートとともに地方電化の調査が進められた。しかし、調査はごく基本的なことから始めなければならなかった。いったい未電化のトレーディングセンターは全国にいくつあるのか、その名前や位置をエネルギー局ではほとんど把握していなかった。また全国にたくさん散らばっている未電化トレーディングセンターを、一度にすべて電化することはできないため、その優先順位を決める必要もあった。包括的な地方電化計画を作るにはたくさんの専門家を確保しなければならないし、長期にわたる調査も必要である。しかしエネルギー局にはそのような人材も資金もなかった。そこで私はＪＩＣＡの技術協力でこれを進めようと提案した。

この提案は「地方電化マスタープラン調査」として具体化し、二〇〇〇年一〇月から開始された。日本で地方電化事業を経験した人材はすでにいないとはいえ、地方電化の計画は実質的に配電線の延伸計画であり、遠隔地の山間地域においてはマイクロ水力発電の計画である。このような個別技術分野の専門家を日本で確保することは、それほど難しいことではない。調査の過程では、これらの専門家のほか、村落社会調査、経済財務分析などの専門家も日本から随時派遣された。そしてさまざまな調査・分析を経て最終的な報告書としてまとまったのは私が帰国する翌年の二〇〇三年三月だった。

このマスタープラン調査の過程で、カウンターパートは日本人専門家とともに調査や分析作業を行い、地方電化の経験を蓄積していった。そしてこの過程で、私を含めた日本人専門家たちも、カウンターパーと共に働き議論する中で、地方電化の実務的経験を蓄積することができた。マスタープランの作成は、エネルギー局にとって非常に重要な意味を持っていた。調査以前のように、ある地方政治家から地元の選挙区への電化を優先するよう強く求められたとしても、このマスタープランに基づく優先順位で対応すれば、政治的悪影響を排除することができるからである。

このほか、日本の債務救済無償資金協力を使ってＥＳＣＯＭに地方電化の配電線工事を委託し、地方電化の建設を実際に行うという事業にも関わった。この過程で、カウンターパートであるエネルギー局職員は、調達しようとした機材が期限通りに揃わなかったり、図面や数量表などを用意せず工事を始めたために現場で機材が計画通りに使われているか検査できなかったり、あるいは工事資金が途中で足りなくなったりと、さまざまな問題に直面した。地方電化アドバイザーとして私は、このような問題が生じないようＥＳＣＯＭと正式な工事契約を結ぶことをあらかじめ提案していたが、それまでこのような建設プロジェクトを経験してこなかったカウンターパートは、覚書き程度の簡単な合意で工事を開始してしまったのである。自分たちの考えでやってみたものの問題が生じ、自ら苦労する結果を招いたということだが、この経験によりエネルギー局は、〝これまでとは異なる適正なやり方の発見〟という〝気づき〟を手に入れることができた。失敗は成功の基である。

電力事業の実務経験がなく、包括的な電化計画もなかったエネルギー局は、日本から専門家を迎えることで、地方電化の仕事を具体的に動かすことができた。エネルギー局が地方電化を

雨季が始まると大きなキノコが採れる。頻繁に出かけた地方電化の出張の珍しい土産。著者（中央）の左はカウンターパートのニャスル。

適正に実施できるまでにやるべきことはまだたくさん残されているが、地方電化アドバイザーとしての三年間の経験を振り返ると、私のやった仕事は、一言でいえば地方電化事業の実施体制づくりであったといえる。具体的には、カウンターパートであるエネルギー局職員と共に働きながら協力ニーズを把握し、これにＪＩＣＡの技術協力や外務省の無償資金など日本の援助資源を組み合わせて対応することで、カウンターパート自らが地方電化事業を適正に計画し、実施できるよう支援することだった。

ある日カウンターパートの一人がマラウィの諺で私を励ましてくれた。「よそ者は良く切れるナイフを持って来る」。つまり、よそ者は自分たちにない新しいやり方を持って来るが、そのやり方は自分たちが直面している問題を解決する上で大変役に立った、といった意味の比喩だろう。私の専門分野は電力開発だが、実際に担当してきた仕事は電力開発プロジェクトの経済財務分析であり、配電計画でもマイクロ水力発電でもない。しかし工学部の出身で、プロジェクトの経済財務分析を担当しながら身に付けた専門外のさまざまな知識と経験が、地方電化アドバイザーとして働く際に役立ったものと思われる。

❖もともとの人間

コンピュータ制御によるインフラ網が発達した日本では、いったん停電になると社会全体が大混乱に陥る。しかし、もともと電気のない社会で暮らしてみると、それに合った充実した生活もあるのだと実感したのが、最初に赴任したンチシでの経験である。未電化地域では夜空に無数の星が輝き、銀河や南十字星を手に取るように見渡すことができた。満月の夜には月の光で新聞さえはっきりと読むことができ、近くの村からはダンスを踊る太鼓の音が聞こえてきた。月夜でなくとも、晴れていれば星明りで木々の影がくっきりと地面に映った。学校では理数科教師として授業のあとは実験室で明るいうちに翌日の準備をしたが、帰宅後は灯油ランプの下で夕食を食べ、寝るまでは灯油ランプを机上に二つ並べて採点などをするのも不思議と心が落ちついた。終わるとマラリア蚊に刺されないよう蚊帳を吊ったベッドにもぐり込むのである。

週末は学校の準備が終わると、自転車で周辺の農家やマラウィ人の教師の家を訪ねた。農家ではよくお昼をご馳走になり、帰りは大きなかぼちゃをお土産にもらった。五月から八月にかけての寒い季節は屋内がしんしんと冷え込むので、庭にゴザを敷いて日向ぼっこをしながら読書するのも豊かな時間の過ごし方だった。田舎教師の生活はこのように単調に過ぎていったが、電気がなくても私には充実した生活だった。それどころか、かえって電気がない方が、地に足のついた生活というものを実感できた。日本で空気のような存在になっている電気の元をたどると、そこには発電設備という近代科学技術の粋を集めた巨大な設備に行きつく。未電化生活で味わった充実感は、このような巨大設備に依存しない、〝自分の手の届く範囲〟で成り立ち得る生活からくる安心感だった。

国連開発計画＊（ＵＮＤＰ）の二〇〇二年の統計によれば、全世界で電気を使えない生活をしている人々の数は一六億人と推計され、これは世界人口の約二四パーセント、ほぼ四人に一人の割合である。今の日本人にとって電気のある近代的な生活は当たり前になったが、人類の長い歴史の中でそれはほんの一瞬前に始まったにすぎないし、マラウィのように、今でも人類が有史以来続けてきた電気のない生活を

＊国連開発計画（ＵＮＤＰ＝United Nations Development Program）　国連総会の下部組織で一九六六年に設立された。本部はニューヨークにあり、世界一六六カ国で活動している。主に、途上国の経済・社会を支援するために、プロジェクトの策定や管理を行っている。九〇年以降、毎年『人間開発報告書』を作成してきた。

そのまま続けている人々はまだまだ世界中にたくさんいるのである。

マラウィの人々を見ていると、電気を使い始める近代化以前の、「もともとの人間」のあり方というものを感じさせてくれる場面に何度か遭遇した。たとえばマラウィ人の視力は驚くほど良い。未電化のンチシの町で同僚の教師とビールを飲んだ帰り道、星明りも差さない暗闇の林の中を、彼は私の手を引いて事もなげに通り抜けた。また、妊娠したマラウィ人女性は悪阻《つわり》をほとんど経験することなく、大きなお腹で農作業を続け、出産も比較的軽いという。ある晩ンチシのセカンダリー・スクールで、クリスチャンの生徒たちによる夜会に招かれた。五、六人が輪になって賛美歌が歌われた。黒人霊歌の独特の和音が響き、とても美しかった。彼らはオルガンなどの西洋音階に合わせて歌を歌ったことがなく、子どもの頃から身に付いた独自の音階で歌を歌う。だから、私が好んで歌う日本のフォークソングを教えても、黒人霊歌のようになる。音階が画一化されていないのだ。

転勤する教師の送別会の席ではマラウィ人の同僚たちが即興劇を披露したが、皆たいした芸人だったし、日常においても人々は皆おしゃべり好きで、声も大きく冗談もうまい。テレビの国内放送は二〇〇〇年に始まったばかりなので、マスメディアはあまり発達していない。しかしこのようなところだからこそ、人々はメディアや娯楽を自分たちで作り出し、楽しむことを知っているのだろう。自分と他者との関係性、それ自体がメディアや娯楽を生み出している。

有史以来の「もともとの人間」は、このような身体的能力と個々人の多様性を持っていたのだろう。しかし、電気を使い始めて生活が近代化され便利になる中でこのような能力が失われ、さらに生活の中にテレビ、パソコン、携帯電話などが入り込むことで、「もともとの人間」が維持してきた「伝統的な他者との関係性」が大きく変容し、この過程で近代的で便利な生活を営んでいる私たちはきっと何か大事なものを忘れてしまったのだろう。そのことをマラウィの人々は教えてくれる。

❖一蓮托生の世界

このように見てくると、マラウィ人と日本人はまったくの別世界に住んでいるかのような錯覚に陥ることもある。しかし今や私たちは、お互いに関係のない存在ではあり得ない時代を生きている。

日本や欧米諸国など、いわゆる先進工業国が化石燃料を贅沢に使い、近代的で便利な生活を享受してきたコインの裏側には、地球規模で大量に排出された温暖化ガスによる気候変動と思われる現象により、マラウィの降雨パターンが不規則になり、人々の唯一の生計手段である農業生産をより不安定にしている現実がある。ンチシで未電化生活をしていた三〇年前、雨は一〇月下旬から一一月頃にかけて始まり、一二月のクリスマスの頃に一時止まるが、その時期までに主食のメイズ（トウモロコシ）は膝の高さ程度に育っていた。一〇年に一回程度早ばつもあったようだが、雨の始まるパターンはおおむねこのようなものだった。しかしその二〇年後には、一一月になっても雨はほとんど降らず、一二月になってやっと降り始め、順調

1981 年乾季の始まり。セカンダリー・スクールの生徒たちと裏庭で。宿舎の周りでメイズ（トウモロコシ）を育てた。２年目は雨がよく降り、肥料も十分やったので、たくさん収穫できた。雨季が終わって、立ち枯れさせてカラカラに乾いたメイズの豆をコーンから削ぎ取り、袋に詰めて保管する。村では竹で編んだ大きなバスケットにコーンごと保管し、食べる前に豆を取って製粉する。

アフリカの子どもたちはお手伝いをたくさんする。女の子は幼い妹や弟をいつも背負って遊んでいる。アフリカの庶民の生活環境は、子どもたちにいつもたくましさを要求する。（写真提供：大類久里氏）

ならば三月頃まで降り続けてくれるが、不順ならば途中で止まってしまうということも起きるようになった。種を播き発芽したての頃に雨が止まると、苗は枯れ、もう一度種播きをしなければならないが、再び種を購入するための現金を確保することは、多くの農民にとってたやすいことではない。

　近代化の恩恵をほとんど受けていないマラウィの人々の一人当たりエネルギー消費量は、日本と較べて極端に低い。一般家庭用の熱源（特に料理用）として森林が乱伐され環境問題になっているが、最終エネルギー消費の九〇パーセント以上は温暖化ガスと関係のないバイオマスエネルギーであり、電力供給のほぼ一〇〇パーセントが水力発電である。このようなマラウィ事情を知る日本人は決して多くはないと思われるが、マラウィ人は日本をかなり身近に感じている。

　プライマリー・スクールの地理の授業でも日本のことが学ばれ、日常走っているほとんどの車が日本製の中古車である。性能のよい日本の車であることを示すため、そのままの塗装で使われていることも多く、庶民の足であるミニバスのほとんども日本車で、時には救急車でさえそのままの塗装で使われているのを見かけることもある。

　私自身、マラウィという国名を知ったのは、一九七八年に初めて協力隊に応募した時だった。今と違ってインターネットなどない中、まったく未知で想像もつかなかった国について私が得ることのできた情報は、マラウィ湖という大きな湖があり、スコットランド生まれの宣教師で探検家だったリビングストーンが一九世紀半ばにヨーロッパ人として初めてこの湖を発見したこと、そしてこの頃たくさんの人々が奴隷貿易で売られていたこと、この程度だったと思う。二〇代中頃とはいえ、こんなたいした経験もない若者を育ててくれたのがマラウィの人々だった。一九八一年、ンチシの任地を後ろ髪引かれる思いで離れた当時、将来自分が国際協力専門員になり専門家として再びマラウィを訪れることになるなどまったく想像もできなかった。協力隊から帰国して、このような人生を歩むことができたのは幸運といくばくかの努力によるのだろうが、それを支えてくれたのがまさにマラウィの人々なのだ。そして二度目の専門家としての赴任でも、マラウィの人々は私を育ててくれた。今度は、それまで地方電化の分野では限られた経験しかなかった電力開発が専門の若輩専門家を、日本人で一番経験を積んだ地方電化の専門家に仕立て上げてくれたのである。

近代的で便利な生活を営んでいる私たち日本人にしてみれば、マラウィは〝何も無い〟国だろう。しかしマラウィには日本に無いものがたくさんある。その無いものを一口で言えば、画一化されていない人と人との、おおらかで豊かな関係性である。日本人は近代的で便利な生活を手に入れる一方で、多様な人と人との関係性を失ってはいまいか。〝人間〟は〝人と人の間〟と読む、とどこかで聞いた。この言葉は、人の本当の幸せは〝人と人の間〟にあることを暗示している。自分の家庭や職場などの生活の場で、時折ふと心をよぎるのが、この思いである。

第5章 ジェンダーと開発 はるかな地平線に向かって

●田中由美子（一九五一年生まれ）

❖おませなゆみちゃんアメリカへ

寒冬の海を冷え切った潮風がわたってくる。うす暗い明け方から漁に出ていた何隻もの海苔採り舟がポンポンという音とともに小さな塩浜の港に帰ってくる。父が操作する船が網に絡まった海苔を山のようにに積んで河岸《かし》に着く。それを待っていた母や祖母が海水と海苔の混ざった木樽を作業場に運び、どんどん海苔を木枠におとし一帖《じょう》の大きさの簾《すだれ》にして形を整えていく。たたみ一畳ほどもある大きな木枠に縦横と簾をかけて、広い農家の軒先や乾燥した冬の畑にかけ広げていく。昼過ぎにはミシミシ、パリパリという海苔の乾く音があちこちで聞こえ、磯の香りが漂ってくる。

私の生家は、川崎市の海辺に近く、海苔の養殖と広い田畑で生計を立てていた。親戚もほとんどが同じような「海苔やさん」だった。開放的な家で、いつも近所の人がお茶をしに農家の幅広い縁側や座敷にあがり込んでいた。冬は、茶の間にあるポカポカした掘り炬燵《こたつ》を囲んで、何時間でも農家のおばさんやおじさんの話が続いた。その中に混じって、ひとりおとなの話に口を挟む私は「おませなゆみちゃん」と言われていた。

しかし、いつしか中学生になり、横浜の港の見える丘公園の近くにあるカソリックの女子校に通うようになると、すっかりしとやかになり、「はい、シスター」「ごめんあそばせ」「ごきげんよう」と言うようになった。しかし、高校二年生のある日、「アメリカン・フィールド・サービス（AFS）というホームステイ・プログラムがあります」という先生の一言が、持ってうまれた好奇心を刺激した。アメリカに一年間留学できて、滞在費用も全額負担してくれるらしい。女子校の厳しい規則に縛られた生活に息が詰まり出していたし、教科書でしか知らない憧れのアメリカに行ってみたいと思った。勇気を出して、テストを受けたいと先生に伝えると、「今年はもう締め切りが過ぎたので、来年までに準備して受験するように」と言われてしまった。

そこで、しっかり者の母に相談すると、家庭教師を二人も探してきた。母は、教員の免許を取って学校で教え始めようとした時に、見合い結婚させられてしまったので、自分が叶えられなかった「職業婦人」（今で言うところのキャリア・ウーマン）になるという夢を私に託したのかもしれない。母には九人の兄弟姉妹がいて、戦後間もない頃だったので、見合い結婚して早く「片付か」なければならなかった。

そして、一年後、無事AFSのテストに合格した。すると、受かると思っていなかった父が猛反対し出した。当時は、一ドル三六〇円の時代で外貨持ち出しは厳しく、全額負担してくれるとはいえ、準備費用もかかる。その上、父にとってもかつての敵国アメリカに娘を留学させるのは想像を絶することだったようだ。ちなみに、父は第二次世界大戦中パラオの近くの島にいて、同級生や友人のほとんどがペリリュー島や硫黄島で玉砕したので、アメリカに対しては複雑な気持ちを持っていた。これには困り果てて、ついに母方の祖母に相談すると、「これからは、女の子にも教育を与えることが、その子の一生の財産になる」と言ってくれた。その一言で、父も納得したらしい。これは、私が人生で最初に経験した「ジェンダー」*だったかもしれない。

アメリカ東部のニュージャージー州で一年間ホームステイした。プリンストン大学郊外の静かな町で、男女共学の公立校に通った。ホームステイした家には、デュポン社で働く化学者の父と教育機関で働く母、スーザンという同じ歳の長女、それに五歳下のかわいい双子の妹がいた。しかし、最初は皆が何を言っているのかさっぱりわからない。遠慮することが美徳だと教育されてきたせいで、「私はチューブの歯磨きが欲しい」という、簡単な英語で自己主張できるようになるまでに、三カ月もかかった。まだ若かった私にとって「他人の家に寄宿する」というのは、恥ずかしくて身の置きどころのないような感じだった。コカコーラが日本にもあるのかと聞かれたり、日本人は家の中で靴を脱ぐ変な人種だと思われたり、そのような人々の間で、自分のことを理解してもらえるようになるのは大変だということを、身に沁みて学んだ。

私はホームステイ先から家の鍵を渡されていたが、門限は夜八時と決められていた。またこの両親からは、イエス、ノーを明確にすることを教えられ、優柔不断を戒められた。自分の意見は堂々と主張すること、自分のことは自分ですること、家事は男性も含めて家族全員で分担すること、などを学んだ。土曜日には、父親がサッカー場の広さくらいある前庭で、芝刈り機を運転するバタバタという音と、母親がすごい勢いで家中に掃除機をかける騒音で目覚め、掃除、洗濯、ごみ出し、食器洗い、ショッピングなどに家族全員が駆り出された。平日も、家事分担表ができていて、うっかり忘れてさぼったりすると、すごい顔でスーザンににらまれた。父親が当たり前のように食器を洗い、ごみを出す姿は新鮮に見えた。私はこの一年間を通じて、自由と独立の精神を学び、女性も職業を持って経済力をつけると堂々と意見を言えるようになるらしい、ということを実感した。

❖初めて経験した女性差別

留学で高校の卒業が一年遅れてしまったが、自由で開かれた大学に行きたいと思った。そして運よく国際基督教大学（ＩＣＵ）に入学できた。私は、「個人の自由と社会的責任」というテーマに関心を持っていた。アメリカで学んだ自由の精神を持って、どのように社会貢献できるのかを考えたかったからだ。

＊ジェンダー　ジェンダー（Gender）とは、社会的、文化的に形成された性別のこと。生物的な男女の違いは「性」（Sex）と呼ばれ、ジェンダーとは区別される。私たちが「女らしい」「男らしい」「女の役割」「男の役割」としているものはジェンダーであり、ジェンダーは社会、文化、地域、時代により多様であり可変的である。また、単なる男女の区別ではなく、力の不均衡が内包されている。一方、「性」は所与のもので、子どもを産む性が女性であり、生殖器などの違いによる男女の区別を示す。「女性だから○○をしてはいけない」というような場合、これは生物的な「性」を基礎として女性の社会的役割を規制している。「性」に基づいて「女性」を一般化し、女性個々の能力や役割を規定することは、基本的人権に反する、と考えられてきた。しかし近年、染色体、遺伝子、生殖器などの組み合わせにより、「性」は、男女二つしかないのではなく、幾通りもの組み合わせが可能だということが判明してきた。むしろ、社会・文化的に形成されたジェンダーという概念の方が、生物的な男女の区別を規定している、という議論も出てきている。多くの社会では、日本を含め、依然としてジェンダーに基づく固定的役割概念や差別が残っている。それは、女性の生き方や可能性を制限しているばかりでなく、男性の価値観も規制し、男性にとっても生きにくい社会を形成している。

そのために、近代市民社会が成立する過程を追った西洋政治思想史を学ぶ一方、手っ取り早い社会貢献の方法として日本語教授法を履修し、アメリカやアジアからの留学生のための日本語夏期講座で毎年教えていた。そして、いつかインドや東南アジアに行って、日本語を教えてみたいと夢想していた。

同時にその頃、少林寺拳法に埋没し、毎日大学の芝生で、突きや足蹴りの練習を重ねていた。これは自分の身は自分で守るようにしたい、いつか世界に飛び立つ時に護身術は役に立つかもしれない、と思ったからである。卒業までに二段の有段者になったが、残念ながらこれまで実際にワザを使ったことはない。大学四年生の時にカリフォルニア大学に一年間留学した際、少林寺拳法を紹介する機会があった。打ち合わせどおりに相手の男性に背負い投げをかけてねじ伏せた時に、「Oh wonderful!」と拍手喝采を浴びたくらいである。

国際基督教大学は男女共学だったが、どちらかと言うと女性の方が成績も良く堂々としていた。大学時代には、女性だからといって差別された経験はなかったように思う。私が女性に対する日本社会の差別を始めて経験したのは、就職活動をしようとした頃からだった。

二度の留学で大学卒業が遅れた私は、大手企業の募集には年齢制限を越えていたため応募資格がなく、就職先が見つからずにあせった。特別に面接してくれた商社もあったが、自宅通勤でないと言うとあっさり断られてしまった。自由と独立を目指して、大学二年生の時から下宿生活を始め、英語や日本語の家庭教師、翻訳や通訳をして学費と生活費を稼いできた私には、就職してまで女性だけに自宅通勤を強要する日本社会の考え方が理解できなかった。実力で採用するのではなく、「良い」家庭の子女で、職場でコシカケ的に働いたあとは、結婚相手を探して退職する女性を採用したかったのだろう。その頃、アメリカでは、大学生が男女を問わず夏や春休みにアルバイトをして学費や生活費を稼ぐことが当たり前だったし、大学生になれば一人前扱いされ、ほとんどは親元を離れて寮生活をしていた。あまりの日本社会の後進性を目の当たりにして、ショックだった。

そんな時、カリフォルニア大学に一緒に留学した同級生が、開発途上国の仕事をする面白そうなコンサルティング会社があるから一緒に説明会に行こうと誘ってくれた。そして、運よく英語の試験に合格し面接にこぎつけた。するとＫさんという、その後アジア開発銀行（ＡＤＢ、六三頁注参照）で活躍することになる事務局長代理に、「コンサルティングはやくざな仕事だ。あなたのようなお嬢さんに務まるのかね」といやみたっぷりに言われた。あとでわかったことだが、同級生の方を採用したかったらしい。しかし、彼女は大手メーカーに就職が決まり、代わりに私が採用された（Ｋさんは実際には面倒見の良い人で、今でもずっと友人である）。

入社する時に、以下のような質問を受けた。「待遇には男性用と女性用の二種類がある。あなたはプロとして仕事がしたいということだから、男性の待遇にするが、そうすると残業代は付かなくなる。それでもいいかね」。私は、何のことかよくわからず、男性と同じ待遇ということで喜んでＯＫした。当時、女性でプロとして扱われていたのは、私ともう一人の先輩女性だけだった。男性は全員プロ（今で言うところの総合職）で、女性は秘書と総務（一般職）のような仕事をしていた。

初任給の手取りが約一一万円で、当時の大卒初任給としては平均的な金額だったが、男性と同じと言いつつ、お茶当番が二週間に一回ずつ、女性にだけ回ってきた。当番の日はいつもより一時間も早く出勤し、前日の汚れたお茶碗を全部洗い、お湯を沸かしてポットに入れ、全員にお茶を出さないといけなかった。残業も多かったが、残業手当はまったく支給されなかった。宴会に行くと年配の男性の隣りに座っておしゃべりやお酌をしないといけなかった。さらに、同期の男性は研修や出張に出してもらったり、外回りをしてどんどん成長していくのに、私は「受付嬢」をさせられ、同期の男性が作成した汚い字の書類を清書させられ、事務局長の秘書の下請け仕事をさせられたりと、どこがプロの仕事かわからず屈辱感を味わった。しかし、同僚の女性たちがやっている仕事を自分だけ抜けるわけにはいかない。当時はそのようなことを誰に向かってどのように言えばよいのかわからず、言われたことをそのまま実行し、「何か変だ」と自問自答するだけだった。

最初は戸惑うことが多かったが、全体として振り返ってみると、差別ばかりされていたわけではない。むしろ、仕事に対する基本的な姿勢がこの時期に形成されたように思う。切手の貼り方やコピーの取り方が上達しただけではなく、与えられた仕事は責任を持って期限内に終わらせること、組織として仕事をすることなどいろいろと学習した。そうして、一年くらいすると、調査研究の部署に異動させられ、途上国への技術移転や適正技術、中小企業振興の調査研究などの仕事をさせてもらえるようになった。さらに、二年くらい経ったところで、留学試験を受けて大学院で開発経済学を勉強してはどうかと事務局長に言われた。

留学試験の筆記テストは上位で通過した。しかし、面接試験では、「女性にこの奨学金を出すのは、あなたが初めてなので不安です。本当に将来も仕事を続ける気はあるのでしょうか。女性は結婚すると終わりですからね。結婚しても仕事はしますか」と聞かれた。「もちろん、結婚しても仕事を続けるつもりです」と真面目な顔で応えたが、そんな将来のことはわかるはずがない。そもそも結婚する予定もないので答えようもない。さらに、「開発に関して専門性はあるのでしょうか」という質問には、同じ面接官のA教授が「うちの財団の開発経済学のコースを履修していますから大丈夫です」と応え、「英語はどうでしょうか」という質問には、別の面接官であるB教授が、「国際会議の仕事を手伝ってもらったことがあります。通訳として有能でしたから大丈夫です」と言ってくれた。そんな調子で面接官どうしのやりとりが続き、結局、私自身が聞かれて真剣に応えたのは、結婚しても開発の仕事を続けるかどうかという一点だけだったような、とても不思議な、今では許されないような面接試験だった。

❖イギリスの大学院で学んだ途上国の開発問題

一九七九年、イギリスのマンチェスター大学院経済学部開発学科に留学した。それまでには、スリランカとフィリピンに出張して、途上国のことが多少わかるようになっていた。また、将来も途上国関係の仕事をしていきたいと漠然と思うようになっていた。スリランカでは、ガンディーの思想を受けたサルボタヤ運動*の推進者アリヤラトネ氏に会うことができ、当時彼が進めていた農村開発運動にわけもわからず感銘を受けた。紅茶プランテーションや自由貿易地区の過酷な環境で働く女性の姿、貧しい農村でもくもくと働いている女性の姿なども深く印象に残った。ただし、自分が何をすればよいのか、何ができるのか、当時はまだわからなかった。

留学先にアメリカではなくイギリスを選んだのは、開発を考える時に、旧植民地宗主国だった大英帝国のことを理解しないと開発問題の所在がわからないのではないかと思ったからである。マンチェスター大学院のクラスメートは二〇名くらいで、数の多い順にアフリカ、カリブ海、中南米、東南アジア、

＊サルボダヤ運動　一九五八年にスリランカのA・T・アリヤラトネ氏により始められた農村自立運動のこと。ガンディーの非暴力、非差別、真実の思想に基づき、シュラマダーナ（労働の分かち合い）を通じて農村開発を行っている民間団体（NGO）である。現在、参加している農村は一万以上あるといわれている。

イギリスと多様な顔ぶれだった。ほとんどのクラスメートが、すでに政府機関で開発行政に携わった経験を持っていたので、クラスでの討論は実務に基づく具体的な議論が多かった。そして思惑どおり、アフリカやカリブ諸国と旧宗主国イギリスとの複雑な関係を頭だけでなく、同級生の目を通して感覚的にも理解できるようになった。

修士課程は、読まなければならない難解な論文やゼミのレジメづくりなどの宿題が多く、大学と下宿と図書館の三角地帯を行き来するだけの毎日が続いた。勉強の圧力でくじけそうになったが、週末にクラスメートと行くイングリッシュ・パブが息抜きの場だった。学科は、開発経済学、開発社会学、開発人類学、開発政治学、農業経済などと学際的だったため、途上国の基本的な課題を総合的に理解するのにとても役立った。また、アフリカの旧植民地や中東、インドなどをフィールドにする教授が多かったので、植民地時代からの歴史的な開発の流れを理解することができた。残念ながら、一九八〇年当時はまだ、「ジェンダーと開発」（後述）のコースはなかったし、開発といえばどの大学院でも開発経済学や金融論が中心だった。現在はもっと多様な社会開発分野について学習することができ、専門性も早い時期に確立することができるようになっていると思う。

❖まさかの国連機関への就職

イギリスに来て二年目、日本の外務省からバンコクの国連工業開発機関（UNIDO）*のジュニア・プロフェッショナル・オフィサー（JPO、二五頁注参照）のポストがあるので行かないかという連絡を受けた。これは、留学する前に外務省国際機関人事センター（当時）に、国連のポスト（職）があったら候補者として考慮して欲しいとお願いしておいた成果である。しかし、まさか本当に実現するとは思っていなかったし、国連もＪＰＯも本当は何をするところなのかよくわかっていなかった。当時ＪＰＯ制度は知られていなかったし、国連で働こうとする人も少なかった。

マンチェスター大学院では、ＪＰＯの話を聞くと急に教授もクラスメートも私を見る目が変わって愛想がよくなった。マンチェスターの開発論コースを履修すると国連に就職できる、という大学院の宣伝材料になったのだろう。とにかく私は冬用の厚いオーバーやブーツを全部処分して、スーツケース一つで曇り空のマンチェスター空港からバンコクに飛び立った。そして、ドンムアン空港に着くと南国の明るい青空とピンクのブーゲンビリア、さわやかな風が迎えてくれた。そこで最初の途上国生活が始まった。しかし、机上でしか知らなかった途上国と、実際に住んで体験した途上国とでは、考えていた以上に異なっていた。

バンコクでの最初のつまずきは、国連に行こうとして乗り込んだタクシーの運転手が、まったく地図も読めないし英語も通じなかったことだ。しばらく運転手とやりとりしたあげく、あきらめてホテルに戻り、結局国連に電話をして迎えに来てもらった。当時、行ったことのあった途上国は英語が通じるフィリピンとスリランカだけで、途上国では英語で十分だという、今では信じられないような思い込みがあった。

タイの生活習慣にも疎かった。それまで辛いものは食べたことがなく、トムヤムクンという甘酸っぱ

＊国連工業開発機関（ＵＮＩＤＯ＝United Nations Industrial Development Organization）　ＵＮＩＤＯは、一九六六年の国連総会において途上国の工業化を促進することを目的として採択された決議に基づき、六七年に国連総会の補助機関として発足。本部はウィーン。

いスープに慣れるまでに二カ月もかかった。タイは途上国とはいえ植民地化されたことがなく、人々は高いプライドを持っている。しかし政府機関に行っても時間通り現れないし、約束を簡単にすっぽかされたあげく、「マイペンライ（気にするな）」と言われて気分を害した。今となっては、「This is Thailand」と思って、気にも留めないことばかりだが、最初はアメリカで経験した以上のカルチャーショックを受けた。タイの社会や文化に対する自分の勉強不足を大いに反省したが、コンピュータもインターネットも普及していない時代のこと。今よりずっと情報が限られており、知識が乏しかったせいで失敗を繰り返した。

ＵＮＩＤＯのタイ事務所は、国連ビル一二階の国連開発計画（ＵＮＤＰ、一一九頁注参照）内にあった。二年間は、もっぱら研修生のようなもので、国連の複雑な仕組みと上下の厳しい人間関係、何でも文書にするという国連独特の仕事のやり方を学習したように思う。上司は、アメリカ人の電子工学の専門家で、人柄は優しいが仕事には厳しい男性だった。報告書を提出してもなかなか満足してもらえず何度も書き直させられた。それでも最後には、アセアン（東南アジア諸国連合）諸国の中小企業振興策についての現地調査をさせてくれた。その報告書はＪＰＯの卒業レポートとして、ウィーンにあるＵＮＩＤＯ本部で高い評価を受け、上司は喜んでいたが、それは実際には彼の指導と校正が相当入ったからにすぎない。

❖国連ＥＳＣＡＰで築いたキャリアの基礎

ＪＰＯの任期は二年だけだった。そのあとはＵＮＩＤＯの本部で働きたいと思ったが、ＪＰＯから正規の国連職員に採用されることは大変難しく、何度も交渉したが受け入れてもらえなかった。そのような時に、国連アジア太平洋経済社会委員会（ＥＳＣＡＰ、二七頁注参照）の「開発と女性課」（Women in Development Section）の社会事務官（Social Affairs Officer）に空席があったので、そのポストに応募した。ＥＳＣＡＰは、同じ国連ビルの中だったこともあり、人事部長にすぐ面会を申し込んで、自分を売り込んだ。さらに日本大使館の参事官が強く推薦してくれたこともあり、正規の国連職員として採用されることになった。そして、そこから現在の私の「ジェンダーと開発」というキャリア形成が始まった。人生のいろいろな場面でジェンダー差別は体験してきたので、この問題で途上国の仕事ができることに心が弾んだ。

最初の大きな仕事は、ＥＳＣＡＰが東京で開催したアジア太平洋地域の政府間会議だった。これは、一九八五年にナイロビで開催される予定になっていた第三回国連世界女性会議に向けて、アジア太平洋地域の国々が一堂に集まって、地域共通のジェンダー戦略や方針を決定する会議である。日本政府が資金提供をし、東京の経団連会館で開催した。五〇カ国にも及ぶ政府代表団と主要な国連機関が一堂に集まるハイレベルの会合を担当するのは初めてだった。当時、私の直属の上司はビルマ人の課長で、部長はオーストラリア人の女性だったが、二人とも大きな国連会議を主催した経験がなかった。しかも当時は英語がよく通じない東京での開催だったので、私が会議のロジスティックスを担当しなければならなくなった。

ロジスティックスというのは、いわば会議の運営の仕事である。会議の招待状の作成や発送から、会場の設定、同時通訳のアレンジ、参加者の宿泊先と交通手段の確保、レセプションなど挙げれば切りがないほどの細かい事務作業である。幸い、在タイ日本大使館の坂井一等書記官（当時、ＥＳＣＡＰ常駐代表）が、このようなロジスティックスに豊富な経験をお持ちだったので、親切に教えていただきながら、準備に四カ月以上費やし、会場の下見や外務省本省との打ち合わせでバンコクと東京を往復した。実際に会議が始まると、今度は参加者からいろいろな文句が出てきた。イランからは、三名の女性高官が頭からつま先まですっぽり隠れる真っ黒なチャードル（イスラムの女性が外出時に体全体を覆う服）で来日したが、お祈りの場所をいくつか確保するように要請された。当時はどれも初めての経験だったので、対応の仕方がわからなかった。また、会議中はほとんど毎晩徹夜作業で、裸足で夜の会議室の間を、書類を持って駆け回り、最終草案をタイ人の秘書たちと一緒に印刷機にかけて手作業で仕分けをし、最終日の朝までに何とか間に合わせた。この会議を通じて学んだことは、どんなに立派に見える国連会議も、このようなロジスティックス担当者の支えがなければ成立せず、裏方仕事をしている人々への配慮や運営能力が会議の正否を左右するということだった。国連というのは、一見華やかな国際機関のように見えるが、その陰では目に見えないたくさんの人が働いている。早い時期に大きな会議の運営を経験したおかげで、そのあとは誰とでも何でも企画して運営できるような気になった。

ＥＳＣＡＰでの私の仕事は、大きく分けて、「開発と女性」（開発過程における女性の地位や役割の向上）に関連して、①アジア太平洋の国連加盟国（当時は約五〇カ国）の政府間の国際会議を開催したり、ＥＳＣＡＰ代表として国際会議へ出席する、②専門家会合、研修やセミナーを開催する、③ジェンダーや女性の地位向上の調査研究を実施する、④途上国の女性省や女性ＮＧＯ支援のためのプロジェクト（雇用創出、技術訓練など）を実施する、⑤アジア地域の女性ネットワークの構築や統計・情報整備を行う、などであった。私が国連に勤務していた一九八〇年当初は、主に、「開発と女性」という用語が使用されていたが、八〇年代後半からは、「ジェンダーと開発」というアプローチに変わった。*

当時は、国連女性開発基金（ＵＮＩＦＥＭ）*がアジア地域に事務所を開設していなかったので、私は

＊〜というアプローチに変わった　「開発と女性」は、英語のＷＩＤ＝Women in Development の日本語訳で、開発過程において女性の役割の向上を目指し、女性の参加や統合（integration）を促進するアプローチである。一九七〇年代に国際機関や開発援助機関で採用されるようになった。たとえば、貧しい女性を対象にした所得向上プロジェクトを実施することや、農業プロジェクトをする時には、男性だけでなく、忘れられがちだった女性農民を対象とした農業技術普及活動や生活改善活動を、プロジェクトの活動として組み込むことなどである。しかし、このようなアプローチでは、必ずしも男女の固定的な役割の解消や、社会制度に組み込まれているジェンダーに基づいた偏見の解消にはつながらなかったという反省から、八〇年代には、「ジェンダーと開発」（ＧＡＤ＝Gender and Development と呼ばれるアプローチが採られるようになった。ＧＡＤアプローチは、固定的性別役割概念に基づき女性あるいは男性が不利な状況に置かれてしまうような社会的制度や構造の改革を目指している。たとえば、女性・男性のどちらかに不利になるような法律や社会保障制度の改革、女性の人権が保障されるような開発アプローチなどである。そのためには、政府が政策の優先順位や内容を見直していくことが必要であるばかりでなく、女性や社会的に不利な状況に置かれた当該者が、個人的にも社会的にも力をつけていくこと、すなわちエンパワメント（四三頁注参照）を重視しているアプローチである。

＊国連女性開発基金（ＵＮＩＦＥＭ＝United Nations Development Fund for Women）　ＵＮＩＦＥＭは、一九七六年に国連総会で設立された「国連婦人のための一〇年基金」を改称し、八四年から発足したもので、途上国の女性たちに、技術的・財政的支援を行うことを目的としている。国連開発計画（ＵＮＤＰ）と連携して、一五カ国の途上国にアドバイザーを配置している。本部はニューヨーク。その活動を支援するため、九二年、ＵＮＩＦＥＭ日本国内委員会が発足し、二〇〇四年には特定非営利活動法人に認定され、さらに活動の充実を図っている。外務省の正式名称は、「国連婦人開発基金」となっているが、一般には「国連女性開発基金」と呼ばれている。

ＵＮＩＦＥＭの代理として途上国の女性ＮＧＯや政府の女性局の活動支援も兼務していた。また、当時手付かずだった「開発と女性」分野の統計整備および専門家のデータベースを作成するほか、アジア太平洋女性情報ネットワーク（ＷＩＮＡＰ＝Women's Information Network for Asia and the Pacific）も立ち上げて、オーストラリア政府からの拠出金を取り付けた。そのネットワークを使って、各国政府や女性ＮＧＯの取り組みについて情報交換を行い、ＷＩＮＡＰニュースレターを発行し、情報整備のための研修も毎年実施した。まだインターネットのない時代だったので、このような方法で共通の問題や成功事例について情報共有を図る必要があった。

ＥＳＣＡＰの二人目の社会開発部長は、何かにつけて部下の仕事を邪魔する利己的な男性で、すべてのスタッフが非常に苦労した。しかし、私は同僚には恵まれていて、ビルマ、マレーシア、シンガポール、フィリピン、イラン、インド、タイ人などと共に働いた。文化や習慣が異なり、コミュニケーションが難しいこともあったが、本音で一緒に働いてぶつかり合いお互いにわかり合えるようになった。そして、私は、アジア太平洋地域の女性が直面するさまざまな問題の対応のために、西はイランから東はクック諸島まで（パキスタン、インド、ネパール、カンボジア、ラオス、マレーシア、フィリピン、サモア、フィジー、トンガなど）広い地域を飛び回り、三〇歳台のほとんどを国連職員として過ごした。この時期の経験が現在のキャリアの基礎になっていると思う。

❖ライフワークとなった国際協力

バンコクの国連で約九年間仕事をしたあと、家族の都合などもあり、日本に帰国することにした。それは、父が亡くなり母が一人暮らしになってしまったことと、バンコクで同様に勤務していた夫が、日本の所属組織から帰国するよう言われたことなどが重なった結果である。一九八五年にバンコクで結婚した夫は、鉄道エンジニアで、日本政府派遣による国連職員としてＥＳＣＡＰ運輸通信観光部で八四年から九〇年まで勤務し、都市交通や鉄道分野の国際協力をしていたが、帰国後も引続き鉄道関係の仕事をしている。私は日本での仕事を探さなければならなかったが、その時、国際協力事業団（現、国際協力機構＝ＪＩＣＡ）に国際協力専門員という仕事があることを知った。しかも、「開発と女性」分野の専門家を探しているという。ＪＩＣＡは、国連より資金が豊富にあり、やりたい調査研究もできそうだし、専門家になって途上国にも派遣してもらえそうだ、ということで興味をそそられた。国連では、やりたいプロジェクトがたくさんあったが、いつも予算が不足していたし、政策的なことが多かったので途上国の現場からも遠かった。そして、九〇年に私は運良くＪＩＣＡの採用試験をパスした。それは、ＪＩＣＡが国際協力専門員に女性を三人採用した初めての年だった。

❖肌で感じたジェンダーへの抵抗感

私の最初の仕事は、ＪＩＣＡの「分野別（開発と女性）援助研究会」に出席し、ＪＩＣＡが途上国のジェンダー課題に本格的に取り組むようになるための提案をすることだった。この研究会は、ＪＩＣＡが最初に「開発と女性」に取り組んだ歴史的な出来事であり、その場に参加できたことは幸運だったと思う。研究会の座長には高橋展子前デンマーク大使が就任したが途中で不幸に遭われ、代わりに目黒依子教授（当時上智大学）が座長に就任した。外務省からも国際機関担当の事務官が毎回出席された。私は、事務局側でタスクフォースの主査を務め、ＪＩＣＡの北林職員と一緒に、研究会で出た意見をまとめながら報告書の作成に取り組んだ。研究会は、半年以上の検討を重ね報告書案を作成した。案は、ＪＩＣ

A本部内でも回覧されたが、手元に戻ってきた時には、真赤なコメントが随所に入っていた。なぜ女性を特別に扱わないといけないのか、「女権運動」を起こそうとしているのか、女の権利なんかJICAでは扱えない、ウーマンリブ反対、文化侵略だなど、今思うと、保存しておけばよかったと思われるような歴史的なコメントがたくさん書き込まれていた。また、当時は、会議で「女性」のことが話題になると、クスクス笑う声が聞こえ、不愉快な思いをさせられたものだ。しかし、私は持ち前の能天気な性格で、そのうち何とかなるだろうと思って今日まで来てしまった。

この研究会の報告書は、翌年一九九一年に完成し、その提言に基づき、JICAのWID・ジェンダー政策や基本方針が作成された。さらに研究会の大きな成果として、環境とともにWIDを所管する部署が初めてJICAに設置された。以降、部署の名称は組織改変に伴いそのつど変更されてきたものの、JICA職員がWID・ジェンダーを正規の業務として実施する継続的な体制が確立することになった。

WID・ジェンダーはすべての分野に関係があるので、研究会終了後、次に私が目指したのは、WID・ジェンダー視点をすべての開発分野に横断的に組み込んでいくこと、ジェンダー平等を目指す独立した技術協力プロジェクトを形成し実施することの二点だった。最初の目標に関しては、すべての開発分野に同時に取り組むのは難しいので、農林業分野に焦点を絞ることにした。それは、JICAが農林業分野を重視していたことと、途上国の農林業には多くの女性が直接関わっていたので、成果を見せやすいと思ったからである。JICAのような技術協力機関では、理想論も重要ではあるが、実証して成果を出さないと説得力がないということが、最初の研究会を通じてわかったので、具体的な事例で示すことにした。まず、「WID配慮手引書」というガイドラインを、本部のWID担当部署と一緒に作成し、保健、農業、雇用などいくつかの開発分野でどのようにすればＷＩＤ視点が組み込めるのかを具体的に示した。

同時に、調査研究をして具体的なアプローチ（手法）を示すことにした。そこで、環境保全に以前から関心があったので、「森林とジェンダー」というテーマを選び、住民参加型の森林保全*に関する研究会を当時のＪＩＣＡ国際協力総合研修所（以下、国総研）で始めた。手探りで始めた研究会だったので、林業分野の研究者との議論もあまりかみ合わず、報告書を取りまとめるまでに二年もかかってしまったが、森林保全に関して途上国の女性が深く関わっていることを示すことができた。

他方で、女性に焦点を当てた個別のプロジェクト案を提案したが、当時のＪＩＣＡではどの部署も関心が低かった。そこで言われたことは、どこにＷＩＤ・ジェンダー専門家がいるのか、ということだった。私は、国連の制度しか知らなかったので、プロジェクトの企画書を作成すれば、あとは公募して専門家やコンサルタントに委託して、いくらでも実施できると安易に考えていた。しかし、今とは異なり

＊住民参加型の森林保全　薪や木材などのために森林を利用している地域の住民自身が、主体的に森林の利用方法を決め管理していく方が、森林がよく保全されるという考え方に基づいて進められてきた森林管理手法のこと。森林の管理を地域住民の参加によって行い、そこで得られる利益などを住民に分配するという方式。開発協力の分野では、「社会林業《ソーシャル・フォレストリー》」（二九九頁注参照）として、住民参加型の林業によって地域経済の安定と自然や生物多様性の保全を両立する手法が採られており、「コミュニティ・フォレストリー」とほぼ同義に用いられることが多い。地域社会の参画・参加をより強調する意味から、最近では「コミュニティ・フォレストリー」の方が多用される。また、地域住民の主体的な森林管理と収益保証を強調した「住民林業」という用語もある。

当時のＪＩＣＡではそのようなシステムにはなっておらず、技術協力プロジェクトを作りたいと思ったら、国内支援委員会を設置してバックアップ体制を作り、五年間で一〇名以上の長期・短期の専門家のプールを確保しないといけなかった。予想外のことでがっかりしたが、ＷＩＤ・ジェンダー専門家を養成するところから始めることが必要だと考えた。国総研の人材養成課長（当時）もそのような必要性を感じていたため、一～二カ月のＷＩＤ・ジェンダー専門家養成研修コースが開設されることになった。そのコースは、ＷＩＤ・ジェンダーの基礎知識を国内で習得したあと、ジェンダー分析や調査手法などを途上国に行って実地に学習する内容である。現在、コースの卒業生はすでに一〇〇名以上になり、そこからＪＩＣＡのジェンダー専門家や、ジェンダーのことがわかる特定分野の専門家、研究者、コンサルタントが育ち、国際協力のさまざまな分野で活躍している。

❖山形のフィールドで知った日本のジェンダー問題

イギリスとバンコクでの海外生活を合わせると一〇年以上にもなっていたので、私は日本の事情に疎くなり、日本の女性が直面している問題が実感できなくなっていた。国際協力でジェンダーのことをするためには、身近なことがわからないといけない。そこで原ひろ子教授（当時お茶の水女子大学ジェンダー研究センター）に相談した。その頃先生は、大学院生を連れて農村で調査実習をしようとしていた。候補地として山形県西村山郡朝日町が選ばれた。そこは最上川に沿った山間の人口約一万人の町で、リンゴとサクランボ、ラフランスなどの産地だった。私たちは、一〇名弱で「女性の農村生活調査団」を形成して調査実習を開始した。大学院生の一人は、農家の板張りの二階家をまるごと一軒借りて、二年間の住み込み調査をすることになった。そこを拠点にして、ほかのメンバーは東京から時間の都合のつく時に通った。

メンバーが選んだテーマはさまざまだった。たとえば、近代技術（洗濯機など）の導入による女性の生活の変化、子育てを通じた世代間の文化継承、町の異文化国際交流、フィリピンからの花嫁さん、女性とタバコと憩い、環境保全とエコツーリズム、ふるさととは何か、などなど。テーマがあまりにもばらばらなので、町の人から「多国籍軍だ」とからかわれた。町の人は、東京から女子大生が来ると聞いてわくわく期待していたのに、原先生を筆頭に、調査団員の年齢もバックグランドもばらばらで、子連れで調査する大学院生すらいたので、期待外れだったようだ。しかし、それは多様性のダイナミズムを重んじる原先生ならではのチーム構成だった。

私は、合計一〇回くらい実習に参加することができた。私のテーマは、朝日町の国際交流とフィリピンの花嫁だったが、この調査を通じて、農村女性のみならず男性が直面している問題も理解できるようになった。たとえば、農村では、若い男女が都会に憧れて出て行くことが多く、農家の「嫁」不足が深刻である。それは、一つには「古いしきたりや面倒な親戚関係で苦労した村に、自分の娘は縛りつけたくない」と思う母親が、娘を都会に出してしまうからである。すると息子、特に長男に来る嫁がいなくなるという皮肉な現象になる。しかも、「イエ」や先祖代々の墓を守るために、娘しかいない家は長女が残ることとなり、そうすると農村には結婚できない長男と長女しか残らなくなる。また、遺産相続の問題もある。女性は嫁いだ先で、夫の両親の世話をすることは当然だと思われているが、夫が先に亡くなってしまうと、夫の両親の財産はまったく嫁には分与されない。しかも、嫁に行く時には、実家の財産（田畑）は放棄させられることが多い。したがって、夫の両親の世話を一生懸命しても、気が付いたら自分の財産はまったくなかった、という状態になる。嫁が自分のサイフを持つことも少なく、女性にも一定の給料や休暇を保証しようという「家族経営協定」などを採用している農家はほとんどない。昔はそれでも大家族でよかったのかもしれないが、だんだん社会の制度や価値観が、近代社会にのみ込まれて個人単位になってくるとそこにさまざまなひずみや不満が出てくる。

調査実習では、最初に町の歴史や地理、生計、自然環境、行政、親族関係など基本的な情報を学ぶ。特定のテーマに先駆けて、町をまるごと理解することが必要なのだ。そして、実習を通じて農村が直面する問題の背後関係を理解できるようになると、フィールド調査の基本的なマナーや倫理、ノートのとり方やテープ起こし、面談（インタビュー）の仕方、方言の理解の方法などを学んだ。時には、「私がインタビューするから、それを見ているように」と言われて、原先生から実地に教えてもらった。

朝日町の人々はとても親切で調査団を温かく受け入れてくれた。町には、若い人々を中心にいろいろなグループができていて、町の活性化に熱心だった。地域の特産品であるリンゴの研究所を作ったり、エコツーリズム国際会議を開いたり、雪をかぶった朝日連邦を遠くに眺めながらの「りんご温泉」、山の澄んだ空気を地下のかめに祀っている「空気神社」、水色のメルヘンチックな土器を作る「ほうずき窯《がま》」、プロポリスやろうそくを作るミツバチネットワーク、冬はスキーで夏には星がたくさん見えるホテル「朝日自然観」など楽しい企画でふるさとをもう一度見直そうとしていた。自作自演の歌を聞かせてくれる「あめっかぜ」というフォークグループは、県内のみならず韓国にまで遠征した。地域にあるユニークな人材や資源を活かして、自分たち自身が住みやすい町を作って、楽しく豊かな人生を過ごすための地域おこしである。

親しくなった何人かの朝日町の女性は、あとで私が赴任したネパールにも訪ねてきてくれた。国際協力に興味を持って、パプア・ニューギニアに二年間赴任した町の医師もいる。日本の農村を知らない若いＪＩＣＡ職員と一緒に、泊り込みでジェンダー研修や農村開発実習をさせてもらったこともある。朝日町の地域おこしは、自分たちの足元の貴重な資源や人のつながりを大切にしながら、確実に経済的利益も上げていて、特にその中で女性が元気である。女性が元気になると、地域全体が元気になる。女性が生き生きと生活できるような日本の農村の知恵をぜひ国際協力にも活かしたい。

❖ネパールで取り組んだジェンダーとカースト

ＪＩＣＡに就職した理由の一つには、途上国の現場（フィールド）に行って、開発プロジェクトを実施してみたいという希望があった。その願いが叶って、一九九四年八月から、ネパール中西部のポカラに、ジェンダー専門家として二年間派遣されることになった。プロジェクトは、「ネパール村落振興・森林保全計画」と呼ばれ、林業専門家だった故渡辺桂国際協力専門員（二九七～八頁参照）の企画によるものだった。プロジェクトは、困窮している中間山地で村落開発事業を進め、人々の生計向上を図り、住民による森林保全を進めていくことが目的だった。

これは、ＪＩＣＡで初めての本格的な住民参加型開発アプローチを採用したもので、従来のトップダウン、縦割り行政的なアプローチに対する挑戦として画期的な試みだった。専門家チームと平行して青年海外協力隊の男女一〇名が村落に住み込みながら、住民と同じように生活する中で、住民自身が主体となって計画し実行できる開発を進めていこうとするものである。実施に当たっては、協力隊員は基本的には派遣任期が二年間なので、その後も現地での活動が継続されていくようにネパール人の開発ワーカーの男女も協力隊員と一緒に村落で暮らすことになった。これはネパールの若い人材が開発事業を運営し実施能力を向上させて（キャパシティー開発）、彼らのキャリア形成にも大いに役に立った。ネパール人の開発ワーカーは、当初、村人にどのように接触して信頼を得るのか、どのように会合を開いたら参加してもらえるのか、あるいは村人に自発的に計画を策定してもらうにはどのように対応したらいいのか、などについて必ずしもよく理解できていなかった。しかし、村の歩道の改善や生活用水のタンクの設置など、生活に密着した開発事業の計画づくりやその実施を通じてそれらを体得し、村落での生計向上や生活改善についての望ましいあり方を次第に学習していった。ダリットと呼ばれる低いカースト出身の女性開発ワーカーを二名採用したことも画期的だった。ダリットは「不浄」だと思われていて、村人に受け入れてもらえないことも多かったが、ダリット対象の村落開発事業や、開発ワーカーとしてのダリットの採用は、ダリットに対する偏見を徐々に変えることに大きく貢献した。

開発の方法としては、各村で住民男女に集会を開いてもらい、その中で開発の優先順位を決め、関心のある人々どうしが集まって小グループを形成し、住民自身が知恵を出し労働を提供し合いながら、JICAが側面支援していくという形をとった。その過程で、それまで村の集会に参加させてもらえなかった女性や差別されていたカーストの人々も集まり、開発事業に参画するようになったのは画期的な変化である。

村の開発事業としては、換金作物の栽培、共同の水場の整備、歩道の補修、橋梁の建設、植林のための苗畑づくりなどがあった。また、男性は国内外の出稼ぎで村にいないことも多いので、女性グループのみを対象とした収入向上活動（ヤギ飼育、野菜栽培、養蜂、キノコ栽培など）を実施し、貧しい農村の女性でも経済的な力をつけることができるようにした。農村の女性は一〇人に二人くらいしか読み書きができず、識字教室を開催することは女性たちの強い希望だった。特に人気が高かった活動は、村から出たことのない女性たちが、近隣のモデル農家に研修旅行に行くことだった。自分たちと同じような境遇の農民女性たちが、立派にヤギの飼育や養蜂、キノコ栽培などをして収入を得ているのを見て、自分たちにもできそうだと、新しい活動を始めるきっかけにつながったケースも多い。こうしてプロジェクトが終了したあとも、村人たちは自分たちで地方政府に働きかけて地方開発予算を取り開発事業を実施したり、自分たちの力で女性の融資組合を作るまでになった。

私は、他の専門家たちと一緒にポカラのプロジェクト事務所に勤務しながら、周辺の村に通って、協力隊員やネパール人ワーカーの活動を支援し、ポカラでジェンダー研修やワークショップをした。村の女性がたきぎや家畜の飼料集めに森林に行ったり、重い水がめを背中に担いで水汲みに行く時にはよく連れていってもらって、村の生活について実感したり苦労話をたくさん聞いた。家族構成や家計、水汲みや薪集め、農作業の分担、農作物の収穫、土地所有権、子どもの教育などいろいろと教えてもらった。多くの村には「アマサムハ」*という母親グループがあり、夕飯が済むと踊りと音楽が始まって呼びに来る。アマサムハは、互助組織のような機能を持ち、田植えなどを一緒にしたり、徳を積むために山道やチョウタラ（道端で休むところ）、ヒンドゥーの祠《ほこら》を作ったり、冠婚葬祭に一緒に料理をしたりする。最

＊アマサムハ　アマ＝母親、サムハ＝組織、という意味。ネパールの近代国家成立とともに、官製の全国女性組織の一環として発足した。国王親政の中央集権国家のもと、一九六二年以降、中央から地方に至るまで五人組制度（パンチャヤート制）が形成された。同時に、中央の意思を地方に伝達する仕組みとして、五人組制度に平行して、全国女性組織（Nepal Women's Association）が形成された。パンチャヤート制は、九〇年の民主化により崩壊したが、村には互助組織として、特に冠婚葬祭、稲作の共同作業、森林保全などのためにアマサムハが存続している地域が多い。さらに、地方開発省（以前は、地方開発パンチャヤート省）が八〇年代から実施してきた農村女性のための生産活動融資プログラムの対象単位としても機能してきた。

近では、村でマイクロクレジット（小規模融資）が盛んになってきたが、その融資をグループで受ける時にも、同じアマサムハの中の五〜六人でグループを形成することが多い。このようなグループ活動が活発な村には、しっかりした女性リーダーがいて、開発活動も比較的容易に進むことが多い。

　村にはそれぞれの秩序や古くからの慣習があり、組織力や連帯感もある一方、種々の問題も抱えている。たとえば、歴史的な確執が残っていて、川の上流の村人が下流の村人に飲み水を提供したくないということもある。どこに共同水場を建設するのかについて、何カ月も村人どうしがもめ続ける。女性の間でも、土地の境界線や森林の使用方法について口論になることもある。村人が規則を破って森林に家畜を放ったり、伐採することも珍しくない。村落共有林の見張り番として、女性が順番で森林を毎日見回ることも多いが、外から盗伐に来た見知らぬ男性に遭遇すると、取り締まるどころか身の危険を感じることの方が多い。村の男性は酒気を帯びると家庭内暴力を振るうことも多いので、アマサムハが罰金制度を作って、村の男性たちに迫ることもある。

　ポカラでは、私はグルンの家族の二階に下宿した。グルンはモンゴル系の人々で、もともと高地民族である。下宿先は若い夫婦の家で、夫はグルカ兵*として香港に行っていたので、家の中は女性と小さい子どもばかりだった。毎日一緒に、マサラというカレー用の香辛料を主体に味付けした野菜や豆をごはんに添えるダル・バートというネパールの伝統食を食べ、近所の親戚がヒンドゥーのお祭りや儀式、田植えや稲刈りを行う時には呼んでもらい、一緒に農作業もした。また、頻繁に村に行って聞き取りをするためには、ネパール語が必要だったので、毎朝一時間、ネパール語の先生に、簡単な会話や文法、読み書きを習った。語学の学習を通じて、ネパールの文化や宗教を学ぶことができた。先生は熱心なヒンドゥー教徒であり、最上位のバウン・カーストの誇り高い男性だったので、ネパール人男性のジェンダー観を知るのに大変役立った。極言すれば、妻は夫に逆らってはいけない、妻にとって夫は神のような存在である、妻は毎朝夫の足を洗わないといけない、息子が生まれなければ第二夫人を娶ってもよいといった、いわゆる「女は三界に家なし」のような考え方を垣間見ることとなった。私は、ネパール滞在そのものがフィールドワークだと思っていたので、ネパールを丸ごと理解して、その上で開発やジェンダーについて考えたかった。

このプロジェクトは一九九四年から二〇〇四年まで続き、森林や流域保全分野の専門家に加えて、二年ごとに合計五名のジェンダー専門家が派遣された。二〇〇六年までフォローアップがあったが、その後は休止状態である。それは、九九年頃から徐々にマオイスト（共産党毛沢東主義派）と呼ばれる共産系ゲリラの活動が激しくなり、専門家や協力隊員が地方に滞在するのが危険になってしまったからである。実際、協力隊の村の事務所がマオイストに襲撃され、隊員が金品を奪われた上に、書類まで燃やすように強要されるという事件も起きた。ネパールのマオイストは、九六年に武装蜂起し、王政反対、軍隊や

＊グルカ兵　もともとはネパールのゴルカ王朝があったゴルカ地方出身者で構成される戦闘集団のこと。現在では全国から集まってくる。その集団には、グルンやマガール（高地民族）が多く、ククリという刀を持って勇猛果敢に戦うことで知られている。ゴルカの英語読みがグルカである。グルカ兵は、一八五七年のセポイの乱以降、その働きぶりが認められて、イギリスの軍隊に組み込まれるようになった。その後もネパールは、イギリス軍にグルカ兵を送り続けることによって、独立国家としての存続を確保した。志願してグルカ部隊としてイギリス軍で働くことは、退役後の年金支給も含め、長い間、ネパール人の海外出稼ぎ労働の資金源となってきた。香港、ブルネイなどに駐留することが多い。フォークランド戦争、コソヴォ、アフガニスタン、イラクなどにもイギリス軍の部隊として派遣された。

警察の王室所属廃止、人種差別や地域間格差の廃止、土地所有制度や貧困地域の生活基盤の改善など「四〇項目の要求」を唱え、貧しい山間地に拠点（人民政府）を構えて、政府に対して闘争を繰り広げてきた。マオイストには、女性党員も多い。兵士による道路建設や、共産主義的な学校教育も行い、当初農民からの評判はよかったが、上納金を要求したり、家屋や財産の没収、農民や年少者の兵士への徴用などが日常化し、村人が逃げ出した地域も多い。私たちもプロジェクト実施当時は、政府に味方して人民を搾取していると思われ、格好の標的となった。また、その後誤解が解けて住民のためのプロジェクトであることが理解されるようになったものの、山間地域全体の治安の悪化により、村での常駐は九九年頃から中止せざるを得なくなっていった（二〇〇八年に実施された制憲議会選挙の結果、ネパール共産党毛沢東主義派が第一党として新政権を率いることが確定した）。

このプロジェクトは、計画段階から一貫してジェンダーとカースト問題に対応してきた、数少ないＪＩＣＡの技術協力プロジェクトの一つである。ジェンダーやマイノリティの視点を内包させながら住民主体の開発協力を進めた成果として、今ではネパール政府の役人の中にも、地域からの発想や住民のニーズを尊重した開発政策の形成過程を重視する考え方が根付きつつある。また、ネパールでは、政府が機能していない地域が多いので、ますます地域住民が開発の主体になり、地方開発を進めていく必要性が高まっている。二〇〇四年、このプロジェクトについて、ジェンダーの視点に立った事後評価調査を実施したが、世帯や地域内単位のみならず、女性たちも個人として確実にエンパワーしている（力をつけている）ことが判明した。しかし、ダリットの女性にとっては社会参加が始まったばかりであり、今後も識字教育や収入向上活動など息の長い協力が必要とされている。

❖アフガニスタンの復興支援とジェンダー

ネパールの次に関わったのは、アフガニスタンである。これまでいずれも一～三週間単位ではあるが八回ほど出張してきた。アフガニスタンは、長い間世界から忘れられた国だ。イギリスの侵略戦争に遭っても何とか独立を保ってきたが、旧ソ連の侵攻が一九七九年から始まり、共産主義体制を牽制して組織されたゲリラ、ムジャヒディン（イスラムの聖戦士。アメリカ、パキスタン、サウディアラビアが支援）との間で内戦が勃発した。そして、旧ソ連軍が一〇年後に撤退したあとは、地方の軍閥による内部抗争が続いた。九四年にカブールを制圧したタリバン政権は、女性に教育と就業を禁止した。それまで都市部では多くの女性が、教員、役人、医者や看護師、工場労働者として働いていたが、家の中に閉じ込められた。女性は、男性と一緒でなければ外出できなくなり、頭からブルカ（女性が伝統的に着用している全身を覆う服）をすっぽりかぶり、少しでも足のくるぶしが見えると、路上でタリバンのムチで打たれた。ブルカを買えないような貧しい女性は外出できなかった。声を立てて笑ったり、化粧をすることも禁じられ、数少ない女性の憩いの場であった共同浴場（ハマム）も破壊され、強制結婚、強姦、投獄、人身取引などが行われた。タリバンは男性にも思想や行動規制を強要し、髭を伸ばさない男性は投獄され、さまざまな理由をこじつけて毎週、市内のスタジアムで処刑が行われた。王宮をはじめとし、学校、病院、工場、動物園、映画館、灌漑水路など公共施設がことごとく破壊され、特にカブール南西部のハザラ系住民が住む地域はすさまじい破壊のあと、瓦礫の山と化した。

アメリカの九・一一同時多発テロ事件をきっかけに、タリバンに影響を与えた反米勢力アルカイダの根拠地であるアフガニスタンは英米軍によって攻撃され、二〇〇一年一二月、ボン合意によりこの国に新しい暫定政府が樹立された。二三年間続いた内戦に終止符が打たれたが、その間に二〇〇万人が亡くなり、一〇〇万人が負傷し、二〇〇万人が家を失った。四〇〇から五〇〇万人がパキスタン、イラン、その他の国に難民として脱出し、そのまま戻って来ない（来られない）者も多い。

私は、二〇〇二年五月、アフガニスタンに初めてのＪＩＣＡジェンダー専門家として派遣された。街は瓦礫の山で混沌としており、ゲストハウスも整備されておらず、食べ物も乏しかった。しかし、人々の表情は明るく開放感に満ちていた。約二週間の短い滞在だったが、暫定政権下で新設された女性課題省（Ministry of Women's Affairs）に対する支援の検討が行われた。疲弊し切ったアフガニスタンの復興を進めるには、それまで声を上げられなかったアフガニスタン女性の声に耳を傾け、女性たちのニーズを顕在化していくことが急務だと思われた。*日本では、すでに内閣府男女共同参画局が同年二月に、有識者による「アフガニスタンの女性支援に関する懇談会」（原ひろ子議長）を発足させて支援方法を検討し始めていたが、私もこの懇談会のメンバーの一人だった。

首都カブールでは、内戦で夫を亡くし生活に困窮する女性が急増していた。しかし家族に成人男性がいなくなっても、女性が代わりに外で仕事をすることは社会習慣上、難しい。幼い長男が学校にも行かず、わずかな日銭を稼いで一家を養わなければならなくなる。私は、いくつかの産院を訪問したが、外には診察してもらえない女性が溢れていた。アフガニスタンでは女性は原則として男性の医師や看護師には診てもらえないが、かと言って女性の医師や看護師の数、医薬品やベッドはことごとく足りない。また、地雷の被害に遭う女性や子どもも多く、その手当てばかりか義手や義足の供給も間に合わない。

女性課題省の最初の大臣には、タリバン政権下でパキスタンに逃れ、クエッタ（アフガニスタン南部のカンダハル国境に近いバロチスタン州都）でＮＧＯを設立して教育や医療活動をしていたドクター・シマ・サマールが就任し、女性の尊厳や権利の回復、寡婦となって困窮している女性の雇用対策、違法に刑務所に入れられている女性の救出、女性への暴力の根絶、識字教室・技術訓練の実施などの支援や政治参加への取組みを開始していた。二〇〇二年七月に行われた国民大会議（緊急ロヤ・ジルガ）では、全国から一六〇〇名の代表が集まったが、そのうち約二〇〇名は女性だった。しかし、大会議では軍閥や原理主義的な男性たちから、「女は家に帰れ、女性課題省はつぶしてしまえ」という声が上がり、地方では女子学校が焼き討ちに遭っていた。

その頃日本政府は、数次の調査団を派遣し、その中で教育、保健・医療、メディア、基礎インフラ整備と同時に「女性の地位向上と国づくりへの参画支援」をアフガニスタンに対する協力活動の重点課題としていた。一方シマ・サマール大臣からは、タリバンに破壊された極貧地方バミヤンに、女性のための総合センターを作りたいという提案が当方に提示されていた。さっそく大臣が駒野欽一大使（当時）に相談した結果、「草の根・人間の安全保障無償資金協力」（旧称、草の根無償資金協力。一一一頁注参照）という制度を使って、シュハダという地元のNGOがセンターを建設することになった。この女性センターは、バミヤン空港から町に入る途中にあり、これまでに二〇〇〇人以上の女性のみならず男性に対してもコンピュータや職業訓練、ジェンダー研修などの機会を提供し、会合やネットワークの場を作り、地域のセンターとして根付きつつある。

＊～が急務だと思われた　アフガニスタン女性の識字率は一五パーセント（男性五一パーセント）、妊産婦死亡率は一〇万人対三〇〇～一七〇〇人、出生時平均余命は女性四五歳（男性四四歳）、五歳未満幼児死亡率は一〇〇〇人対二五七人、合計特殊出生率（人口統計上の指標で、一人の女性が一生に産む子どもの数）は一〇・〇〇人対六・九人であり、これらの指標が示す現実は極めて重い。

2003年、アフガニスタンのタジワール・カカール女性課題省副大臣（当時）とNGOが運営するテントの小学校の前で。

二〇〇四年二月には、ＪＩＣＡの協力で「女性の経済的エンパワメント支援プロジェクト」が開始された。これは、女性課題省と一緒になって、マザリシャリフ、バミヤン、カンダハルの各地で活動する地元ＮＧＯやシューラ*などが中心となり、女性が経済的に自立できるようになるための支援を行うプロジェクトである。
このプロジェクトには、ジェンダー専門家五名がチームになって長期派遣され、厳しい生活環境や悪化する治安状況にもめげず懸命に活動した。プロジェクトでは、女性課題省の副大臣をはじめとして、職員を日本に招待してジェンダー研修も行った。私はこの案件の計画段階から関わり、事前調査をしたり、活動方針の相談に乗ったり、現地でのジェンダー研修など側面支援に携わってきた。二〇〇六年九月には、中間評価調査を実施し、バミヤン州北部のサイガン・カマードと北西部のヤカウラン、それにバルフ州のマザリシャリフ近郊の農村地域でインパクトを調査した。バミヤンの対象地域はハザラジャードと呼ばれる、国内でも最貧困地域であり、一一月になると深い雪で閉ざされてしまう。女性の生活は厳しいが、プロジェクトのおかげで、今では地域特産のアプリコットでドライフルーツやジャムづくりをし、バミヤンまで搬送して自分たちで販売したり、ヤギの飼育をして乳製品や毛布・絨毯を生産したり、女性起業家支援向けのラジオ番組づくりなどを行って、経済的自立に向けて歩み始めている。日本人専門家が現地に入り込むことには限界があるため、地元のＮＧＯを通じて支援をしたが、女性が自分たちで情報を収集したり、徐々に男性や村の宗教リーダーから理解と協力を得ていることもわかった。以前は、近隣のマーケットに女性が行くことすら難しかったが、今では必要なものを女性どうしで買いに行くこともできるようになり、女性の共同貯金も始まっている。もちろん軌道に乗るにはまだまだ課題が多く、継続的支援が必要ではあるが、少額の支援で大きな成果を上げていることは確認できた。

ちなみに、アフガニスタンに派遣されたジェンダー専門家（長期・短期を含めると延べ約二〇名）の多くは、前述のＪＩＣＡジェンダー専門家を養成するために作られたＷＩＤ・ジェンダー専門家養成研修コースの履修生であり、そのうち一名は、ネパールのプロジェクトで一緒に働いた元青年海外協力隊員である。途上国への国際協力は、途上国へのインパクトだけでなく、そうしたジェンダー専門家の人材育成にも大きく貢献している。経験の浅い若い専門家が途上国のカウンターパートとともに一人前に成長していくことも多い。

アフガニスタンの復興・開発支援には長い時間がかかる。破壊された建物や社会制度の修復だけでな

＊シューラ　アフガニスタンには従来から長老や宗教リーダーを中心とした村落評議会があり、村落の意思決定機関として機能していたが、この村落評議会がシューラと呼ばれる。アフガニスタン暫定政権のもと、男性が構成員となる男性シューラのみならず、女性シューラ、男女混成シューラなども奨励されるようになり、名称も村落開発委員会（Community Development Committee）と呼ばれるようになった。この委員会を基本単位として、政府の地方開発事業が実施されるようになってきている。

く、心のケアや人間としての尊厳の回復が必要だ。治安も不安定な状況にあるが、女性とその社会に寄り添って継続的に協力を進めていかなければならない。ブルカの向こうに隠されたアフガニスタンの女性たちの素顔を再び忘れ去ってしまってはいけない。

❖果てしない挑戦

ここまで書くと、国際協力の中でジェンダー課題への取り組みが確実に進展しているように見えるかもしれないが、ジェンダーを取り巻く環境は依然として厳しい。最後に苦労話についても少しだけ述べておきたい。

今でも、「途上国の女性問題はわかるが、ジェンダーは嫌いだ」と公言してはばからない政府や援助機関関係者、専門家、コンサルタントは多い。男性のみならず、女性の中にもそういう人がいる。ジェンダーというと、一九六〇年代にヘルメットをつけて運動していたウーマンリブの女性や、とげとげしく女性の権利ばかりを訴えるフェミニスト活動家を想像してしまうらしい。そして、男性ははっきりものを言う女性に会うと「生意気な女だ」と舌打ちしたり、言い返せなくてたじたじとした自分に歯がゆさを感じたことがあるせいか、ジェンダー嫌いになってしまうらしい。たしかに、いやなことや難しいことは男性に押し付けて、権利ばかりを主張する女性の側にも問題があるかもしれないが、「女だから」とか「女のくせに」と言われ続けて、女性は日常的に経験するさまざまな怒りをどこにぶつければよいのかわからない。

一方、「自分は女だからとこだわりたくない。自分の実力でここまで来たのだ」と言ってはばからない女性も多い。しかし、途上国でも日本でも同様に、例外的に一人の女性が高い地位を得ればよいのではなく、多くの女性が個性や実力を発揮できるようになるための社会制度や仕組みを作ることが必要であり、現在の私たちが享受している自由や権利は、過去の女性たちが厳しい論争やなけなしの資金をはたいて裁判で判例を重ね、戦って奪い取ってきた長い苦労の歴史の結果だと認識する必要がある。

ＮＨＫで男女共同参画について市民討論会が放映されたことがあったが、その番組を見ていて再認識したのは、男性ばかりか女性であってもジェンダーの問題がわかっていないということだ。男女の関係を勝ち負けや二律背反に図式化したり、個人的な事例を普遍化して「女（男）はこういうものだ」「女（男）のくせに…」「女（男）だったら…すべき」「女（男）だから許される」と考える人が多い。しかし、固定的なジェンダー観で損をしているのは女性だけでなく、男性もそうだ。たとえば、日本では毎年二万人以上の男性が自殺するが、「自分だけが一家の主として家庭を支えなければ男ではない」という思い込みが強いことも一因にあるかもしれない。*「男の甲斐性」という固定的なジェンダー観は、これまでたしかに家族を支える力になってきたが、諸刃の剣となって男性の己が身にも突き刺さる。

途上国でも同じようなことが起きている。アフガニスタンでは、男性は産院に入れないので、産院の外で何日も妻を待っているたくさんの男性に会った。妻に財布は持たせないという慣習なので、医者に

＊～も一因にあるかもしれない　二〇〇七年の自殺者数は、三万〇七三九人（警察庁統計資料）。そのうち二万一六五四人（七〇・四パーセント）が男性だった。特に日本の四〇代から五〇代男性の自殺数は、世界でも飛びぬけて高い。男性たちは「男は家族を支えるものだ」「男は弱音を吐いてはいけない」と教え込まれてきた。そんな男性がリストラされ、給料が減って、「家族を支える」ことができなくなった場合、真面目であればあるほど真剣に悩み、うつ病などになって自殺に追い込まれてしまう（足立区男女参画プラザ資料参照）。

呼ばれて妻のための薬を町に買いに走ったり、食料や着替えを運ばなければならないために、野外で待機している。妻に付き添いの女性がいても、その女性も財布を持たされていないので頼むわけにはいかないのだ。男性がつらいことはほかにもある。女性に自動車の免許を与えない中近東のイスラム国もある。そうなると夫は、子どもの通学、妻の買い物、自分の母親や姉妹の用足しの運転手になる。男性は、忙しくてたまらないので女性も免許を取得すべきだと内心では思っても、「女は家にいるべきだ、教育もいらない」という因習的な考え方が強く、しかもそれは社会の中心にいる男性政治家や宗教リーダーがそのように決めて続けてきたので異議申立てはできない。ジェンダーは複雑な社会システムから独立して存在するものではない。

「ジェンダーは文化介入だ」と否定する人もいる。しかし、これまで訪れた多くの途上国では、女性自身が社会の古い慣習や法律を変革したいと強く望んでいるし、より安心で安全に暮らしたいと思っている。保守的に見えるイスラム女性の考え方も一枚岩ではない。各国には、女性省や女性部局があり、女性のための開発計画を策定し、法改正や制度改革を進めているところも多い。もちろん、それに反対する原理主義的な人々もいる。しかし、国際協力をする時には、誰の声を聞いて、誰の側に立って、誰のニーズを優先するのか、大きく目を開き、耳を澄まして、慎重に判断しなければならない。これまで途上国の女性や女性省の声は、日本のＯＤＡの関係者には届きにくかった。そのため中立だと思われている技術や制度、インフラ整備であっても、女性にとっては使いにくく、男女に異なるインパクトを及ぼすこともあった。

二〇〇七年三月に実施したタンザニアの農村での調査では、日本の技術協力によるコメの収量増で収入は増加したが、女性は農作業をさせられるだけで、増えた収入は夫が勝手に飲酒や愛人に使ってしまっていることがわかった。灌漑稲作への技術支援が成功しても、女性は逆に搾取されてしまう。そこで、女性の声を聞いたキリマンジャロ農業研修所の普及員が、ジェンダー研修や家計管理研修を男女両方に実施した。すると、夫が家事を手伝うようになり、夫婦で一緒に家計管理をし、年間支出についても家族で相談して決めるようになった。その結果、家を新築したり、子どもを中学や高校に進学させられるようになった。もっとも必要としている人に支援が届くことは重要だが、それは善意の国際協力であれば達成できるという単純なものではない。実際には「当該地域の文化やジェンダー関係に中立な国際協力」というのはあり得ないという現実を直視する必要がある。

2007年、タンザニア・キリマンジャロの稲作農民の元気な女性たちと。

　女性やジェンダーのことは、国際協力では「あと回し」にされるか、単なる「付け足し」(add on)と見なされる。それどころか、まったく無視されるか、ほかの課題に紛れ込んでしまうか、あるいは「ショーウィンドー化」されることすら多い。「こんな緊急な時に、女のことなんか考えていられない、後回しだ」とか、「貧困対策の方が重要だ」などと言われるが、緊急時に被害を受けるのは多くが女性であり、そもそも貧困層の半分以上が女性なのだ。にもかかわらず、女性の権利に関わるような案件（女性への暴力や人身取引《トラッフィキング》など）は、正面から取り上げることが難しく、保健プロジェクトや職業訓練などに紛れ込ませないと成立

2004年、グアテマラのジェンダー評価調査の合間にトルティーリャづくり。

2007年、ネパール農村のジェンダーと社会的インクルージョン（包摂）プロジェクト形成調査。前列左はJICAネパール事務所ラクシュミ氏、その隣りが筆者、中央は赤松志保企画調査員。

しにくい。また逆に、女性やジェンダーに関わる予算・件数が実際には少ないにもかかわらず、「女性のプロジェクトを実施している」として、いくつかの案件がショーケースに並べられて宣伝材料に使われ、賞味期限が切れるとどこかに捨てられてしまうこともある。
さらに最近では、「女性やジェンダーは、すべての開発プロジェクトにとっての横断的な課題（cross-cutting issues）だ」という便利な表現が援助関係者の間ではやっているが、これが悪用されると、「〝プロジェクト関係者全員の課題〟とすべき仕事なら、誰の責任でもなくなるに等しい（Everyone's responsibility is no one's responsibility）」ということにもなりかねず、結局どこかで「女性」や「ジェンダー」が「蒸発」してしまう。他国の国際協力機関でも同様に、女性やジェンダーを冠した部署は、優先順位が常に脅かされていて、いつしか組織から消えてなくなってしまうことがある。ジェンダー嫌いの人も、「ジェンダーは大切だ」と口先で言うことを覚え、ジェンダー担当者が安心していると、人も予算もプロジェクトもなくなっていることすらある。いつも山から転落してくる岩を押し上げ続けたシシュポスの神話のようだ。ちょっと成功したと思った次の瞬間、地面にたたきつけられる。それは新自由主義経済や経済のグローバル化の影響なのか、経済効率と利益追求が優先され、弱者切り捨てが日常的に容認されている近年の傾向と無関係ではないだろう。人々は無意識にその影響を受けていて、その負の結果を想像することが難しくなっている。しかし日本だけでなく、同様のことは世界中の政府や国際援助組織でも起きている。

❖あきらめないで

紙幅の関係上、詳しく述べなかったが、私は一九九八年にＪＩＣＡの評価監理室長を、また九九年から二年間は社会開発協力部長を務めた。当時、部長以上の管理職には女性が誰もいなかったので異例の抜擢だった。その三年間に、ＪＩＣＡ本部内での仕事の進め方、意思決定の仕組みなどを内側から体験することができた。何百人もの専門家を派遣している部署だったので、携帯電話の着信音が常に気になるという緊張した日々を送った。本部の運営管理についてまったく未経験の私が、責任の重い仕事を全うできたのは、ひとえに当時の上司や関係職員の理解と支えがあったからである。しかし、「ジェン

2006 年、タイの人身取引対策調査。クレットラカーン保護・職業訓練センターにて。左から小川 JICA タイ事務所次長、筆者、ホンサワディ JICA タイ事務所調査員、末森 JICA アジア一部部長 (当時)。

ダーと開発」の現場でやり残したことが多かったため、三年後には元の国際協力専門員に復帰させてもらった。あと数年もすれば、ＪＩＣＡにも生え抜きの女性管理職が増えていくことと思う。「ジェンダーと開発」を進めるということは、途上国のプロジェクトのことだけでなく、支援する組織自体のジェンダー対応（女性の職場環境やセクハラ対応）やジェンダー意識を変えていくことでもある。

私は二〇〇五年八月に、バンコクにあるＪＩＣＡのアジア地域支援事務所に広域企画調査員として赴任した。一五年ぶりのバンコクの生活では、その急激な変化に戸惑うことも多かった。しかし他方、周辺国のみならずアフリカまで出張することもあったため、慣れている隙がないほどでもあった。そんな中で今私は、国境を越えた開発課題に取り組んでいる。特に、アジアでは女性や子どもの人身取引《トラフィキング》の蔓延や、津波・地震など自然災害の多発が深刻化しており、将来、地域協力案件として実施できるよう努力しているところである。

ジェンダーの視点に立った国際協力は地道ながらこれまでさまざまな成果を上げてきたが、その未来は必ずしも明るいわけではない。しかし、楽天的な私としてはあきらめず、これからも「ジェンダーと開発」をライフワークとして、果てしない地平線に向かって一歩一歩努力を重ねていくしかない。少しでも差別や偏見のない、それぞれの人がそれぞれの人らしく個性と能力を発揮して生きていける社会の実現に向けて、微力ながら貢献していきたい。それが、大学時代に考えていた私の「個人の自由と社会的責任」のような気がする。

第6章　環境行政

科学少年が発見したもの

●今井千郎（一九四七年生まれ）

❖「なぜ？」を連発する科学少年

生まれは一九四七年七月一四日。第二次世界大戦で日本が敗北した二年後である。私は五人兄弟の四番目で、そのわりに千郎という大胆な数字を冠した名前をいただいた。当時は貧しさの中にもそれ以上の豊かさが実感できる時代だった。子どもはすべからく継ぎのあたったズボンをはき、青洟《あおっぱな》をたらしながら棒切れを刀代わりにチャンバラごっこをしていた。また、季節を感じさせる遊びにも精を出していた。記憶に鮮明に残っているのは、台風が過ぎ去ったあとにできた小学校の水溜りで、校舎の渡り廊下にあったスノコを取り出して筏《いかだ》代わりに浮かべ、やはりその上でチャンバラごっこをしていたことだ。台風一過の青空の下、伯父が落ち葉を集めて焚き火をし、そこで焼いて食べた焼き芋の味は今でも記憶に残っている。

字を読めるようになると読書に熱中した。『なぜだろう、なぜかしら』という子ども向けの科学雑誌は愛読書の一つであった（貧しい中で書物を購入してくれた親に感謝）。なぜ?を連発して両親は閉口したそうだ。なぜ?の癖はその後今に至るまで抜けないが、これは私の成長発展を支えた原動力となっている。『ミツバチの世界』（早船ちよ著）を舐め尽くすように読み、ミツバチ博士を自認し、自分だけが知っていると思う問題を友達に出しては満足していた。子ども向けに丁寧に解説していた科学書とはいえ、そこに書かれていることの実態は理解できなかっただろう。その代わり想像の世界は泉のごとく溢れ出し、天馬のごとく勝手に大空を駆けめぐり、しばしば天空を突き抜けんばかりであった。フィールド調査も科学少年として欠かすことはできなかった。探検と称して東京・世田谷区の羽根木公園（当時は何もない野原であった）に兄弟や近所の仲間とよく出かけた。洞穴から人骨らしきものが出て、それを見たおばあさんが腰を抜かしそうになったのを見て、「大発見、大発見」と勇んで親に報告したものだ。一見貧困な時代だったが、社会的動物としての人間になるための環境という点では非常に豊かであったと確信を持って言える。

科学の世界の面白さに引き込まれたのは大学、大学院時代であった。私の大学時代は大学紛争で始まった。入学直後に機動隊が大学構内に導入されたことを契機に無期限ストライキが学生大会で可決され、授業は行われない状況となった。学生のストライキとは何か、今考えると滑稽な気もするが、授業以外の勉強と友人との強い絆は、今思うと大学時代の宝であった。大学院時代は浪人時代に引き続く二回目の勉強の時代であった。特に「科学の方法論」の汲めども尽きぬ「深遠さ」に引き込まれた。当時の天文学、宇宙論、物理化学、生物科学の学問的水準は現在のものと比べれば低いものだったかもしれない。しかし、その代わりと言っては語弊があるが、現象に対する観察と洞察の深さは今以上の水準であったのではないかと思う。情報が少ない方が、現象の裏にある変化をもたらす普遍的原動力に接近しやすいのかとも思う。たとえば、現在、江戸時代が循環型社会として極めて優れたものを持った時代であったことがわかってきている。当時の科学水準で周囲の環境の機能を見極め、活用する知識と技術が存在したということである。よほど環境に対する観察力が深くなければ到底成し得ないことである。乱雑で、断片的で、過剰な情報に埋もれている現代人には到達できない世界かもしれない。

大学院時代の研究テーマは湖沼の富栄養化防止対策であったが、当時大問題となっていた公害問題にはいたって淡白であった。なぜか、今もって不思議である。当時、東大の助手であった故宇井純氏が大学権威の象徴の一つであった講座制への批判を込めて自主的に開催した公害原論講座には、一回も出席したことがなかった。水俣病には憤りを覚えたが、私自身の憤りの矛先は科学をコケにした「提灯持ち学者」と「沈黙学会」に向けられていたように記憶している。

❖新設官庁第三期生、大いに張り切る

大学院の修士のあと、博士課程に入るか就職するか、誰でも迷う選択に直面したが、最終的に二年前にできたばかりの環境庁（現、環境省）を選択した。環境庁では当時、水銀、ＰＣＢによる汚染の対策の検討に本格的に取り組んでいた。上司から、「プランクトン、魚による水銀、生物濃縮に詳しい人材が来たので期待しているぞ」と言われ、「あれ〜、これはまずいことになった」と動揺したものだった。水産海洋学を勉強したのになぜ動揺したのか。じつは、学部の実習試験で魚の名前を当てるというものがあったが、まったくの不出来であった。富栄養化とか湖沼、海洋の栄養塩循環ならば、「おまかせあれ」と胸を張れたのだが、こと魚とプランクトンになるとお手上げであった。しかし、待てば海路の日和あり、次に与えられた仕事は湖沼、海洋の栄養塩である窒素、燐の環境基準設定の準備作業で

あった。ここぞ実力の見せどころとばかり、張り切って取り組んだ。張り切りすぎて、委員会の先生から依頼されたデータ分析の指示に対して、そんなデータの分析をしても筋違いで意味がない、と言わんばかりの逆コメントを行って、上司から「まずはやってみなさいよ」とやんわり諭されたりしたものだ。その後、水から大気へ配置替えになり（これも水の世界を卒業して新天地を求めるべく、面白そうな部署を探索し、自分で見つけてきた部署であった）、大気版の富栄養化ともいうべき光化学大気汚染を担当することとなった。新しい問題を勉強しながら、解決のための対策を考案していくのはじつにやりがいがあった。

ここでものを言ったのが、じつは専門の知識だけではなくて、大学時代に興味を持った科学の方法論であったように思う。私なりにとらえている方法論を環境問題という世界で説明すると、（一）環境問題をそれぞれの現象で独立的にとらえるのでなく、問題を生じる全体構造をとらえ、現象との関係性を重層的に考えること、（二）現象は時間軸の一断面での見え方であり、背後で現象の出現を左右している要素を把握しようとすること（将来の社会経済構造が変化すると現象の現れ方が異なる）、ということになるだろう。私にとって、学問と知的興味の対象であった生物、化学、宇宙は、このような環境問題探索の手法を示唆してくれる偉大な師に当たるものだ。

当時の環境庁は意気上がる新設官庁で、私は第三期生であった。弱体官庁ではあったが国民のためにと、志と意気込みは高かった。課長、課長補佐、係長などの上司に当たる職員が他の省庁の出向者で占められていたため、世評では環境庁は他省庁に牛耳られ、国民のニーズに応えた行政施策を展開できていないということのようだった。早くプロパーの職員が幹部にならないと駄目だとも言われていたようだ。しかし、当時の私は、今でもそうだが、そうは思わなかった。厚生省（現、厚生労働省）、農林省（現、農林水産省）、建設省（現、国土交通省）等から出向していた方々は、環境行政という新たな行政の創造に真剣に取り組み、そして私たち若手プロパーを鍛え上げてくれた。自由な発想で行政課題に取り組むことを温かく見守ってくれたのもこの人たちであった。環境という視点からだけでなく、環境を見、考えることの大切さを学べたのもこの人たちのおかげである。

❖コウモリのような日本の存在

水行政、大気行政という日本の公害行政の基本分野の仕事を経験し、日本の行政に飽き足らず、わくわくするような未知の世界への憧れが高まった時に、図らずも在ケニア日本大使館への赴任の誘いがあった。渡りに船とばかり瞬時に「必ず行きます」と返事をした。しかし、「必ず行きます」が私の後半の人生を決める一言だったとは知る由もなかった。私は意気揚々と一九八一年七月にケニアの日本大使館の書記官として着任した。任期は三年の予定であった。

ケニアの日本大使館になぜ環境庁が職員を派遣していたのか、不思議に思われるかもしれない。ケニアには国連環境計画（ＵＮＥＰ）*および国連人間居住委員会（通称ＨＡＢＩＴＡＴ）*の本部があり、そのために日本大使館に国連担当官のポストが置かれていた。ＵＮＥＰは言うまでもなく国連の中で環境問題を担当する専門機関である。したがって、環境庁がＵＮＥＰとＨＡＢＩＴＡＴを兼務する担当書記官を恒常的に派遣していた。ＵＮＥＰとＨＡＢＩＴＡＴの決定は、国連本部でいえば国連総会に当たる管理理事会（Governing Council）で行われるが、通常はケニアの各国大使館の代表者が地域ごとにグループを作り、そこで懸案事項等の調整に当たっていた。日本はアジアグループと西欧等グループという性格が異なる二つのグループのメンバーという特殊な立場にあった。私は当然のことながらアジアグループの会議に出席したが、その時に今でも鮮明に記憶している言葉をインド大使館の書記官からかけられた。

「日本はアジアグループの活動に積極的に参加するおつもりですか？」。「当然です」と私は応えたが、おそらく彼の目からは、日本が先進国グループを代表する西欧等グループに参加し、かつ途上国グループの一つであるアジアグループに二股をかけている「コウモリ」のような存在に映ったのだろう。

赴任早々取り組んだのが、「国連環境と開発に関する世界委員会」（通称ブルントラント委員会）の設立問題であった。ブルントラント委員会は「持続可能な開発」という概念を打ち出したことでその後の環境問題への取り組みに大きな影響を与えたが、この委員会の設立には紆余曲折があった。しかし日本のコウモリのような存在が、じつはこの委員会の設立に貢献することになったのである。国連の制約にとらわれずに地球環境問題を大所高所から検討する「環境特別委員会」を設置しようという提案は、まずカナダからなされた。この提案に積極的に対応したのが日本政府であった。一九六〇年代から七〇年代の日本の公害経験、さらにその後の地球環境問題への先進的取り組み（環境庁では八〇年頃から故大来三郎氏を座長とする「地球的規模の環境問題に関する懇談会」を設置し、地球環境問題への対応を検討し始めていた）

＊**国連環境計画**（ＵＮＥＰ＝United Nations Environment Program）　ＵＮＥＰは一九七二年にストックホルムで開催された国連人間環境会議で採択された「国連人間環境宣言」および「環境国際行動計画」を実施するための機関として、同年に国連総会で設立が採択された国連機関。「オゾン層保護条約」「生物多様性条約」等の環境に関する国際条約の事務局を務めている。
＊**国連人間居住委員会**（通称ＨＡＢＩＴＡＴ＝United Nations　Commission for Human Settlements）　ＨＡＢＩＴＡＴは一九七六年にバンクーバーで開催された第一回「国連人間居住会議」で採択された「国連人間居住宣言」を受けて、七八年に設立された国連機関。二〇〇二年に「国連人間居住計画」に改組された。途上国の居住問題に取り組んでいる。

を、国際社会に広める絶好の機会と考えたわけである。日本政府は「西欧等グループ」において、この委員会の取り組むべき課題や世界の賢人といわれる人物を委員会のメンバーにするという選定基準の検討で、大いに貢献した。また、この種の委員会設置に付き物の資金問題に対してもカナダとスクラムを組み共同出資の意向を示すなど、「環境特別委員会」の設置に向けて並々ならぬ取り組みを行った。「特別委員会」設置の提案は、八二年にナイロビで開催されたストックホルム人間環境会議の一〇周年記念会合で原環境大臣（当時）により行われた。しかし記念会合に引き続き開催された第一〇回管理理事会では途上国側、特に途上国の地域横断的グループであるG77グループの賛意を得ることができず、継続審議となった。

第一一回の管理理事会まで一年間、どのようにして途上国の賛意を取りつけるか悩んだ。多くの途上国は「アジアグループ」「アフリカグループ」等の各地域グループのメンバーであると同時にG77グループのメンバーである。ここで閃いたのが、日本のコウモリ的存在であった。唯一日本が、アジアグループと「環境特別委員会」の設置を強く支持してきた西欧等グループとの両方に属していた。この日本のコウモリ的存在を利用して、「アジアグループ」の支持を取り付けることができれば、これがG77の支持につながり、さらにアフリカ、ラテンアメリカ等の地域グループの姿勢を左右することが予想された。このようにアジアグループを戦略的に重視して強く働きかけ続けた。その結果、アジアグループの取り纏め役であったスリランカ大使館の書記官から「今井さん、いい知らせですよ。『環境特別委員会』の設立をアジアグループは支持することになりました」と告げられた時は、天にも昇る気持ちだった。このアジアグループの支持が予想どおり他のグループに大きな影響を与え、一九八三年に開催された第一一回管理理事会では満場一致で設立が採択された。国際的な舞台で初めて環境問題に取り組んだ私にとって、アジア重視の活動が実を結んだことは強く感慨を覚える出来事であった。

❖変わったのは自分か、環境庁か？

大使館勤務を終え古巣の環境庁に戻り、さっそく昔のように勉強会でもやろうとして若手などに働きかけた。しかし、アフターファイブでも勉強会をするならば届出をして許可をもらわないといけないと言われ、その管理的な対応にびっくりしてしまった。そう言えば一九八四年、三年ぶりに帰って来た時に、「最近ようやく環境庁もお役所らしくなった」と大幹部の一人が言っていたのを思い出した。自由闊達な議論と発想を重んじる気風が薄れ、ひどく堅苦しい組織に環境庁がなってきたように感じた。総括補佐という立場で、にっちもさっちも行かず悶々と苦しむ課題が山積し、出勤前に胃が痛むことも頻繁であった。たしか八五年であったと記憶しているが、環境庁幹部が中国を初めて訪問する準備過程で周りに激震を与えるきっかけを作り（激震の結果は吉と出たのであるが）、五月の連休の空は晴れ渡っているのに心の中には暗雲が立ちこめ、灰色一色の世界という状況を味わった。

胃の痛むような経験を何回か重ねるうちに、自分がこれまで環境庁で担当し、それなりの経験と知見を蓄積してきた分野が水、大気そして環境管理という環境行政の重要な分野であり、どこへ行っても一応環境の仕事ができそうな基盤と実力が自分に備わっていることに気が付いた。役所だけがこの基盤と実力を生かす場ではないのではないか、と思った時に目の前が開けた感じがした。ケニアでの途上国の関係者との付き合い（と言っても彼らは途上国の超エリートばかりだが）を通じ、途上国の環境問題こそ自分が取り組むべき環境問題だ、という確信もふつふつと湧き出してきた。ふつふつと湧き出す「疑問」と「確信」は、解決の場を求めて自己運動を始めた。こういう時に桜井国俊元国際協力専門員（現、沖縄大学総長）に出会い、国際協力専門員という日本では真にユニークな制度がＪＩＣＡにあることを知った。誘蛾灯に引かれる蛾、甘い水に誘われる蛍のように私の心は国際協力専門員の世界に引かれていった。

❖途上国の現実に合うのか、日本の環境影響評価

一九八六年八月に国際協力専門員になって、まず手掛けたのはＪＩＣＡにおける環境配慮政策の検討であった。日本の環境影響評価（ＥＩＡ＝Environment Impact Assessment）で要求されている内容、レベルの環境影響評価を途上国協力に適用すべしとの見解が、特に援助における環境影響を厳しく見ていたＮＧＯ、大学関係者にあった。しかし、私は、途上国の環境問題に対し、日本のＥＩＡの考え方、手法が有効だとは考えていなかった。当時の日本のＥＩＡは法律でなく閣議決定という一段低いレベルで執行され、大気汚染、水質汚染に係る環境基準を満足するという汚染対策と、国立公園等の貴重な自然に悪影響を及ばさないという自然保護の二つに重点を置いていた。したがって、ＥＩＡの結論として、「環境基準の範囲内であり環境に著しい影響は与えない」というケースが多く、巷でアワセメントと揶揄されるものになる傾向が極めて強かった。途上国への適用という点での弱点としては、第一に水、大気、土壌、そして生態系を、地域の人々の生活基盤、地域の発展基盤としてとらえるという見方が欠如していること、第二に、環境劣化の背景にある貧困問題への対応はまったく眼中にないこと、第三に、ＥＩＡの結果を受けてプロジェクトの内容が大きく修正される可能性が非常に小さいことが挙げられる。

では、途上国に要求されるＥＩＡとはどのようなものなのだろうか。後述するように、私は一九八九年から二年間、アフリカ開発銀行（ＡｆＤＢ）*に環境専門家として勤務した。その時にＡｆＤＢの二三

三件の開発プロジェクトの環境レビューを行ったことがある。その結果わかったことは、「土、水、緑を一体的に管理する」という対応策が巧みに開発プロジェクトに組み込まれているということだった。たとえば水力発電などのダム建設に関しては、（一）ダム上流部水域管理のための森林保護、（二）ダム周辺の緑地保護を目的とした緩衝地帯《バッファーゾーン》の設定、（三）ダム建設により生じた新たな資源であるダム内水面を利用した漁業、などが考慮されていた。また森林保護関係では、（四）地域住民用薪炭林確保のための植林、（五）果実等の換金作物の混採を認めた地域植林、（六）森林保護地から外延的に低インプット農用地（果樹栽培など）そして農地に至る段階的土地利用区分の設定、（七）遊牧と農村開発のための地域住民の環境資源管理への参加と組織化、などである。

途上国の地域社会で、人々は環境資源に大きく依存し生計を営んでいる。汚染対策と自然保護に重点を置く日本のＥＩＡを適用することで、このような途上国にとって必須と考えられる対応策が提案されると期待することは無理であることは自明であろう。

行政手続きとしてのＥＩＡの重要性の一つに住民参加の保証がある。しかし、参加の形式だけ整っていれば問題ないと往々にして考えられるようだが、これはまったく間違っている。環境配慮のポイントは対象地域の環境資源の特質、技術、文化、そして人々に見合った環境上の対策が考えられているか否

＊**アフリカ開発銀行**（ＡｆＤＢ＝African Development Bank）　アフリカ諸国の経済的・社会的発展の促進を目的として一九六四年に設立され、六六年に業務を開始した地域開発金融機関で、域内加盟諸国のプロジェクトや構造調整に対する資金協力や技術協力などを行う。現在の加盟国はアフリカ域内五三カ国、域外二四カ国の合計七七カ国となっている。

かであり、これに加えて情報の公開と関係者の参加が確保されることで、行政手続きとしてのＥＩＡシステムは有効に機能する、と私は常々考えている。環境配慮の要諦は、環境上の対応策の内容である。したがって、情報公開と参加が確保されていても、よく吟味された環境上の対策が開発担当部門から提示されない場合は、ＥＩＡシステムの価値は半減するだろう。また住民参加という機会が、対象地域の諸特質に見合った対策の策定に結びつかないならば、ＥＩＡシステムの価値はやはり半減することになるだろう。

このような問題意識を持ちながらＪＩＣＡの環境配慮の基本的方向、最低限の行動規範を策定した。その直後の一九八九年四月にＡｆＤＢへの赴任が決まり、再びアフリカの地を踏むことになった。ＡｆＤＢの本部は当時コートジボアールのアビジャンにあった（現、チュニジアのチュニス）。ここを拠点に環境専門家として、複雑な要素をはらむアフリカの環境問題の現実に取り組むことになったのである。

❖環境は愛でるもの？ 使うもの？

小さな漁村のそばにあるマングローブ林を前にしてＡｆＤＢの幹部に言われた。「金のないあの村の人に、家を建て、煮炊きをするのにマングローブ林を使ってはいけない、と君は言えるかね？」と。漁村の人々の本当につつましやかな生活を見た私には、公式的見解を言うことはできなかった。

豊かな森林、マングローブ林を前にして人々が頭に浮かべるものには大別して二つの像があると思う。一つは「手を付けずに守る」、もう一つは「生活を支えるための贈り物、ありがたく使わせてもらおう」。後者は現実行動として二つに細分される。「明日だけのために使ってしまおう」と、「子どもたちの時代にも使えるように上手に使おう」だ。家族防衛、生活防衛のための行動の結果が生活を支える森の喪失につながり、生活基盤の崩壊につながるケースは途上国の至るところで見られる。

途上国の森林保護に関して常々考えていることがある。すなわち、水道、ガス、電気、コンビニ、就労する企業がある私たちにとって森は「眺める対象」であるが、このような生活インフラと就労する企業のない地域の人々にとって森は生存確保のための「使う対象」である場合が多く、人々の異なる背景によって森の見方と行動が違ってしまうということである。「眺める立場」と「使う立場」では、森を前にした時に頭に浮かぶものは当然異なる。私が非常勤講師をしていた日本の大学で学生に、「森を前にして何を頭に浮かべるか？」という質問をするとほとんどの学生が、「眺める立場」から頭に思い浮かぶものを答える。次に四つのポケット（水、ガス、電気、就労機会）を持った服を着ている人物とポケットのない服を着ている人物を例に出し、あなたがポケットのない服を着ている人物だったら、森を前にして何を頭に思い浮かべるかと質問する。今度は答えの多くが「使う立場」から思い浮かぶものとなる。

断っておくが、「眺める（使わない）」ということが賢明な活用につながるケースがある。水源涵養林の厳しい保護がその好例であろう。この場合には使わずに「眺める」という行為は、森林が内包する機能、サービスを見るということであり、そのポテンシャルを具現化しようという行為である。眺めて楽しむ立場ではない。一見使わないが、じつは賢明に使っているのである。

❖見える環境、見えない環境

生活、家族のための行動が、生活基盤を支える環境の崩壊につながらない道筋はないだろうか。この道筋の発掘と定着が、途上国の環境問題の本質的課題だ。森は誰にでも見えるし、森の木々、動物も見える。しかし、森と畑・田圃の豊かさ、森と畑の水、はたまた森と沿岸の漁業の関係はなかなか見えない。見える環境だけを対象に、守るか、使うかの大論争をしている限りは、見えない環境の機能、恩恵に目が行くことは期待できない。しかし、環境の機能、恩恵に目を向け始めると、環境の保全と活用が相容れないものでは決してないことが見えてくるだろう。上述の水源涵養林のように、「一見使わないという使い方」が良好な水質と水量の確保という点で、極めて賢い環境の使い方であることも見えてくる。

一方、比較的大きな資本による海老養殖のためのマングローブ林の乱開発が、その後に何も残さず、マングローブ林に依拠し小規模の漁業を営んでいた地域経済基盤を崩壊させ、去っていく、ということが極めて賢くない環境の活用であることも見えてくる。かつて横行していた（今でも見られるが）熱帯雨林の大規模伐採が、その後に何も生み出さない土壌を残し、地域の発展基盤を崩壊させ次の伐採地に去っていくのと同じ問題だ。外部の大きな資本による「現代版移動耕作」ともいえる。森林、マングローブ林が持つ地域発展の基盤としての機能を見ない行為の典型例だ。その背景には地域の貧困と短期的利益のみ考える外部の大きな資本の介入、あるいはそれを「良し」とする（「良し」とせざるを得ない状況もあるが）途上国政府の考えがある。

❖貧困に始まり貧困に終わる

環境問題とは、人間社会と環境の圧力反応過程の結果生じる問題と考えられる。人間社会も、途上国から先進国まで経済力が異なるし、農業主体あるいは工業主体で圧力の内容が大きく異なる。一方、圧力を受ける環境という点では、気候帯から分類しただけでも温帯モンスーン、砂漠、サバンナ、熱帯雨林、ツンドラと多様だ。したがって圧力要因としての開発行為の多様さと圧力を受ける環境の多様性を考えれば、目に見える現象としての環境問題だけでも、両者の多様性の足し算ではなく、掛け算の数だけあることがわかる。またこのような環境問題を解決する経済力、技術力の違いを考慮すれば、目に見える現象としての環境問題が経済社会に与えるインパクトは、先進国と途上国で大きく異なることも見えてくる。この関係が見えてこないと、先進国が行う協力、環境配慮が筋違いのものになる確率は高くなる。

人間の行為という圧力とそれに対する環境の反応、環境の反応がもたらす経済社会への圧力、さらにこのような経済社会への圧力が人間の行為を左右し、環境への圧力をもたらすという循環構造の中で環境問題が生じている。経済社会に貧困という途上国の条件を組み入れると、この循環構造の中で、環境に多大な圧力をかけることになる「原因としての貧困」と環境劣化がもたらす「帰結としての貧困」という悪循環の輪が浮かび上がる。上で紹介した養殖とマングローブの問題はこの好例といえるだろう。悪循環の輪は、単に貧困な個人のレベルの問題ではない。村から国に至る経済的貧困、途上国政府の行政的貧困、そして時には、先進国の人々の途上国の環境問題に対する貧困な知識と強い思い込みがこの輪を強めている。アフリカで私が遭遇した三つの例を紹介して、この問題を考えてみたい。

❖象を見て人を見ず

「象を見て人を見ず」というのは、アフリカの熱帯林を貫通する道路プロジェクトに伴って生じた人と動物に絡んだ問題の核心部分を表わす言葉である。この道路プロジェクトはアフリカ西部を横断するビッグプロジェクトで一部は建設が開始されていたが、コートジボワール部分のルートの南に小型の象

既存の小さな未舗装の生活道路。

川があると人も車も家畜もこのハシケで渡る。

（Forest Elephant）が棲息しているという問題が突然AfDBで持ち上がった。ヨーロッパのある国の国際NGOが、この道路計画は象の棲息を脅かすとして道路計画反対のキャンペーンを始めたのである。この時までAfDBおよび協調融資を行う世界銀行もForest Elephantの存在はまったく知らなかった。このためAfDBでは、コートジボワールの東端部分から象が棲息するといわれた地域までの道路建設は一時中止という措置をとり、現地調査を実施することになった。私もその現地調査に同行することになり準備を始めた。しかし不思議なことに、この象の棲息頭数（二〇頭から一〇〇頭ぐらいか、という噂はあった）、棲息場所、移動範囲等の情報はAfDBには届いておらず、誰に聞いても不明ということであった。何回か象に出会った住民がいるということだけはわかった。国際NGOの主張は象の棲息を確保するために道路ルートを北側に移動するという提案と、象の棲息地の厳しい管理を要求するものであった。象の棲息域を広く確保し、そのことで象の活動と村落の活動の接触の回避を確保しようというのがその狙いであったようだ。しかし棲息頭数、棲息範囲、移動範囲が把握されていないのに、どうして北側に道路のルートを変更すれば問題が解決すると考えているのか、私には甚だ疑問ではあった。

この調査で、小規模の焼き畑によって農業を行っている小さな村落が森の中に散在していることがわかった。村人は、計画されている道路が町へのアクセスの確保と生活向上に欠かせないため、その完成を持ち望んでいた。また、この地域には既存の小さな未舗装の生活道路を使って、他の地域からの人口の流入が絶えないとのことであった。さらに、道路の東端地域は海岸に近く、いくつかの漁村が存在していた。そのうちの一つの村を訪ねたが、ここでも道路建設は、市場へのアクセスの向上に結びつくので期待は大きかった。

さて、このような状況の中で、今回の道路プロジェクトの環境配慮とは何だろうか?ということを私は考えざるを得なかった。第一に、国際ＮＧＯが道路周辺、特に象の棲息地と思われる地域周辺の村落調査の必要性を訴えていなかったのは大きな問題だと思った。「象を見て人を見ず」、普遍すれば地域の人々の生活向上という視点の欠如が伺われた。象の棲息調査および村落調査なしではいかなる検討も不可能である。しかし、私のＡｆＤＢ任期の終了が迫っていたこともあり、少なくとも、ルートの北側への移動という提案が孕む問題、特に「象を見て人を見ず」という強い傾向がある問題には対処しておく必要があると考え、以下の報告書をＡｆＤＢに提出した。

❖象、森、人、すべてを守る方策は？

まず、北側へのルート変更は道路が延びる分に対応する熱帯林の追加的伐採を余儀なくする。また、北側にルート変更し、象の棲息地を拡大することは、移転を余儀なくされる村落が増えることを意味する。強制移転したとしても、計画道路の近傍に村落を作らざるを得ないだろうから、村人は計画道路を渡って象の棲息地に入り込むだろう。象の棲息地への立ち入りを禁ずるならば、人々は計画道路の外側の森林で新たな伐採を行わざるを得ないだろう。結論としては、北側にルートを変更しても、象の棲息と森林保護の確保は大きく期待できない。北側のルート変更を行わず、現在のルートを維持しつつ、象の棲息、森林保護、人々の生活防衛を確保するための対策としては、第一に、ルートの北側に展開する村落での焼き畑耕作をアグロフォレストリー*に変える。その狙いは、熱帯林の伐採圧力を低減させ、村落の無制限の拡大を防ぎ、村人が象の棲息地に踏み入る事態の回避にある。

　第二に、計画道路を象の棲息保護地の鮮明な境界線として活用する。このためには象の棲息地保護のための管理プログラムと組織の設置が必要となる。いわゆるレンジャー組織を作り、標識を設置し、象の棲息地への人々の侵入を防ぐためにパトロールを実施し、周辺住民への教育啓蒙活動を行うというのが主な活動となる。現行の真っ直ぐなルートはこのような活動を行うために有利であると思われる。第三に、焼き畑耕作からアグロフォレストリーへの移行を確保するために関係村落住民への教育訓練プログラムを策定し実施する。

　話は前後するが、以上の提案を行う前に提案内容を道路プロジェクト担当部の職員に見せ、意見を求めた。彼らが興味を示したのは、焼き畑耕作からアグロフォレストリーへの移行であった。彼らの頭にはやはり象の保護をいかにするかがこびりついており、象への圧力要因をいかに低減するかという視点が希薄であったようだ。アグロフォレストリーに移行することでどの程度の効果が期待できるかについては、効果大から効果少なしまでさまざまな意見であったが、やる価値あり、という点では一致していた。

❖蚊帳の外に置かれたピグミーの人々

私が上記の提案をしてまもなく、カメルーンの道路プロジェクトに関し、カナダのＮＧＯと市民から批判が出され、ＡｆＤＢがその対応に苦慮するという問題が生じた。道路建設の影響はじつに多様であり単純にその全貌を予測するのは難しいが、この問題の核心は非常に単純であったと私は今でも考えている。当事者が蚊帳の外に置かれ、カナダのＮＧＯと市民が自分の常識で「善かれ」と思い込んでいることを主張した、ということである。当事者はピグミーの人々である。

この道路プロジェクトは林業開発のために計画されたが、そのルートがピグミーの生活圏に影響を与えるということで猛烈な批判がカナダのＮＧＯと市民から提出されたのである。批判のポイントは、「ピグミーの生活に影響を与えることを回避せよ、そのためにルート変更を検討せよ」に尽きていた。批判の強さの背景には、この道路が熱帯林破壊につながるのではないかとの危惧があったように思われた。

一方、ＡｆＤＢの担当部署は、カナダからの強い批判に対し強い反発を少なくとも私に対しては示していた。そのポイントは、この道路プロジェクトが将来のピグミー社会に大きな便益をもたらす点をカナダからの批判が見逃している、あるいは見ようとしないことであった。数ある便益の中でも、特にピ

＊アグロフォレストリー　「Agro‐農業」と「Forestry‐林業」から作られた造成語で、多種多様な樹木を育て、その間でさまざまな作物の栽培や畜産を行う複合経営を意味する。

グミーの次の世代の教育機会をこの道路プロジェクトが与えることが強調されていた。この問題はアフリカの少数民族問題であり、アフリカの人々にとって複雑な思いが交錯しているな、という印象を私は持った。この思いを代表すると思われた言葉を何人かのアフリカ出身のＡｆＤＢの同僚から聞いた。「ピグミーは檻の中にいる動物ではない」という言葉であった。未来永劫ピグミーを檻の中に入れ、その変わらない姿を見ることによって観客たる先進国の人々は安堵するのだろうが、そのような状況にピグミーの人々を置いて良しとする考え方は看過できない、というメッセージであると私には思われた。また、「ピグミーの子どもたちに未来永劫教育の機会を与えなくてよいと君は考えるか?」と詰問されたこともあった。

このような二つの考えの狭間に立たされたが、ある時、「カナダもＡｆＤＢも当事者たるピグミーの考えを聞いたのだろうか」、という非常に単純な疑問が頭をよぎった。カナダのＮＧＯと市民がピグミーの意見を聞いていなかったことは明らかであった。一方ＡｆＤＢの同僚も、同じような問題での経験があって紹介した発言を行ったとは思うが、その時点ではピグミーの意見を聞いていなかっただろう。ピグミーの人々がどのような将来を望むのか、道路プロジェクトの与える教育機会へのアクセスを含めた便益も考慮した上で、真剣に耳を傾ける作業過程が必要不可欠だということは自明であった。私はこの問題の解決を見る前にＡｆＤＢを去ったので詳しい経緯については不明だが、最終的にはＡｆＤＢが融資を行わなかったと聞く。これは一三年前にアフリカで遭遇した、少数民族、弱者の尊厳の尊重と発展の機会の付与という二つの課題をどう両立するかという問題であったが、今でも私たちは同じ問題にどのように対応し得るのか呻吟している。

❖優れた現地の叡智に光を当てたＢＢＣの知性

ＡｆＤＢ在勤中、ナイジェリア大学で開催された会議で、私は今でも感動を持って思い出す素晴らしい話をジンバブウェ大学の教授から聴いた。話は次のようなものであった。世界銀行融資による開発プロジェクトの環境影響評価調査を行うことになったジンバブウェ政府は、この調査をイギリスのコンサルタントに委託することにした。ジンバブウェ大学でもこの調査に参画すべく試みたが無視されたという。「われわれはジンバブウェの自然、生態系、社会経済に通じているし、もちろん科学技術的能力もあるのだ」、と口を酸っぱくして言っても無視されたと、教授は悔しそうに語るのだった。しかし、イギリスのコンサルタントが作成した環境影響調査報告書に世界銀行の担当者は満足しなかった。社会環境上の配慮が十分でない、というのがその理由であった。彼は調査のやり直しを求め、ジンバブウェ大学の教授のグループがこの調査を行うこととなった。教授が調査に必要な人材を広く大学から求め、チームを結成し調査を行い、環境配慮上の諸対策を盛り込んだ報告書を提出したところ、世界銀行の担当者はこの報告書を高く評価した。

ここまでならよくある話で終わるが、これには後日談がある。このジンバブウェ大学の活躍を、イギリスのＢＢＣ（イギリス放送協会）が取材し放映したそうである。その番組を見たジンバブウェ政府関係者は、「何と、わが国に、このような優秀な人材がいたのか」と、自国の大学の能力に初めて気が付いたとのこと。この事件以降ジンバブウェ政府がジンバブウェ大学に対し、その実力、見識に相応しい対応を取ることとなったのである。ここで教授の顔に笑が戻る。「いい顔をしているなあ〜」と私は教授の顔を見ながら、アフリカの知性に触れることができた喜びと、そこに光を当てたＢＢＣの見識の高さ、そしてその影響の持つ意義に感動したのである。

同じ類いの話はインドネシアでもあった。ジャワ島のバンドン近郊に位置するサグリンダムの環境配慮に関する調査をアメリカのコンサルタントが実施したが、世界銀行の担当者はこれに満足しなかった。この調査によれば移転対象住民のほとんどが政府の移住計画に賛成であるという結果が出たのだが、この担当者は住民に関する対策の検討が十分でないと考えた。彼は地元を熟知したグループによる調査を要求し、結果としてバンドンにあるパジャジャラン大学のオットー教授に調査を委託することとなった。オットー教授は大学の社会学の学者を含む幅広い研究者を動員し、住民の本当の希望を把握するためのユニークな調査を行った。社会学の学者はアンケート調査のような形式を取らず、モスクで、一対一で話を聴くという手法で現地住民の中に入り込み、親交を深めながら住民の生の意見を聞くようにした。このような調査を通じて、住民のかなりの部分が移住せずにダムの近くで何とか生活を継続していきたいという希望を持っていることがはっきりした。移住賛成がほとんどという前提が覆されたわけで、この結果が政府に与えた影響は甚大だったようだ。

オットー教授グループの調査が優れていたのは、住民意見の把握に留まらず、ダム近傍で生活するための方策を編み出したことだ。ダムによってできる湖面を利用し養殖を導入するというのがその方策であった。養殖に用いる浮き筏の素材は地場の竹を用いる、また過密養殖にならないよう養殖適地の選定と規模にも配慮する、さらに農民への養殖技術の移転計画も作る、市場確保の可能性も検討する、というようにじつに地に足のついた計画を提示したのだ。この調査報告は世界銀行の担当者も大いに満足するものであり、インドネシア政府に自国の大学の能力の高さを認識させることとなった。

ところで、私も何回かサグリンダムを訪れ、養殖の状況をつぶさに観察する機会を得たが、過密養殖のせいで、富栄養化を通り過ぎ過栄養状況に至っている水域もあり、放置すれば養殖の基盤が崩壊する恐れがあると感じた。過密養殖をもたらした要因はいくつかあるが、その中には、現地に適した対応策がもたらした皮肉な要因もある。たとえば、現地で調達できる竹で作る浮き筏は、誰でも安価に、かつ容易に作れて多くの住民が参加できるので適正数を超えてしまう。また、遠隔地に運ぶ手間を省くため養殖適地か否かに構わず近くの水域に設置してしまう。さらに、ダム管理者が養殖を適正に管理することは容易ではないと思われた。「適地選定と適正規模」という持続的養殖の条件をオットー教授は調査報告書で提案していたが、この提案をあらためて検討し、適正管理の道を探らなければならない状況に至っていると思った。

❖よき部外者たれ

自分はどのような能力を持っているのか、その能力のレベルはどの程度か、ということは自分ではよくわからないものだと思う。一方で、途上国の開発問題を途上国の個人から組織、制度に至る社会の能力開発という視点でとらえ直す作業が近年ＪＩＣＡ等で行われてきている。対象とする課題が深く広いためこれからも研究を積み重ねていかなければならないと思うが、研究課題とは別に、日々途上国協力に従事する者としては、第一に、いったい誰が、どのように、能力の内容とレベルを見極めるのか、第二に、その能力の発現の機会を途上国協力の中でどのように作るのかという実践的課題に直面する。

この実践的課題に対する明快な回答あるいは処方箋は未だ目にしていないが、ヒントはあるように思う。生産性向上運動の父といわれるデミング氏の二つの言葉「the outside view（部外者の視点）」と「knowledge about variation（異質なものに対する知識）」である。「部外者の視点」の解説でデミングは、真面目に脇目も振らずに与えられた作業だけを黙々と行う人を、穴を掘る人間にたとえて、穴が深くなればなるほど周りの状況が見えなくなり、自分のしていることの効率性、妥当性を客観的に考えられなくなると述べている。このような状況からその人を救い、その人の持つ能力を十分に生かすには冷静に全体像を把握し、効率的で妥当な対処法を示す「部外者の視点」が必要だとデミングは説いている。また「異質なものに対する知識」では、自分が持つ常識・固定観念の外にある状況・事態に関する知識の欠如が自分の目を閉じさせ、せっかく自分が持っている能力の動員、発現を阻害し、結果として問題の解決を阻害すると説いている。ちなみに、「異質なものに対する知識」を持たない者が「部外者の視点」を持ち得ないのは自明である。

アフリカで遭遇した上述の三つの事例を、デミングの言葉で改めて吟味すると、部外者がどのように途上国の能力の発掘、発現、成長に貢献できるのか、また逆に、阻害してしまうのかが見えてくる。途上国の人々の能力の開発と発現に貢献するためには、私たち部外者に相当の能力が要求されることも三つの事例は示している。一方、途上国自身が、自国が有する能力の発掘と活用を軽視する強い傾向を持っていることが、部外者の妥当でない対応を受け入れてしまう素地になっていることも見える。三つの事例で「よき部外者」であったのはＢＢＣだけということになりそうだ。「よき部外者」になるのはじつに大変なことだ。専門分野の生きた知識と経験は必須だが必要条件にすぎず、十分条件ではない。デミングの言葉で問われている見識と知性が伴って初めて「よき部外者」になれそうだ。しかし、高い見識と知性は一日にしてならず。道は非常に遠いと思われる。ではどうするか。

途上国への協力は部外者が独り相撲をする世界ではない。私は現在、ベトナム、中国、フィリピン、ケニア、タイという国々と環境管理の能力向上というテーマで協力活動を行っている。現場に行っていつも感じることは、「私は彼らに観察されている」ということである。ジンバブウェの事例でも、ＢＢ

Ｃは教授の行為をつぶさに観察しただろう。一方、教授もＢＢＣがどのような番組を作るのか観察したと思う。私の推測だが、教授はジンバブウェの叡智に光を当てる能力をＢＢＣが持っているか否か、またどのように光を当てるのか、という点を観察していたに違いなく、結果は、「ＢＢＣはわれらの叡智を見抜き、表舞台に引き上げようとするよき部外者である」ということであったろう。この事例を見ると、「よき部外者」であるか否かは、部外者と当事者のダイナミックな相互作用の中で明確になってくるようだ。最初からできあがった「よき部外者」というものは存在しないと考えると気が楽になる。より重要なことは、「部外者の視点」と「異質なものに対する知識」が教授とＢＢＣの相互作用の過程の中で如何なく発揮されたことだと思う。

相手の能力の発掘と発現の機会のために、自らの能力を提供するという精神と実践に、上記した「非常に遠いと思われる道」を切り開く答えがあると思う。日本の専門家で優れた知識と経験を持っている人は数多くいる。しかし、その知識と経験を相手の能力の発掘、発現、成長のために出し惜しみする人も見かける。私の限られた観察ではあるが、そのような人に共通して見られることの一つに、自分の知識と経験に安住して自らの能力を高める努力を怠っていることが挙げられる。このような部外者は、途上国の関係者には「この人は私たちの能力を発掘し、育てようという気持ちがない人だ」とすぐ見抜かれてしまう。見抜かれた時点で、当事者と部外者のダイナミックな相互作用は停止する。自分が今持っている知識と経験、そして見識と知性を出発点にし、それらを恥ずかしがったり、勿体ぶったりせずに（勿体ぶっても相手には悟られる）相手の能力の発掘、発現、成長のために活かそうとすることが、ひいては自らの知識、経験を豊富にし、見識と知性を磨く契機につながり、よき部外者に近づくことになると思う。途上国協力に参画する人々が、自らの能力を大切にし、それを育て発現しようという気持ちを持ち、努力することこそが、途上国の人々の能力開発に貢献し得る道につながるのだなあ、とつくづく思う。この道は、人間の尊厳を一切にする世界にも通じるものだろうと思う。このように考えると、途上国と先進国という垣根は取り払われてしまうのではないだろうか。

第7章　上水道開発　第二の人生

●山本　敬子（一九四七年生まれ）

❖人生最高の誕生日

周りに霧が立ちこめて数メートル先が見えない。前方から大きなダンプトラックが突然姿を現し、私が乗っているランドクルーザーは少し広い道路までバックする。ここは山の斜面に縫うように作られた工事用道路。海抜四〇〇〇メートルは軽く超えている。ちょっとでも車輪を外すと数百メートル下の谷底にまっさかさま。命はまずない。ガードレールなど気の利いたものはもちろんない。アンデス山中の名前も知らない峠。運転手の腕を信じるしかない。

やっとダンプトラックとすれ違い、前に向かって車は走り出す。ほっとしていると、周りの霧が晴れて、周囲の雪をいただく険しい山々が、あおすぎるくらい蒼い空にくっきりとそびえている。なんて美しい。

一九九二年四月二日、私の四五回目の誕生日、誰も祝ってくれないが人生最高の誕生日だと心の中で思う。
私の発展途上国の最初の仕事は、ここ南米ボリビアで始まった。一九九二年一月、上下水道分野の専門家としてラパスに着いた。家族を日本に残しての一年間の赴任である。日本で水道局の技術職員を二〇年間してきた経験はあるものの、JICAの仕事もろくに知らず、ボリビアに関してはほとんど何も知らないという状態での赴任だった。ボリビアについては「素晴らしいところ」と言うJICA職員がいる一方、帰国したばかりの職員は「ラパスは空気が薄くて人の住むところでない」と言う。まったく正反対の意見であったが、地方公務員を退職して、国際協力の分野に進もうと決心していた当時の私には、空気が薄かろうが濃かろうが、他の選択肢はなかった。行くしかない。ボリビアの話を断ったらこの仕事をするチャンスは二度と巡ってこないのではないかと、思ったからだ。

ボリビア・アンデスの山々。

一番の気がかりは子どものことである。当初、子連れでもよいという条件で話を進めた。当時私には高校二年生の長男、小学四年生の二男、保育園年長組の三男がいた。一九九〇年のカナダへの語学留学には下の二人を連れて行ったので、今回も同様にしようと考えていた。しかしボリビアの実情を聞くうちに、良いベビーシッターが見つかるかどうかわからないし、学校もすぐに入れるかどうかわからないというので、仕方なく夫に子育てを頼んで日本においていくことにした。一番の心配は保育園の送り迎えである。遅くても夜七時までには必ず迎えに行かなくてはならない。しかし、夫は公務員だったが、まったく残業をしないというわけにはいかなかったので、週に二回程度は隣りの奥さんに迎えをお願いした。子どもが病気の時には姑が宇都宮から千葉のわが家まで出てくることになった。カナダ留学の時に同行せず、一年間の母親不在の経験をしている長男は、親にはっきりと物を言う子ではなかったが、「ボリビアに行かないで欲しい」と私に言った。しかし、私は彼に納得してもらう努力をせずに出発してしまった。

❖ボリビアの多様性に魅せられて

子どものことが気がかりで、非常に重い気分で日本を出発した。しかし、出発してしまえば現金なもので、次から次へと出てくる新しい経験に振り回されて子どものことを考える暇もない。また長いこと子育てをしながら共働きをしてきた身にとって、二四時間すべてを自分のためだけに使えるということが嬉しく、「単身赴任です」と挨拶し、張り切って仕事をしていた。唯一、子どもから電話や手紙をもらった時には、涙が止まらないという薄情な母親であった。

一年間の私の任務はボリビアの上下水道に関するＪＩＣＡプロジェクトを作り、ボリビア政府が日本政府に協力を要請する手伝いをすることであった。私を迎えてくれたＪＩＣＡ事務所は、初めての水道の専門家ということで大変親切に助けてくれた。赴任から三カ月が過ぎて生活にも慣れてきた頃に地方調査を開始した。地方の上下水道の実態を知ることが目的である。ボリビアは当時道路の舗装率が二パーセントといわれており、地方を車で回るのは大変だった。一回調査に出ると二週間はかかった。

標高四〇〇〇メートルを超えるアンデス地方では、当時でもインディオの村人が昔のままにジャガイ

ボリビアでは、汚れた小さな池の水が重要な生活用水となっている。

モヤトウモロコシを作り、羊やリャマを飼って暮らしていた。くねくねとした山道を車で走っていると、さらに高いところを四、五歳の女の子が羊を連れて歩いていた。男性は色とりどりの毛糸で編んだ帽子をかぶり、女性はフエルトの山高帽を頭に載せ、落下傘スカートをはいて農作業をしていた。耳に色とりどりのリボンを結んだリャマの行列にも出くわした。かさかさに乾いた空気と強い日差しの中で、人々の肌は褐色に日に焼け、深い皺が刻まれていた。フォルクローレの物悲しい音はこの乾燥した大地と抜けるような青い空にぴったり合っていた。村々を調査すると、電気が最近来たので今度は家の近くに水道が欲しいと人々が言った。

　バレといわれる地域は標高一〇〇〇メートルから二〇〇〇メートル位で気候が良く、スペイン植民地時代の白い家々がまぶしいくらいに太陽光を反射させていた。アンデス地域よりはるかに豊かさを感じさせる風景でも、近年気候が変わり、湖の水は減り、地下水位も下がって、水道は頻繁に断水が起きていた。若者はコカを栽培している地域に出稼ぎに行き、コカインで蝕まれているという。井戸を掘って、水が出たら、呼び戻して野菜を植えて生計を立てたいと父親が言った。

　アマゾン地域の低地は熱帯雨林だが、森を焼き払って牧草地にした広大な土地でカウボーイが馬に乗って牛を追っていた。未舗装のがたがた道を、窓の閉まらないおんぼろタクシーで四、五時間走って目的地に着くと、白いＴシャツが茶色になっていた。人々は陽気で、解放的、アンデスの人々とはかなり違う性格だった。赤茶けた色に濁った大きな川が流れていたが、雨季には洪水を引き起こし、道路での交通は不可能となった。小さな村のレストランで、大きなタンクに雨水を溜めて使っていた。雨水は甘くておいしいから飲んでみろといって、葉っぱやごみが浮いているタンクから水をコップに汲んでくれたが飲める代物ではなかった。

この調査旅行で、その土地によって異なる表情を見せるボリビアと出会い、また「水」の問題にそれぞれの地域性があることも、肌で感じることができた。

❖他人事ではなかったコレラ感染

私が赴任した背景には、南米のコレラの流行がある。一九九〇年にアジアからペルーに初めてコレラが持ち込まれ、免疫がない人々に瞬く間に感染し、南米全域に猛威を振るい始めていた。原因は汚れた水であった。コレラ対策として安全な水の普及が急務ということで私が派遣されたのである。しかし、ある村で聞き取り調査を開始した直後から、おなかが痛くなり、下痢が始まった。トイレのある村で幸いだったが、しょっちゅうトイレに行きたくなるので聞き取り調査をしている暇がない。調査を中止してホテルに帰って休んだ。一晩中下痢で眠れず、翌朝消耗がひどいため会議をキャンセルして、日本が支援している病院へ行った。担当医師いわく、「ここではコレラが流行っているけどまさか日本人がかかるとは思えない。でも一応検便をしましょう」ということになった。しばらくホテルで休んでいると電話が入り「コレラが出ました。アメーバー赤痢も回虫の卵も出ました。研究材料として非常に面白い」と言われた。ラパスのＪＩＣＡ事務所に報告すると、治るまで帰ってくるなという。ボリビアにおける日本人初のコレラ患者というニュースは日本人社会に瞬く間に広がり、水の汚染を身をもって証明した水の専門家とからかわれた。その後、青年海外協力隊員や専門家もいろんなものを食べてコレラになり、日本人唯一のコレラ患者の名誉（?）から解放された。

調査の途中で見たことは日本では考えられない光景だった。泥水を直接飲む子どもたち、小さな濁った池で、髪を洗い、衣類を洗濯し、野菜を洗って井戸端会議をしている女性たち、学校へ行かずに毎日水汲みをする女の子たちなどなど。どこでも水が必要で、安全な水は少なかった。都市の下水は無処理で川に流れ、ごみも川に捨てられて、悪臭を放っていた。下流では汚染された水を畑に撒き、野菜を汚染した。子どもたちは下痢やコレラで死んでいった。今の日本ではどこにでも水道があり、安心して水を飲むことができるが、ここでは水は生命に直接影響を与えている現実を目の当たりにした。

私が子どもの頃の戦後まもない日本は、衛生状態が悪く、赤痢、腸チフス、コレラ患者などが多発し、多くの人が死んだ。当時の日本の水道普及率はたった三〇パーセントだった。特に問題だったのが水道の普及していない農村部であった。地域によっては汚水が流入する水路の下流で、主婦が米を砥《と》ぐといった状況も見られた。風呂のある家が少なく、近所の人たちが貰い湯で三〇人くらい入って、お湯がどろどろになったという。伝染病が発生すれば、一気に広がった。

厚生省（現、厚生労働省）は補助金制度を作って、簡易水道整備を奨励した。水の少ない地域では、主婦が朝晩、遠くの井戸や湧水まで水汲みに行き、農作業で疲れている主婦に、さらに水汲みの重労働を強いていた。簡易水道ができた時に、一番喜んだのは主婦であった。水道のない家には嫁が来ないという状況も出現したという。その後、日本は水道整備が一気に進み、戦後二五年に当たる一九七〇年、私が水道局に入った頃には普及率が八〇パーセントに達し、水系伝染病は激減した。

さて、ボリビアの一年はあっというまに過ぎて、一九九三年一月、私は日本に帰国した。水道という仕事の途上国での重要性と日本では経験できない面白さを実感し、水道を専門に選んでよかったと思った。そして国際協力を仕事にするという新たな目標が生まれた。

❖母のようには生きたくない

私は一九四七（昭和二二）年、北海道の夕張市に生まれたが、かなり小さい頃から、母親のような専業主婦にはなりたくないと考えていた。夫が給料を十分によこさないとグチを言い、いろんなことを父親のせいにする母親を批判的に見ていた。また女性の社会での限界にも敏感に感じていたので、女性の限界を破りたいと思っていた。大学に入ってすぐに、新聞のコラムに投書して掲載されたことがある。家庭に入る幸せという投書に反論する形で、専業主婦の母のようには生きたくない、仕事を持って経済的な自立をしたいと書いて採用されたのだ。

私は男二人、女二人の四人兄弟の三番目で育っている。上に兄と姉がいる。父親は長男の教育には関心が強かったと思うが、かと言って男と女に教育に関して差をつけなかった。女に教育はいらないとか嫁にいけと言われたことがなかった。それよりも自分が貧乏で大学に行けなかった分、子どもに教育を受けさせたいと考えていた。会社員勤めをして、学歴がないことで出世できないことが身に沁みていたようだ。

一方、北海道の風土も女性に対しておおらかだった。人々は長い家の歴史を断ち切って北海道に来ている。永くても三代目だ。ほとんどの人は「家」から解放されていた。守るべき先祖代々の土地も家も初めからないのだ。だから女性は家の犠牲になることも少なかった。大学卒業後、千葉県に住むようになって、周りの人たちの封建的な考えに驚いた記憶がある。家の墓を守ることが個人の気持ちよりも重要視され、婿を取る女性がいた。私には信じられないことだった。

子ども時代は戦後民主主義が台頭した頃で、私は炭鉱町に住んでいたが、炭鉱労働組合や教職員組合が強かった。校長先生と会社の役員がメーデーの日に行進の先頭にいた。北海道のさわやかな五月の空に風船が飛び、周りで見ていた私たち子どもはお祭りのようにわくわくした。行列から担任の先生が手を振った。あの頃はまさしくメーデーは労働者のお祭りだったのだ。母のような女性の生き方への反発を意識の中で押し殺すことなく、「女性だから」という限界をあきらめず挑戦し続けることができたのは、父や北海道の風土、そして戦後民主主義の持っていた明るい時代の到来という展望があったからだろう。

やがて高校生になり、友人と将来について語り合うようになった。大学に入って、就職するまではみんな同じ。しかし結婚したら仕事を続けるかどうか、子どもを作るかどうか意見が分かれた。私は仕事をして結婚もして、子どもも作る。せっかく女に生まれたのだから子どもを産む能力を使わないのはもったいないと言った。男性だと当たり前のことが、女性の場合、さまざまな選択を迫られるということが納得いかなかった。私は欲張りに生きたいと思った。そして、それを実践することになる。

大学受験の時、将来の人生の目標として特にやりたいことがあったわけではなかった。ただし、専業主婦と学校の先生にだけはなりたくなかった。女ということで将来の選択が狭められる社会に反発していた私は、まず女性のあまり行かない分野として理系を選び、さらに理系の中でも女性の少ない工学部を選んだ。それが自分に向いているかどうかは二の次だった。当時、工学部には六〇〇名入ったが、そのうち女性は七名で約一パーセントであった。

大学は一年半の教養部のあと、学部学科選びをするシステムだったが、学科を決めるためのオリエンテーションで担当教官が、「衛生工学は生活と密着していて、社会生活、社会環境を改善する、工学と社会学の融合した学問だ。環境問題、水の汚染対策は人類がこれからやらなければならない大きな使命である」と説明し、若い学生に強い印象を与えた。この言葉に影響されて、私は衛生工学を選んだ。そこで私は上下水道の水処理技術について学んだ。一九六〇年代後半はさまざまな公害問題が顕著化し、水銀汚染による水俣病、カドミウム汚染によるイタイイタイ病などがマスコミで大きく取り上げられていた。

1983年、千葉県水道局時代。トンネル工事のためのシールド機の工場立会検査。

❖初めての水道局女性技師

当時、卒業後の女性の就職先はどこでも入れるという状況ではなかった。特に民間企業は無理だと言われた。それで、地方自治体の水道局を受けることにしたのだが、女子学生の場合、地元での就職を勧められることが多かった。私は親元から離れて遠くで自活したいと思い、千葉県を受けた。就職先は当時東京のベットタウンとして急速に発展している地域で、水道局は東京湾沿いの地域に水道施設の拡張を計画していた。技術者が多数必要だった。あとで聞いた話だが、大学側から女子学生の受け入れを打診された時、そこで働いていた大学の先輩職員が局長に呼ばれて、初めての女性技師の受け入れについて相談を受けたという。先輩の肯定的な意見で私は就職できたのだ。ここで二〇年働いた。水道の仕事を覚え、結婚をし、子どもを三人産み、育てた。

水道の目的は、給水地区の住民に安価で安全な水を必要なだけ配ることである。水道の施設は、川から水を取る取水施設、汚れた水をきれいに処理する浄水場の施設、きれいになった水を貯める配水池や各家庭に配る配水管網などがある。その施設を計画し設計すること、建設現場を監督すること、施設を運転維持管理することが技術職の仕事である。私の場合は最初に計画課に配属になり、将来人口予測や、水源である印旛沼の汚染源を調べる仕事をした。その後、建設課と建設事務所で浄水場の施設や配水管の設計を行った。

設計の仕事は、自分が担当する施設の現場の調査・測量から始まり、施設規模や内容を決定し、図面を描き仕様書を作る。さらに材料の数量を積算し、設計金額を出すまで、当時は何でも職員自身でやった。最初は先輩に教わりながら、だんだん後輩に教えるようになる。大きなものを作り上げていくという仕事は非常に面白く、充実していた。技術者は男ばかりでみな若く、忙しかったが、仲間意識も強くて紅一点の私に親切に仕事を教えてくれた。私としては男性職員と同じように仕事をやってきたつもりだ。二〇年間働いたが、日本の水道界は施設の拡張時代が過ぎて、維持管理の時代になっていた。採用される職員も減少した。一九九〇年に辞めるまで女性技師は私一人だった。

❖女性であることの壁

在職中、女性であるが故のエピソードはいろいろある。たとえば、私が設計したシールド工事（トンネル工事）の現場で、「山の神が怒るので、女性をトンネル内に入れることはできません」と言われ、中に入れないことが何度かあった。また、設備等の説明に来る営業の人に私が対応すると怪訝な顔をして、担当者をお願いしますと言われた。お茶くみ当番の問題にもぶつかった。女性職員が当番制で、約四〇人分のお茶を入れ、各机に配り、お茶碗を回収して洗うという作業を一日三回行うというものだ。技師として採用されたのに、お茶くみに時間が割かれてしまうことが、悔しくて情けなかった。早速お茶汲み廃止運動をしたが、中年男性職員の「若い女性が入れてくれるお茶はおいしいね」などという懐柔策に女性の結束が崩れた。他の女性職員に申し訳ないと思いながら、私一人がお茶汲みを拒否し続けた。

長く働くうちに同期の男性と昇格に差が出てきて、仕事もやりづらくなってきた。上司の立場であれば、時々産休を取り、子どもが熱を出したといえばどんなに大事な会議があっても休暇をとり、五時になれば子どもを迎えに行く女性職員はやはり、信頼して仕事を任せられないと思うのかもしれない。しかし、家と仕事の両方を女がやらざるを得ない日本の社会状況で、子どもを持つ多くの女性は、残業ができないので勤務時間に密度の濃い仕事をしている。私の場合、保育園の迎えは時には夫と喧嘩をしながら分担し、残業できない時には仕事を持ち帰り、子どもを寝かしつけたあと一時くらいから仕事をしたことが何度もあった。それでも公務員は女性が子育てをしながら働き続けることができる職場であった。大学時代の友人で民間に就職していた人は、子どもができて会社を辞めている。現在は働く女性が増え、しかも、責任ある立場で働いている人も多いが、子育てと仕事との綱渡りは、私の若い時代とほとんど変わっていない状況ではないだろうか。

私は「女性であること」から生じるさまざまなプレッシャーや障害に気付かないふりをしたり、仕方のないことだとあきらめるようなことはしたくなかった。自分が生きたいように生きるためにはどうしたらいいのか。「女性であること」が壁となって現れれば、それをどう乗り越えていくかを考えた。一九六〇年代にアメリカで始まった女性解放運動は、日本でも大学闘争とともに活発になっていった。私は同じ学科の女子学生とグループを作って、当時アメリカの女性解放運動で有名だったベティ・フリーダムやフランスのボーボワールの勉強会をした。大学卒業後は東京で開かれる女性解放運動の集会に積極的に参加した。子どもが生まれて、無農薬野菜の共同購入をし、生協会員になって無添加の食品を買った。そのうち、女性解放運動の仲間たちが無農薬野菜、無添加食品の店を始めた。私たちは店の二階にフリースペースを作って、女性問題の会議や小さなコンサートなどを開いた。

男に同化するのではなく、女性を否定せず、女性の感性で語り、女性の論理で行動をしていこうという運動だった。女性自身の中に刷り込まれている「男性より劣る女性」という考え方を変えようということだったが、これはそんなにやさしいことではない。表向き女性が元気になったとはいえ、未だに男社会を女性が受け入れて生活しているのが現状である。

❖四三歳の子連れ留学

私の水道局勤務も二〇年近くになった頃、仕事が安定していて給料の男女差がないというだけで定年まで公務員として働くことがいいのかどうか、もっと違う仕事があるのではないかと迷い始めた。ただ、水道局を辞めたい気持ちは高じてきたものの、次の仕事の目途はまったく立っていなかった。その頃、同じ職場でＪＩＣＡ専門家としてケニアに派遣された人がいて、「二年間のアフリカでの経験は私の人生観を変えました」と言った。私は途上国で働くことに興味を持った。子どもが小さいのと英語がまったくできないので、公務員をもう少し続けて英語の能力をつけようと考えた。しかし、仕事をし、家事をし、子育てをしている私に英語を勉強する時間はなかった。そして仕事の不満を抱えたまま時は流れ、四〇歳を過ぎてしまった。

思い切って海外に語学留学すれば、短時間で英語をものにすることができるのではないかと思いついた。子どもが小さいので、子連れ留学をしようと決心した。中年女性の安定した職場である公務員を辞める決心は、外国暮らしという夢のような計画を立てることで踏ん切りがついた。留学費用は退職金を当てることにした。上の子は高校に入ったばかりで、母親についていきたくないと言った。夫は私が仕事を辞めて新境地を開くことに賛成してくれた。手のかかる二男と三男を連れて、カナダで一年間英会話を勉強することにした。強引な母親の計画に、三男が行きたくないと言い出した。その時に二男が「お父さんは仕事があるので、僕たちの面倒を見られないから、お母さんが勉強しに行くカナダに一緒に行くんだよ」と弟をなだめてくれた。私は二人に当時流行っていたゲームボーイを買ってあげるという姑息な手段でカナダに連れて行った。

行き先は、子ども連れなので安全なところ、何かあったらすぐに帰ってこられるところという条件で、カナダのバンクーバーを選んだ。住まいはバンクーバー郊外のリッチモンド。子どもたちは地元の小学校と付属の幼稚園に入れ、小学校で紹介された近所の日本人の奥さんにベビーシッターをお願いした。彼女に学校の送り迎えもやってもらった。一言も英語のわからない子どもたちも、移民が多く、英語の話せない子どもたちの

バンクーバーの室内スケート場。シーズン初日だったが、
やみつきになりこれ以来毎週日曜日に行っていた。

ために充実したシステムがあるカナダの学校で、少しずつ慣れていった。私は週五日間、英語に集中し、週末は子どもたちがストレスを溜めないように、あちこち連れて歩いた。スポーツクラブにも入れた。子連れの生活は思っていたよりも出費がかさみ、退職金がどんどん減っていった。

いろいろな出来事があった。ビザをなくして何度も移民局に行き、やっと再発行してもらったこと。右も左もわからないところでのベビーシッター探し。交通違反でパトカーに追いかけられたこと等々。日本にいれば何でもないことでも、情報の少ない外国では大きな問題として立ちはだかり、一つひとつ、とにかく体当たりで問題を解決しなければならなかった。子どもを連れて行ったために、生活は複雑になったが、学校の参観日や運動会への出席、子どもの友達の誕生パーティー、ベビーシッター家族との付き合いなど一人ではなかなか経験できない楽しいことも多かった。一年経ってお金もなくなり、帰国を決めた時、二男が「僕はベストフレンドがいるので日本に帰りたくない」といった。この言葉を聞いて私は本当に嬉しかった。親の都合でカナダにまで連れて来てしまい、子どもに問題があったらどうしようと、いつも頭から離れなかったからだ。

夏休みになり、三人でカナダ最後の日々を列車で西から東へ横断旅行をした。途中バンフやジャスパーのカナディアンロッキーをレンタカーで走り、トロント、オタワ、ケベックを見たあと、赤毛のアンで有名なプリンス・エドワード島までいった。乗り物のアナウンスなどは二男がいち早くキャッチして出発時間を教えてくれた。一年間の英語力の向上は二男に負けたと悟った。このカナダ暮らしでは多くの人に助けられたが、外国暮らしの自信がついた。問題が立ちはだかっても「ドアをたたき続ければ、ドアはいずれ開かれる」ということを学んだ。そして帰国後、すぐにＪＩＣＡ派遣の専門家としてボリビアへ行く仕事を紹介された。今度はスペイン語の国だった。

❖国際協力専門員への挑戦

一九九三年一月、専門家として初めての仕事を終え、ボリビアから帰国した途端、無職になってしまった。ボリビアでの経験で途上国の仕事にやり甲斐を感じた私は、国際協力専門員を目指すことにした。自分の技術レベルを証明するものとして、まず技術士の資格を取った。さらに途上国で働くためには、経済学の知識も必要だと勧められ、(財)国際開発センター*の開発エコノミストコースを受講した。このコースは一年間で三〇〇万円の受講料が必要だった。定期収入のない私は研修部長と交渉して、前期半年コース(基礎コース)の受講のみにして値引きしてもらったが、研修料の値引きを交渉した人などほかにいないのではないだろうか。二〇名近い同級生は銀行、日本貿易振興会(現、日本貿易振興機構)、NTT、コンサルタント会社などから送られてきている若いエリートたちで、今まで付き合ったことのない分野の人々と経済学を学ぶというのは大変に刺激的で毎日が面白かった。六カ月の基礎コースが終わる頃、研修部長が専門員の試験を受けることを勧めてくれた。語学も経済学も落ちこぼれで自信がなかったが、「だめもと」で受けることにした。九四年秋、大学入試に次ぐ、人生二回目の「だめもと」勝負であった。

私にとってハードルが高かった英語の試験に続いて、幸い論文試験にも受かり、一九九五年五月、面接試験になった。一〇名くらい面接官がいて、視野に全員が入らなかった。いろんなことを聞かれたが、

＊**(財)国際開発センター**　一九七一年に日本初の開発・国際協力分野の総合的なシンクタンクとして設立され、国際協力の質の向上を目指して人材育成事業や調査事業などに取り組んでいる財団法人。

一つだけ憶えているのは「水問題と女性は密接な関係があるのでがんばってください」と一人の面接官が言った言葉である。当時、国際協力の世界では「開発と女性」（ＷＩＤ、一二七頁注参照）が注目を浴びていた頃であり、女性の水道専門家は非常にタイムリーな応募だったのだろう。

私が国際協力の仕事をするようになり一番驚いたのは、国の関連機関であるＪＩＣＡがＷＩＤやジェンダー（一二七頁注参照）、住民参加手法などで途上国の女性が受けている差別をなくそうという活動をしていたことである。十数年前は政府に向かって女性グループが要求していたことを、今、国の機関が途上国で実践している。とても感慨深いものがあった。

水問題は女性問題である。水問題が解決しなければ、女性は一日中水汲みをし、疲れ果て、不衛生な生活の中で、赤ん坊を死なせる。自らも過労や産後の感染症で死んでいく。きれいな水がそばにあれば、自由な時間が持て、現金収入の仕事にもつけ、家庭での発言権も増す。家も子どもたちも清潔にしておくことができる。私が国際協力の仕事に到達するまでの二〇年間の水道局での経験と女性解放運動の経験が、ＪＩＣＡの仕事の中で一つになった。日本の水道界は男性の世界であり、女性は異端であったが、途上国では水問題は女性の問題であり、私の立場が全面的に肯定される世界であった。

目の前が急に開けた。実際の仕事の場が東京湾沿いの限られた地区から世界になり、そして女性であるという窮屈さからも解放された。出会う人は人種も、国籍もさまざまな人々であり、渦の中に放り込まれたような感覚であった。そして私はその変化をわくわくしながら楽しみ、夢中になって仕事をした。

❖暮らしを変える水の力

国際協力専門員に受かり、二年間の収入がなく夫の給料で生活するという状況から脱出できてホッとした。経済的に自立していないと真の自立はできないと頭に沁みついているのだ。私が専門員になると同時に夫は、ＪＩＣＡの環境分野の専門家としてメキシコに赴任した。

初めてのアフリカでの仕事は中央アフリカ共和国という小さな国で、マラリアの汚染地域だという。滞在中、予防薬を飲み続け、外出する時には防虫スプレーを手足に吹き付けた。仕事は首都バンギ市の貧困地域へ給水するための地下水開発の調査である。街の中を大きな川が流れていて、川向こうはザイール（現、コンゴ民主共和国）だった。小さな男の子が洗面器のような容器に濁った川の水を汲み上げ、頭に載せて家に帰っていった。薪や炭もお金がかかるので、煮沸もせずにそのまま飲むのだという。街のあちこちにキオスクという水売りの小さな小屋があった。一リットルいくらの量り売りである。これは水道会社の水であるが、お金のない貧乏人は買うことができない。裕福な家は水道が引かれていた。その後、ＪＩＣＡの開発調査（技術協力スキームの一つで、日本のコンサルタントをＪＩＣＡが派遣し、上水道や道路などの公共施設を整備するための計画を策定して技術協力を行う）が実施され、マスタープランが作成されたが、何度もクーデタが起き、治安が悪化したため計画は実現していない。

水問題は途上国どこでも深刻で、アフリカからアジア、中南米と広い世界を歩く中で、水に困っている人たち、そ

中央アフリカ共和国、濁った川の水を汲む子どもたち。

してその状況を変えようとしている人たちと数多く出会った。安全な水を得るために、山の中の水源を探して歩き回り、どれだけの水の量が地域の人々に、さらには一〇数年後の人々に必要か、どうすればきれいな水になるか、どのように配るか、費用はどれくらいかかるか、そのプロジェクトが本当に住民に、特に女性や子どもに利益をもたらすのかなどさまざまなことを調べ、考え、議論し、計画を進めていった。調査中、水の状況を家庭に入って聞くことが多かった。台所やトイレを覗いたり、主婦と話したりするのは男性では警戒される場合でも、私はすんなりと受け入れてもらえた。村の小規模水道や井戸を管理する水委員会で、女性が会長を務めているところでは料金もしっかり取って、きちんと運営している場合が多かった。やはり水の重要性を誰よりも知っているのが女性だからだろう。

ザンビアの調査で、共同水栓が建設された地域を訪問した。ある家の台所を覗いた時に、汲んできた水を飲み水用にはバケツに蓋をして保存し、食器洗い用には外に蓋なしで置いてあったのを見て、衛生観念が根付いているなと感心した。そこは家の回りもきれいに清掃されていて、水が近くにある暮らしの余裕が感じられた。子どもたちは小さい時から水汲みの手伝いをし、女性はせっせと衣類の洗濯をする。水があればどこへ行っても、女性と子どもたちの笑顔に取り囲まれた。家のそばに水が来るようになって感謝された。水道の仕事を続けていて良かったとつくづく思った。

❖トップランナー・キャッチアップ方式

専門員の仕事はさまざまである。短期の出張では事前調査や評価調査の団員として、また長期で赴任した時には相手国のカウンターパートに技術を移転する専門家として、そして国内では研修事業のアドバイザーなどとしても働いている。八年くらい出張ベースの仕事をしたあと、もっと深く一つのプロジェクトに関わりたいと思うようになった頃、カンボジアの人材育成プロジェクトの仕事を頼まれた。それまでにカンボジアには無償資金協力の仕事と開発調査の仕事で一〇回ぐらい出張し、私は次にどのような技術協力をしたらいいかというアイデアを持っていた。事前調査に参加して計画を練り、プロジェクトではチーフアドバイザーとして二〇〇三年から実施に加わった。

首都プノンペンは内戦後の復興支援でたくさんの援助が入り、施設が新しくなっていた。次はその施設の運転維持管理をする人材の育成が必要であった。また、地方の都市は援助も少なく、施設はぼろぼろで、人材もいなかったため、地方の水道をどのように改善していくかというのも課題であった。カンボジアの水道普及率はアジアの中では最低の三〇パーセント程度で、アフリカと肩を並べていた。プノンペンだけ飛びぬけて普及率が高かったが、地方を上げないと国全体としての給水率は上がらない。首都の人材育成と地方の改善を盛り込んだプロジェクトが必要だった。

水道を管轄する政府組織の弱さが、地方都市で水道改善が進まない原因でもあった。そこで考えたのが「トップランナー・キャッチアップ方式」である。つまり、施設改善が進み、強いリーダーがいて人材も揃ってきたプノンペン市水道公社にまず技術協力して能力アップを図ってもらい、トップランナーとして育つのを支援する。そのトップランナーのカンボジア人の力で地方の水道局つまりセカンドランナー、サードランナーの能力アップを図ろうという戦略である。この戦略に基づいて、活動計画を作り、専門家が派遣され、研修員を日本に受け入れた。三年間で、プノンペン市水道公社職員の維持管理の技術能力は確実に上がり、また彼らが講師となって、地方職員に研修を実施できるまでになった。

こうした技術協力プロジェクト（一名から数名の専門家を派遣し、必要な資器材を提供して、相手国側の組織や機関に本来求められている役割を果たすことができるよう支援する協力スキームの一形態）は専門家の能力、

プノンペン水道公社のカウンターパートたちと打ち合わせ。

カウンターパートの能力、政府の動向、先進国や国際機関などの他協力機関の動きなどさまざまな条件がある中で目標を達成しなければならない。この時のカンボジアのプロジェクトでは、スタート時点で一人の水質専門家の予定者が突然赴任を辞退した。急遽セミナーに切り替え、とりあえずプノンペン市水道公社の技術者などに、プロジェクトの重要な課題は水質管理にあることを確認したあと、専門家を再度探す羽目になった。また、カウンターパートの一部は幼少期をポルポト時代に送ったため基礎教育を受けておらず、簡単な算数が解らない。どうやって技術の原理を伝えたらよいかと専門家はいろいろとアイデアをひねり、時間をかけてこれに取り組んだ。政党間の争いで、カウンターパートどうしの関係が微妙になり、どのように中立を守るか、付き合い方にも神経を使った。日本へ派遣する研修員が政治的に決められることもあった。現場の変化に迅速に対応できないＪＩＣＡのシステムの問題もあり、目標達成までの道のりは並大抵ではなかった。それでも強いリーダーシップで健全経営を実施しているプノンペン市水道公社総裁の理解と、経験のある日本の専門家、そして研修員受け入れで密接に協力してくれる北九州市や横浜市の地方自治体があったことは、プロジェクトとして非常に良い条件に恵まれていたといえる。

❖人が育つ手応え

この技術協力プロジェクトで多くのカウンターパートが力をつけた。そのほとんどは男性だったが、しかし私が一番印象に残っているカウンターパートの一人はプノンペン市水道公社の人事担当課長で、女性だった。非常に真面目で局長の信任も厚い彼女に、プロジェクトの開始一年目、人材開発研修として一〇日間タイのバンコクに行ってもらったことがある。プノンペンから飛行機で一時間足らずのところだが、彼女にとっては初めての外国旅行であった。残念ながら帰国後の研修報告会での彼女のプレゼンテーションは不得手な英語力も手伝って未熟なものであったが、その後彼女とは水道公社の職員の能力アップをめぐって何度も議論し、ニーズ調査のためのワークショップなども開いた。試行錯誤で仕事に取り組んだ彼女は、二年目には日本で一カ月の人材開発研修を受けたあとに素晴らしい報告を行い、三年目には日本の水道研究発表会で、人材育成に関する堂々たる発表を行うまでになった。プロジェクト当時、彼女は二人の娘を抱えて働きながら夜間大学に通い、卒業しているが、数年かけてお金を貯めて、修士コースで経営学を学びたいとも言っていた。夜遅くまで働き、おしゃれを忘れないすてきな女性であった。プロジェクトの三年間で、他の多くのカウンターパートも能力を向上させ、仕事に自信をつけた。彼らの成長を目の当たりにし、カンボジア人と日本人の共同作業としてプロジェクトをやり終えた時の達成感は大きなものがあった。

現在、プノンペンでは一〇〇万人に安全な水を二四時間配っている。これは他の途上国ではなかなか達成できないことである。プノンペン市水道公社では、貧困層対策にも効果を上げている。水道の接続料を分割払いにし、生活に最低限必要な使用量は非常に安い料金に設定している。一方、地方都市ではアジア開発銀行（六三頁注参照）の資金援助によって六都市の水道施設が、また日本の無償資金協力によってアンコールワットで有名な観光都市シェムリアップの水道施設がそれぞれ改善され、現在、JICAの人材育成プロジェクトは地方を対象に第二期に入っている。

❖播いた種が育つまで

仕事の縁というものは面白いもので、カンボジアの人材育成プロジェクト（第一期）が終わって、日本に戻ってすぐにボリビアの評価の仕事の依頼がきた。二〇〇六年一一月のことである。一五年前に初めて働いた国であり、私が企画した案件が、現在では発展して〝モデルプログラム〟になっているという。企画した当時は、不安材料の多い案件であったが、その後、三回の無償資金協力で井戸が八〇〇本以上掘られ、ボリビア側の責任で行われた給水施設の建設も、専門家派遣、技術協力プロジェクトによって順調に進み、今ではたくさんの村に水が届いているという。

調査団に参加して行った十数年ぶりのラパスのホテルは、私が赴任した時と同じホテルだった。やっぱり空気が薄くて息苦しく、ホテルのロビーでコカ茶を飲んだ。部屋からはラパスのシンボル六三〇〇メートルのイリマニ山が見え、一五年前の記憶がよみがえった。何も変わっていないと思った。JICA事務所では懐かしいボリビア人スタッフがまだ働いていて、話が弾んだ。調査の打ち合せに入ると、当時のカウンターパートでよくけんかをしたボリビアの男性が、今は定年を過ぎているが、コンサルタントとしてJICAプロジェクトで働いていた。当時の事情をよく知っている彼は、私がこのプロジェクトの仕掛け人であることを関係者に説明してくれた。地方調査に出かけると、見覚えのある人たちが出迎えてくれた。当時のカウンターパートであり、研修で日本に来て会った人たちだ。評価の仕事なのであちこちのプロジェクトサイトを訪れて、いろんな人にインタビューをし、施設を見て回った。以前は共同水栓を作るまでだったが、今では各家庭に水道が引かれ、お湯の出るシャワー室もあり驚いた。少しずつ生活は変わっているのだ。

途上国支援は性急に成果を求めるべきではない。このプロジェクトも、始めからうまくいっていたわけではない。六県に井戸掘削機を供与し、地下水探査と掘削技術の手法を教えるのが、無償資金協力であった。技術を習得したボリビア人のカウンターパートたちが、プロジェクト後、独自に掘り進め、井戸の数はどんどん増えていった。しかし、井戸の上に給水タンクや配管施設を作る工事がなかなか進まず、住民に水が行き渡らない地域が多かった。そのことが問題化し、専門家を派遣して調査した結果、県レベルでの資金調整に問題があることが指摘された。その指摘を受けて、県レベルの人材育成プロジェクトが実施され、給水システムの工事が進み始めた。給水施設ができた村落には、青年海外協力隊員が派遣され、ジャムやパンづくりなどの面で協力し、現金収入確保の手伝いをした。この現金が水道料金に充てられた。

開発調査から始まって無償資金協力につながり、専門家派遣、技術協力プロジェクト、青年海外協力隊派遣へと、問題が出てきたら一つひとつ補完していくことによって成功を収めている。これらのさまざまな活動がうまく連携して、成果を出していることが〝モデルプログラム〟として評価されたのである。久々のボリビアでは、懐かしい場所を訪れ、懐かしい人に会い、いろんな人々の手を経て成功しているプロジェクトを見て本当に嬉しかった。

❖第三の人生に向けて

途上国の水道分野は、二〇一五年のミレニアム開発目標（ＭＤＧｓ）*（二一三頁）達成に向けてまだまだやることが多い。世界中で一一億の人が安全な水を得られず、二六億の人が衛生的なトイレを持っていない。地球上の水源は、森林伐採や地球温暖化の影響があって、乾燥地が増え、場所によって洪水の多発が起きている。さらに、人口増加で水の需要が増えるばかりでなく、工場排水や生活排水で水源を汚染し、安全な水を得ることが困難になり、処理費用が余計にかかるため、水道料金が上がっている。これでは貧困層はますます安全な水を手に入れることができなくなる。

もともと不十分な数しかない水道施設も老朽化が進み、せっかく開発した水も漏水等で半分が無駄になっている。一方、施設が新設されても、人材が不足し組織が機能していないので、せっかくの施設もうまく働かない。これらの問題を解決して、ＭＤＧｓの目標、「安全な水と衛生施設を得られない人の率を半減する」ためには、今後二〇兆円の資金がいるという。いったい協力のための専門家はどれだけ必要とされているのだろうか。

私の仕事はその中で微々たるものでしかない。しかし、専門員として多くの国を訪れ、多くの人と出会い、水の存在が人生を変えて人々に希望を与えることを見てきた。水道が普及すれば、子どもたちは水汲みから解放されて学校に行き、女性は水汲みの重労働から解放されるばかりでなく、水の心配がなくなって、安心して子育てや家事、畑仕事に従事することができる。家の回りも、人々も小サッパリしてきて、清潔感がでてくる。しかし、私の見てきたことは一断片であり、時にはポンプが壊れ、地下水位が低下し、池の水が枯れることもあり、せっかくの生活がまた元に逆戻りすることも起きる。途上国の人々が自らの手で施設を壊れないように維持管理し、簡単な故障なら自分たちで直せる技術力を持ち、複雑な故障や自然条件の変化にはどんな対策が必要かを自分たちで考えられる状態にしていくためには、人が育ち育てられる環境づくりを粘り強く進めていくことがますます重要になっている。

カナダで英語を勉強している時、将来の夢を書くという時間があった。私は、「第一の人生は水道技術者として働き、第二の人生は英語を身につけて途上国で仕事をしたい、第三の人生は定年後に田舎で無農薬野菜を作りながら、自給自足の生活をしたい」と書いた。その後、思いもかけず、途上国に関わる充実した第二の人生があった。国際協力専門員としての仕事もあと数年で定年を迎える。現在、私は第三の夢に向かって準備中である。

まだ元気なうちに、小さな畑で野菜を植え、花がいつも咲いている庭で、ゆったりとした時を過ごしたいと思う。時々は孫たちが遊びに来て、たくさん取れた野菜をお土産に持たせる。そして途上国から日本に来ている研修員がいつとなくやって来て、かつて訪問したいろんな国のその後の状況を聞かせてくれる。そんな生活を夢見ている。

＊（二一一頁）**ミレニアム開発目標**（ＭＤＧｓ＝Millenium Development Goals）二〇〇〇年の国連総会で採択された八つの目標。極度の貧困と飢餓の撲滅、初等教育の普及、ジェンダー平等と女性の地位向上、幼児死亡率削減、妊産婦の健康改善、ＨＩＶ／エイズやマラリアなどの感染症防止、環境の接続可能性の確保、開発のためのグローバル・パートナーシップの推進など。

第8章 情報通信技術
もう一つの技術者人生

●牧野　修（一九四六年生まれ）

❖南国の楽園にある人間不信

南太平洋の島嶼国の一つであるフィジー諸島共和国の首都スバを中心に、三三〇あまりの島々からなるこの国でＪＩＣＡの仕事を二〇〇五年四月から翌年四月まで行ってきた。日本を出発する時、多くの人からいいところへ行きますねと、半ばバカンスの地に行くことを羨むような言葉を聞かされた。たしかにインドネシアのバリ島やバヌアツのポートビラと同じく、フィジーも〝南国の楽園〟として知られている国の一つである。多くの新婚カップルもブルー・ラグーン*の映画にあやかってやって来る。

しかし、そこに住んでいる人たちにとっては楽園でもなければ天国でもない。生きる糧を得るための激しい修羅場である。運良く儲ける人もいれば、蹴落とされていく人もいる。富や地位を得ようとすると競争が激しい。かつての首長制に基づいた村の秩序が徐々に壊され、貧富の差が拡大し、先進諸国で教育を受け、英語ができて学歴を持った者が出世し、権力者になり、貧者・弱者から距離を置き、自分たちのみが先進諸国の生活ぶりを夢見てさらに富を蓄えようとする。その一族はますます経済的に栄え、教育の機会が与えられ、社会の貧富の差が大きくなるという悪循環を繰り返している。問題は国内における貧富の格差が、国の経済発展とともに拡大していくことである。人々は当然ながら貧しさに不満を持っている。しかし貧しさだけが紛争の原因になっているのではない。周辺に裕福な人たちが現れ、その格差を見せつけられると不正や不公平を感じるようになって紛争の原因になる。
フィジーでは過去二〇年の間に四回もクーデタがあった。近隣の独立国ソロモン諸島でも警察庁長官暗殺事件をはじめ政治的緊張が続く中、両国とも警察のトップは外国人であるオーストラリア人がその座に就いてきた。人口八三万のフィジーの民族構成は先住のフィジー人と一九〇〇年前後にやって来たインド人がほぼ半数ずつを占め、両者の民族対立がクーデタの底流にあったが、二〇〇六年一二月のクーデタはフィジー人どうしの確執であった。数十万のフィジー人どうし仲よくやったらと思うかもしれないが、同じ民族どうしもまた信用できないのである。民族の対立感情以上に、根本的には国内における経済的、社会的な差異から問題が起こっている。

国際間に存在する貧富の格差の問題を南北問題という。この問題を解決する手段の一つとして、ＯＤＡによる経済協力や技術協力があると考えられている。ＪＩＣＡ事業もその一環として始められたもの

＊ブルー・ラグーンの映画　「青い珊瑚礁（The Blue Lagoon）」（一九八〇年）、主演ブルック・シールズ。美しい南太平洋の孤島を舞台に繰り広げられる煽情的なラブストーリー。「ブルーラグーン（Return to the Blue Lagoon）」（一九九一年）は続編でミラ・ジョヴォヴィッチが主演。

だが、それは国際協力の成果が上がれば上がるほど、その必要性が消滅していくことを理想としている事業のはずである。しかし過去数十年を振り返ってみると、現実には問題がなくなる以上に新たな課題が増え続けているし、フィジーに見られる国内の南北問題のように、問題自体が多様化し深刻化している。

将来の希望が見えにくいそうした現状に陥っている国々が、私の仕事の場である。私は国際協力専門員制度ができた一九八三年度に通信分野の専門員として採用され、以来アジア、アフリカ、中東、大洋州三〇数カ国の途上国で技術協力の仕事に携わる機会を与えられてきた。以下では、この仕事を通して語り得ること、すなわち、途上国ではなぜ技術の分野における国際協力を必要としているのか、情報通信技術やその教育が途上国の人々に恩恵をもたらすとすればそれはどのようなものなのか、実際に技術協力を行った結果どのような成果やインパクトが認められたのか、この仕事が自分にとって、また日本社会にとってどのような意味を持つのか、といったことについて改めて振り返ってみたいと思う。

❖技術協力をライフワークに

私が国際協力に初めて関わったのは一九七五年一〇月からの二年間、アフリカのザンビアに青年海外協力隊員として派遣された時で、歳はすでに二九歳であった。アフリカ南部の地に日本の約二倍の国土を持つこの国は、東京オリンピック開催中の六四年一〇月二四日にイギリスから独立した。オリンピックの開会式では北ローデシア、閉会式ではザンビアとして紹介されたことは印象深く覚えていた。しかしこの国が南部アフリカ諸国の独立の際に指導的役割を果たしたことや、南アフリカ共和国のアパルトヘイト政策に抵抗する闘いの拠点であったこと、あるいは奴隷貿易や植民地支配に長年苦しめられてきた国の一つであったことなどは、赴任前の研修まで何も知らなかったように思う。

赴任した直後、生活習慣や現地の言葉を学ぶため、北部のマンサという村でザンビア人の家庭に入って現地の生活を初めて経験した。村では比較的裕福な家庭で、お湯が溜められるバスタブもあった。到着早々、風呂を勧められ、お湯をバスタブ一杯に溜めて一人で全部使い、流してしまったのだが、湯は家族皆で少しずつ使うものだと後に聞かされ、申し訳なさを痛感したことを今でも覚えている。水は貴重なもので、子どもたちが少しずつ遠い井戸からバケツを頭に載せて運んでいたのである。この地で私は電気も電話もない生活を初めて経験した。村の人たちはそんな生活環境の中でも助け合い、質素ながら笑いの溢れた生活を楽しそうに送っていた。

現地研修のあと、マラウィとの国境に近いザンビア東部のチパタ空港に最初の一年間勤務した。チパタ空港は首都ルサカから週三便ほど定期便が飛んでくるだけの一見のどかな地方空港であった。しかし、上空を往来する国際線の安全運行のために、方位と距離情報の無線信号を送り続ける航空航法援助の送信所が設置されており、送信所では信号を正常に作動させるために常に入念な保守点検の日常業務が必要とされていた。この無線信号に異常があると、直ちに国際的な通報が各国に出されることになる。私はチパタに派遣された航空無線の協力隊員としては二代目であったが、ボランティアがこのような人命に係わる仕事をして本当によいのかと、ザンビア在住のイギリス人たちからよく言われたものである。事実、扱う機器は私にとってはまったく新しいヨーロッパ製のもので、毎日がメンテナンス・マニュアルとの格闘であった。しかしこの時の経験が、技術協力を自分のライフワークにしようと考え始める出発点になったといえる。

❖植民地支配の桎梏

植民地経営を受けた国の実態を私はこの時初めて目にすることとなった。独立後、多くの白人入植者はザンビアから脱出し、国の経営はザンビアの人々の手に戻った。しかし電気、上下水道、通信、農業、土木、建築など近代的な専門技術分野の人材についてはどうしても外国人に頼らざるを得ない。私が赴任した当時、ザンビアは独立してから一一年経っていた。航空局のイギリス人技術者たちが引き上げたあと、管理職や航空管制官、気象観測官などはザンビア人が引き継いでいたが、保守技術の人材は皆無といってよかった。職場にはインド人などのお雇い外国人が働いていたものの、ザンビア人に対し技術移転をしようとはしなかった。またザンビア人にとっても、受け入れ能力には限界があった。現在でもアフリカの基礎教育、特に算数や数学、理科の教育は手薄と言われているが、当時の教育状況はもっと厳しかったに違いない。周辺のケニア、タンザニア、マラウィ、ウガンダなども同じような状況にあった。

首都ルサカには、国連機関の一つである国際民間航空機構（ＩＣＡＯ）*によって設立された大学校がある。ＺＡＳＴＩ（Zambia Air Services Training Institute）と呼ばれるこの大学校では、ローカルな人材の中から航空交通管制や航空無線・航法援助施設保守管理の技術者などを養成するために、一九六九年の設立以来、周辺諸国の学生たちを毎年受け入れていた。赴任当時、ＺＡＳＴＩの管理職もイギリス人からザンビア人に代わろうとしていたが、多くの教員はまだインド、カナダ、イギリスからのお雇い外国人だった。ここに私が呼ばれることになった。エレクトロニクスや無線工学分野の教員がどうしても補充できないということで急遽、私がチパタ空港の職場から配属替えになって電気回路や製図を教えることになったのである。

理数科の苦手な学生たちにとって、計算能力と想像力が必要なこれらの学科を理解するのは大変であったと思う。その上、十分な教材もなく、私の英語力にも問題があった。それでも試行錯誤しながらこちらから根気強く繰り返し質問を投げかけ、できるだけ実際の物を見せて、実験や実習を織り交ぜながらの授業を進めていった。一年間の短い期間ではあったが、学生たちの勉学に対する熱心さには驚かされた。彼らの潜在能力は決して先進諸国の学生に劣るものではなかった。学ぶ機会が少ない彼らの勉学への貪欲さは、むしろ今日の先進諸国の学生たちと比べると格段の差を感じさせるものがあった。彼らの優秀な能力からザンビアの将来に希望が持てると確信し、機会があればまた彼らと一緒に働きたいと思うほど、私にとってこの時の強烈な経験はその後の人生を決定付ける貴重なものとなった。
三〇年近く経った二〇〇三年、再びザンビアへ調査のために訪問する機会があった。久しぶりに見たＺＡＳＴＩはザンビア人の校長や先生たちによって運営されていたが、ＩＣＡＯからの財政・技術支援がなくなり、世界的な目まぐるしい技術革新の流れにＺＡＳＴＩの能力が十分ついていけない様子だった。植民地から独立し半世紀近くになろうとしているが、ＺＡＳＴＩの人員のみならず現場の技術者の数も絶対的に不足している状況は変わっておらず、未だに経済的、技術的支援を必要としている現実に三〇年前を思い起こしながら残念な思いをした。

＊**国際民間航空機構**（ＩＣＡＯ＝International Civil Aviation Organization）　五二カ国が加盟した国際民間航空条約（一九四四年シカゴ条約）に基づき、四七年に発足した国連経済社会理事会専門機関の一つで、本部はカナダ・モントリオールにある。国際航空の安全と秩序ある経済発展に資することを目的に、航空管制や技術標準などの勧告、途上国への技術協力などを行っている。

途上国には優秀で勉学意欲の高い青年たちが大勢いるのに、なぜ彼らは国の発展に十分貢献できないのか。一つは頭脳流出である。国内では高度な専門技術教育の機会がほとんどないため、優秀な人材は先進国へ留学する。しかし祖国では専門的知識や技術を生かせる仕事が十分なく、それらの人材を必要としている先進諸国に居ついてしまう例が多いのである。もう一つは、アフリカの多くの国で見られるように、HIV／エイズという深刻な問題が青年たちの働きを阻害していることである。働き盛りの多くの若い人たちが死んでいる。三〇年前の面影を残したザンビアの首都ルサカは、アジアの活気ある経済発展とは大きな違いを見せ、ひっそりした感じであった。

❖バヌアツ人を信じた人材育成計画

国際協力専門員になってまもなくの一九八六年一〇月、今度は英仏の共同統治から八〇年に独立したばかりのバヌアツ共和国の航空局に、航空無線の専門家として一年間派遣された。日本政府によるバヌアツに対する初めての協力であった。当時、東西冷戦構造の中、バヌアツの地政学的な意味合いは東西陣営にとって重要であった。首都ポートビラの港にはソ連の漁船のように見せかけた船が入港するなど、バヌアツ政府のしたたかなソ連寄りの外交戦略に対しては日本をはじめ西側諸国が強力に肩入れを始めた頃である。

バヌアツは天国に一番近い国と宣伝されていたニュー・カレドニアよりもさらに天国に近いと思われるような西南太平洋の島嶼国で、海水の透明度が高く、スキューバ・ダイバーが世界中からやって来る島として知られている。他の新興独立国と同様、当時のバヌアツは国を運営するための行政官や専門教育を受けた技術者などの人材がまだ育っておらず、私の派遣された航空局ではフランス人、オーストラリア人、ニュージーランド人が航空援助装置や無線機器の保守管理、航空交通管制に従事していた。この事情は他の公共事業の分野でも同様であった。お雇い外国人には技術支援という使命感はなく、技術を吸収できるバヌアツ人も当時は限られていた。私の仕事はザンビアと同じく、航空局で技術者養成のための支援を行うことであったが、ここでも事態は深刻であった。
現地の人たちに力をつけてもらいポストを譲っていくことをローカライゼーション（現地人化）と呼ぶ。私の会ったお雇い外国人であるフランス人やオーストラリア人も自国のＯＤＡで派遣されていたが、彼らは自分の技術を売っているという考え方から職場で現地の人たちに技術を教えることはしない。おそらく本国の職場でも同僚どうしで教え教えられるといった経験をしたことはまずなかったのであろう。したがって、当然、ローカライゼーションには不熱心であった。

バヌアツ航空局で現地技術者に技術指導する筆者。

私のここでの活動の主たる目的は、航空局技術職員を一〇年かけてローカライゼーションする長期人材育成計画の事案を策定することであった。このため周辺国のフィジー、ソロモン諸島、ニュージーランドにある技術教育訓練機関を訪問して実態調査を行い、できあがった英文の報告書をフランス人の局長に提出した。彼は前向きに取り上げ、報告書はフランス語に翻訳されて、正式な国家計画として採用された。バヌアツにおけるすべての公的文書は現地のビシュラマ語（国語）、英語、フランス語の三カ国語で作成されるため、手間のかかることである。しかし当時は、この国家計画が政府によって実行可能だとまともにとらえる人たちはいなかった。航空局の無線機器をバヌアツ人だけで保守管理できるようになるなどとは、当のバヌアツ人ですら信じていないように思われた。このような雰囲気の中で計画書は作成されたのだが、私はバヌアツ人の潜在能力をアフリカでの経験から固く信じていた。

二〇〇五年六月、二〇年ぶりにバヌアツを再訪する機会を得た。まず、首都ポートビラにあるバウアフィールド空港が大きく変わっていた。日本の援助で立派なターミナルの建物と管制搭が建ち、新たな空港に生まれ変わっていた。そして何よりも驚き、嬉しかったのは、二〇年前に学生だった人たちが今では第一線の技術者として活躍し、職場が完全にローカライズされていたことである。責任者のアベル・ディポロア氏を先頭に七名のバヌアツ人技術者が保守・管理を行っていた。彼らは、私が素案づくりをした長期人材育成計画に基づいて、二〇〇〇年以前にソロモン諸島の技術専門学校もしくはフィジーの高等技術専門学校で教育を受けた人たちである。今、バヌアツの航空を支える現場に外国人は一人もいない。日本人が去ったあとも、バヌアツ人だけのシフト制で空の安全を守っている。

この「人材育成一〇カ年計画」の背景に日本の国際協力があった。一九八五年、首都ポートビラはハリケーンの直撃を受け、多くの死傷者を出した。この時バヌアツ政府は、壊滅的に破壊された空港を日本の無償資金協力*で建て直し、観光客を呼び戻した。以後一〇数年の間、ＪＩＣＡの専門家やシニア海外ボランティアが技術協力のために脈々と派遣されてきた。また、バヌアツ人技術者の日本での技術研修も継続的に行われ、新たに供与された無線設備などの運用、保守点検を自分たちで行えるようになったのである。

私が再訪した時には、バヌアツ人どうしで先輩後輩の関係ができ、彼らの間での技術移転もなされるようになっていた。無線設備は定期的に更新しなければ人命に関わるし、技術革新も激しい。一人の技術者人生を三〇年としても、その間に何回も新しい技術の習得に挑戦しなければならない。学校で学ぶ基礎的なこと以外は数年で役立たなくなるのが普通である。再訪の折、現在何を一番やりたいか、若い彼らに聞いてみた。「ニュージーランドや日本、オーストラリアの航空管制技術の現場で無給でもよいから働いて、さらに新技術を習得したい」との答えが返ってきた。この気概と機会がある限り、若い技術者が入ってきてもバヌアツ人たちだけで運営していけるであろう。また、航空局の民営化や観光収入の増加により、無線設備の更新も自力でやっていけるだろう。ただしこうした観測も、この国の政治が安定し治安が保証されていればのことであり、それをひたすら願うばかりであった。

一方、この再訪では同じく二〇年前のバヌアツ滞在中に調査訪問したソロモン諸島の技術専門学校にも立ち寄ってみたが、ここはバヌアツとは反対に、かつての活気溢れる姿は見る影もなかった。首都ホニアラにあるこの施設は、大洋州諸国の技術教育訓練のためイギリスの植民地時代に設立された歴史的にも由緒ある学校である。しかし、民族抗争に端を発した二〇〇〇年の内戦で優秀な教員たちがすべて国外に逃れ、五年経っても専門学校としての機能が十分に回復し得ていない。かつてはバヌアツはじめ周辺諸国の学生も受け入れて職業技術教育訓練を盛んに行っていた施設だが、今や自国の力だけでは経済的にも技術的にも再建できない状況にあった。国内における他民族間の人間不信が、ここにも大きな

＊シニア海外ボランティア　青年海外協力隊のシニア版といえるＪＩＣＡの事業で、四〇歳から六九歳までの人材を募って途上国の要請に応じて派遣される。

影を落としていた。

バヌアツの「人材育成一〇カ年計画」が結実していたことは、現場で技術協力に従事する者として感慨深いものがあり、大きな喜びであった。しかし一方で、ソロモン諸島の再訪においては、国の安定と人々の働く環境が十分でないと、どのような計画でも無駄になってしまうことをしみじみと感じさせられることとなった。

❖何かがおかしい

途上国に限らず、あらゆる国において教育は保健医療と並んで最重要の事業である。世界の援助機関は財政支援までして途上国のすべての子どもたちに基礎教育を受けさせる努力をしている。しかしこれらの機関によって作られたこれまでの初中等のカリキュラムは、端的に言うと高等教育へ進学することを中心に組み立てられたものであった。地方の島で学ぶ生徒でも英語、数学、理科、社会の成績が良ければ奨学金で留学も可能となるという点ではよいが、大半の子どもたちは毎年ふるいにかけられ、そこからこぼれ落ちてしまうのである。彼らは卒業後すぐ働きに出ることになるが、実際には彼らを受け入れることのできる生産的な職場は少ない。職が用意されないと、都市部は無職の若者たちで溢れ返り、社会秩序の乱れが増殖していく。

この点、フィジーの中等教育で試みられているように、一次産業に関わる職業技術教育をカリキュラムに取り入れようとしているのは良い試みである。一例だが、学校の敷地を使い、親と子どもたちが一緒になってその土地に合った養鶏や野菜栽培、養蜂などを営んだり、木工や洋裁などの仕事をし、子どもたちに手に職を持たせるのである。大洋州のように大規模な産業を興すことが極めて難しい諸国では、開発予算の中に教育への投資を組み入れると同時に、仕事を作り出すための仕組みを地域社会の中に積極的に導入すべきであろう。

また、国際協力の面から見た職業技術教育訓練上の問題は、多くの大洋州諸国では訓練後に受け入れ可能な職場が少ないため、せっかく育てた人材が国外に流出してしまうことである。トンガやサモアの政府は出稼ぎ者による本国への送金を歓迎し、そうした仕送りが国の外貨収入の中で大きな割合を占めている。出稼ぎ者を受け入れる側のオーストラリアやニュージーランドも、専門教育訓練を受けた島嶼国の人たちの労働力を必要としている。しかし、必ずしも彼らが全面的に受け入れられているわけではない。一部であるにしろ人種差別や社会的・文化的差別が厳然とある。高い賃金のみに目を奪われ、憧れの地へ出かけても、隠然たる差別を受け、帰国しても希望するほどの仕事もなく、夢が閉ざされてしまう若者が多い。自国で希望が持てないのである。優秀な成績を収めて先進国へ留学し、ノイローゼになって帰って来る純情なバヌアツ人の若者もいた。最悪のケースが自殺である。今日、大洋州の島嶼国では自殺率の高さが大きな社会問題となっているが、日本ではそれほど知られていない。〝楽園〟での自殺など日本ではほとんど想像すらできないことである。

観光客として訪れる先進国の人々は、開発などせず技術文明を受け入れないで自然のままにしておくのが彼らにとっての幸せだと考える。天気の良い日のブルー・ラグーンの世界だけを見ているからである。現実には自然災害も多く、数年に一度、破壊的なハリケーンがこの地域を襲う。H鋼と呼ばれる鉄製の電柱が九〇度に曲がってしまうほどの暴風雨が吹き荒れ、多くの家を吹き飛ばし、命を奪う。マラリアやデング熱などから命を守るためには保健医療、教育、そして道路や通信インフラも必要である。バヌアツ人だって車も欲しいし、車が入ってくればメンテナンスの技術も必要である。ラジオやテレビ、

ＣＤやＤＶＤ、そしてコンピュータも欲しい。要するに仕事も金も技術も必要なのだ。

食料にしろ、労働市場にしろ、教育にしろ、経済にしろ、極端に他国に依存した体制はその国の存立そのものを危うくする。国内に製造業・サービス業を興し、若者の就労機会を作らない限り、この問題は解決しないように思う。しかし水産資源が豊富なはずのトンガでは、自分たちの海で取れた魚の値段がニュージーランドからの輸入牛肉の倍以上もするといわれる。魚の方が健康に良いことを知りながら、脂身の多い牛肉や羊肉を食べさせられ、成人病に悩む人の数が急増しているのである。何かがおかしい。

❖理論偏重の技術者は要らない

ザンビアやバヌアツなどで技術教育に携わる中、私がもっとも大切にしてきたのは若い人たちのやる気と潜在能力を信じることだった。そして、育った彼らを本当に生かすためには職場の確保が必要であることを痛感してきた。技術教育訓練と産業振興とがバランスよく行われる状態、これが不可欠なのである。そんな私にとってインドネシアで携わったプロジェクトは、産業の発展によるニーズの高まりと技術教育がリンクした成功例であり、専門家として手応えのある経験だった。

現在、途上国の多くでは製造業・サービス業の振興政策の一環として技術教育訓練に重点を置く政策が注目されている。アフリカでは地下資源の豊富な国や農業しか産業のないいくつかの国が、科学技術立国とか情報技術（ＩＴ）立国を目指せと意気盛んである。しかし、いずれの国でも共通している問題は、実践的な技術者、すなわち工夫して物を作れる人材や技術的トラブルを発見し解決できる人材が極端に不足していることである。インドネシアもかつては同様の問題を抱えていた。

一九八〇年代、インドネシア政府は工業化を目指し、外資導入を自由化して外資系企業を多く誘致する政策を取り始めた。しかし工業化を進める上でのインドネシアの大きな問題は、まさに実践的技術者の極度な不足であった。この国の大学の工学部教育は理論に偏重し、実験実習を軽視する風潮があった。実験をやりたくても高価な装置が買えないという経済的問題もあったが、もともと実験の経験が乏しい教員たちが教えるわけであるから、理論偏重にならざるを得なかった。しかも教え方が一方的で、理解できないのは学生側の問題であるといった旧来の講義が多く見られた。大卒は企業の管理職になることが期待されていたが、彼らは生産現場での問題解決能力に弱く、デスク・ワークのオフィサーになりたがった。それが大卒エンジニアの仕事だと思っていた。大卒者の少なかった昔ならいざ知らず、外国から新技術を導入し、現場をフル稼働させなければならない企業にとっては、大卒エンジニアにも現場で日常的に発生する問題を解決してもらわないと困る。理屈だけの技術者ではどうにもならないし、いつまでも賃金の高い外国人を雇うわけにもいかない。製造業をはじめとするインドネシアの民間企業は、八〇年代当初より大学をはじめとする高等教育機関に対して、現場に役立つ実践的な技術者の育成を訴えていた。

そこでインドネシアの教育文化省高等教育総局は、旧来の大学教育制度ではこの問題を解決できないとして、ドイツやスイスの実践的技術者教育制度をモデルとした新たな教育制度を作ることにしたのである。これがポリテクニックと呼ばれるもので、日本に同じ制度はないが、工業高等専門学校（高専）がその設立の目的から近いといえる。ただし、インドネシアのポリテクニックがカバーする分野は機械、電気、土木、化学といった工科系のみならず、ビジネス、会計・簿記、観光・ホテル業などの商科、さらには農林水産科の分野まで幅広い。

❖インドネシア一のポリテクニックを育てる

インドネシア政府は世界銀行からの資金協力やドイツ、オーストラリアなどの援助機関から技術協力を得て、全国に一〇数校のポリテクニックを設立するという計画を立てた。このうちの一つが日本の協力で建設されたスラバヤ電子工学ポリテクニックと呼ばれる学校である。ジャワ島東部のスラバヤ（三四頁地図参照）にあるこのポリテクニックは、無償資金協力による建物・施設・教育機材の供与と、一〇校を超える日本の高専や大学から全面的な技術協力を得て、教員の育成から学校運営に至るまで一貫して無から立ち上げられた。私はこのスラバヤ電子工学ポリテクニックのプロジェクトに、一九八六年の計画段階から二〇〇二年までの一七年間、さまざまな立場で深く関わることができた。

一九八七年四月、校舎建設予定地での沼地整備や杭打ちの開始とともに、三年制三六〇人定員のスラバヤ電子工学ポリテクニックを開校するためのさまざまな準備が開始された。教員養成のための技術協力については初年度に新卒採用された五名の若い先生たちを日本の高専へ一年間送ることから始まった。それぞれの受け入れ先の高専で一年間の研修を受けた新人教員たちは、研修後、高専の指導教員とともにスラバヤへ戻ると、今度はできたばかりのポリテクニックで教壇に立ち、実験室ではインドネシアの学生を指導する中で自らも日本人教員から教授法などのアドバイスを受けた。このように実際の教育現場でインドネシア人教員を育成するという形態が毎年行われていった。

カリキュラム（教育課程）、シラバス（講義実施要綱）、教科書の作成、それに実験計画や学生用実験装置の開発など、学校運営に関するあらゆることが日本の専門家とインドネシアの先生たちとの共同作業で行われていった。しかし、多くの難問が待ち構えていた。まず、インドネシアの大学の習慣では、理論を教えるのは教授や講師と呼ばれる先生で、実験・実習を指導するのは技官（テクニシャン）の役目となっており、身分が分かれていた。大学の教授たちは学生に理論的な講義を行うだけでよいと考え、実験・実習を低くみていた。先輩教授はもちろんのこと、新米の講師たちも大学ではほとんど実験らしいことはやっておらず、電子計測器の扱い方、目盛りの読み方、誤差の考え方など実験の基本的なことが理解されていなかった。ポリテクニックの教育は実践的な技術者を育てることが目的であったため、「特に若い教員は理論を教えると同時に、実験の指導や回路の製作などもできなければならない」と繰り返し指導していかなければならなかった。

スラバヤ電子工学ポリテクニックの実験室で実習する学生たち。

日本での研修では日本の学生が行っている実験を一緒にやってみたり、実験で使う装置を自分の手で製作してみたりと、実務的作業を重視した。またインドネシアでは学生の実習先や就職先を開拓するため、日本人の専門家が地元の企業に教員たちを連れて訪問し、必要とされる技術を直接見せる機会を積極的に作っていった。このような具体的な技術協力を通して、ポリテクニックにおける実践的教育とは何かが全校的に理解されていった。その結果、それまで教科書を棒読みして教えていた先生が、実験・実習を通して理論の本質と限界を理解し、自分の言葉で学生に嚙み砕いて教えることができるようになっていった。
この国の国立大学の場合、午後二時を過ぎると大半の教員が大学からいなくなる。ポリテクニックでも同じようなことが起こり、教員がいなくなった。こちらとしては少しでも早く立派な先生になれるよう、少しでも多く一緒にいてもらわないと技術移転もあったものではないと思っていたのだが、事情を聞いてみると、夕方から私立の大学や塾に教えに行くという。安い公務員の収入だけでは生活できず、アルバイトで稼がなければならない事情があった。日本では公務員の兼業は認められないが、この国では兼業は当然のことであった。最初、私たち日本人専門家にはこのことが理解できず、単に怠惰な習慣だと決めつけているふしもなくはなかった。学内で会っているだけでは見えない彼らの生活を知ることも大事であった。問題の原因がわかると解決法は見出しやすい。学内に夜間コースを開設し午後の仕事を作ることで、彼らは一日中学内に居るようになり、専門家と接触できる時間も確保されることとなった。

このほかにもやることはたくさんあった。日本人専門家もインドネシアの教員も、一番苦労したのは教材開発である。ほとんどの途上国では、高等教育はかつての植民地宗主国の言語である英語やフランス語で行われるのが普通である。しかしインドネシアではその影響を受けずインドネシア語で行われており、これがインドネシアの底力となっているのだが、一方では日本人専門家がインドネシア語を知らないため、教材づくりはまず英語で行われ、これを基にインドネシアの教員がインドネシア語に翻訳するという二重の作業が続いた。第一期生はもちろんのこと、第二期生以降も授業をしながら教材を開発していくという自転車操業であった。また、電子工学や通信工学を教えるために多数の教育用電子機材が供与されたが、その保守管理にも大きな課題があった。多数の学生が毎日のように繰り返し使うため、故障が必ず起きる。しかし故障した機器は地元では修理できないし、修理するためには高い輸送料と長期の日数をかけて日本などへ送り返さなければならなかった。したがって、そのまま放置される場合が多かった。このままでは、故障した機材が山のように積まれることは明らかだった。このため電子機器の修理部門の設置や、修理専門のテクニシャンの配置、その研修など、学生たちが十分実験できる環境を作ることもチャレンジの一つであった。

このようなさまざまな課題に直面しながらも、スラバヤ電子工学ポリテクニックは教育文化省高等教育総局の予算面における支援や産業界からの雇用ニーズに支えられながら、日本とインドネシアのプロジェクト関係者の熱い思いにより、少しずつその本来の目的を達成していった。

❖スラバヤ発インドネシア

スラバヤ電子工学ポリテクニックはインドネシアでもっとも優秀なポリテクニックとして、一〇数年かけて教育界や産業界からも認められるようになった。実技を重んじる教育が功を奏したといえる。日本の高専と大学の全面的な技術協力により一〇〇人以上の教員が育成され、そのうち五名が熊本大学、東京工業大学、大阪大学などから博士号を取得してこのポリテクニックの指導者になっている。修士号取得者も三〇数名を数える。新技術習得と学位取得の機会の多さがこのポリテクニックの魅力と思われるが、彼らのコミットメントは強く、企業などへの流出もない。卒業生も二〇〇〇人を超え、産業界で活躍している。社会人を対象とした研修コースや、アジアやアフリカの教育機関の人たちに対する情報通信技術（ＩＣＴ）分野のＪＩＣＡ研修コースも盛んに行われてきた。入社一〇年を超えた卒業生が企業の人事担当者となり、ポリテクニックへ求人のため来訪する姿も見られるようになった。今後も企業などユーザーのニーズを常にウオッチし、それに応えて教育内容を改善し、教員の質的向上を図っていくことは必要であり、この積み重ねが学校の伝統を作っていくものと思われる。

インドネシアは人口二億二〇〇〇万を超える広大な国である。政府の長期産業政策に基づく人材育成

勢揃いしたスラバヤ電子工学ポリテクニックの先生たち。学期末全校教員集会の風景。

計画によると、この国の産業開発を支えていくには、産業界のニーズに応えられる技術教育を常時二〇数万人規模で行うことが必要だとされている。このため、ポリテクニックを全国に多数作る計画であるが、この時ネックとなるのが教員の養成・確保である。特に機械工学や電子工学、情報工学を学んだ学生は給料のよい民間企業への就職機会が多く、教員になりたがらない傾向が強い。この問題を解決するため、高等教育総局はスラバヤ電子工学ポリテクニックに電気系の教員養成コースを設置し、希望する学生を対象に四年間の教育を行い、卒業生には大卒と同等のディプロマ４の学位を与えて技術教育の普及を図っている。日本の技術協力の種がスラバヤで植えられ、スラバヤの大地に根付き、少しずつ果実を付け始めている。そして育った苗木がインドネシア全国に移植され、各地で育とうとしている。今後、産業開発の遅れている東部地域のポリテクニックでも、スラバヤで育った教員たちが活躍することであろう。

❖学生たちを熱くしたロボット・コンテスト

このインドネシアでのプロジェクトにおける社会的インパクトとして一番大きかったのは、二〇〇一年に東京で開かれたＮＨＫロボット・コンテスト（ロボコン）においてこのポリテクニックのチームが世界一になったことであろう。これがインドネシアのＴＶニュースで大きく取り上げられ、その後のインドネシア・ロボコン国内大会を活気付かせる大きな弾みとなった。じつはこのポリテクニックのロボット製作の伝統は、一九九一年に東京で開かれたＮＨＫロボコン高専大会に招待され、特別出場したことに始まる。九〇年代後半には、インドネシア代表を選出するための国内大会の開催を日本の専門家が提案し、以後毎年、スラバヤ工科大学において日本とまったく同じルールに則って国内大会が行われてきた。当初はスラバヤ地域の六大学から始まり、次第に広がって最近では全国から数十を超えるチームが参加するようになっている。

インドネシア国内ロボット・コンテストに参加するスラバヤ電子工学ポリテクニックチーム。

学生たちは具体的な目標が明確になるといっそうよく勉強し、実験室にベッドを置いて昼夜を分かたず没頭して製作に励む。ロボットの製作は電子回路のみならず、コンピュータのハード・ソフト、機械工作、無線など広い分野の技術を必要とするため、その設計、製作、試験の過程での教育効果は大きい。なにしろ新しい発想で研究・開発すること、チームワークで仕事をすること、予算と時間が限られていることなど、すべてが実社会で必要とされることである。ロボット・コンテストで活躍した学生たちを優先的に採用しようとする会社も多くある。高等教育総局はこのコンテストに大きな教育的効果を認め、大会の運営に対して財政支援を行っている。

国内大会を通して予想以上の社会的インパクトを見ることもできた。一つは、大会の模様をテレビで見た中学生や高校生たちの中に、自分もポリテクニックでロボットを作りたいと言って入学を志願してくる生徒が増えたことである。製造現場を持つ会社にとっても喜ばしいことであろう。もう一つは、民族間の相互交流への期待である。この国では、国立大学にはプリブミと呼ばれる先住のインドネシア人が多く、私立大学には中国系のインドネシア人が多い。普段は宗教的・文化的な違いから社会的な交流が少なく、これがインドネシア社会の底流にある社会不安の一因となっている。ロボット・コンテストの会場では、国立大学と私立大学の学生たちが敵意をあからさまにして競い合う姿も見られた。しかしプロジェクトの関係者たちは、このような経験の積み重ねによってロボット・コンテストが徐々に学生たちの交流の場となることを期待し、大会を推進していった。社会の変革は、このような現場レベルでの地道な変化によって達成されるものではないだろうか。

❖私にとっての国際協力

中学一年生の時、鉱石ラジオというものを初めて知った。これが私にとっての物づくりの最初であった。部品は至って簡単で、アンテナ用の長い線、同調用コイル、コンデンサー、ダイオードとイアホンだけで、電池は使わない。これらをはんだ付けして、アンテナ線を近所の空き地に張ってある有刺鉄線に巻きつけると、イアホンから放送が聞こえてきた。この時の喜びは今でもはっきり覚えている。その後、真空管を五本使ったスピーカーから音の出る五球スーパーと呼ばれる本格的なラジオを作るため夢中で回路図を勉強したこと、あるいはB電源と呼ばれる五〇〇ボルトの電圧に感電して腕の根元までしびれたことなども忘れられない思い出である。父はこのような私にテスターを買い与え応援してくれたが、電車の運転手に憧れていた中学生の私に、おそらく手に職をつけさせようと願っていたに違いない。

大学では電子工学を専攻した。しかし学生運動が激しい中、あまり専門分野の勉強はしなかった。専門科目は嫌いではなかったが、漠然ともっとほかにもやるべき大事なことがあるはずだと、宗教や哲学の本を好んで読んでいた覚えがある。なぜか英語の学習も熱心だった。一九七〇（昭和四五）年、私がエレクトロニクス関係の会社に技術者として入って一番敏感に感じたのは、軍事転用技術と公害に関することだった。どのような技術も軍事技術には必要である。したがって戦前からの会社であれば、何らかの形で軍事技術に関係していても不思議ではない。自分が関わらなくても誰かがやるのだからと平然としている同僚もいたが、若い頃の自分は軍事に直接関わり得る技術に従事することを否定したかった。公害問題に直面している会社も多くあった。技術者は社内で実態を知っているが公にできない。今でこそ公益のための内部告発は世論のあと押しの方が強く可能となってきているが、それができない当時の状況の中では技術者の社会的責任といったことを深く考えさせられた。結局、技術自体は善でも悪でもない中立であり、それを使う人間によって善くも悪くもなると今は考えることにしている。技術というものは、古今東西において人々の精神的支柱となってきた宗教上の教えと同様、ひとたび指導者によって悪用されると、人間の尊厳を踏みにじる不幸な方向へと導く性質を持つものである。現にそれは歴史上起こったことであるし、今も起こっている。

二九歳で青年海外協力隊に参加したが、日進月歩のエレクトロニクス技術をこれから習得しようという若い時に、わざわざ会社を辞めて途上国へ行くなど当時の常識ではとんでもない冒険であった。当時は高い生涯賃金を得るために定年まで同じ会社で勤め上げることがもっとも安定した生き方であり、それが社会的な信用を得るための全うな手段であるという暗黙の了解があった。技術者ならばまずはアメリカから学ぶべし——当時はアメリカに追いつけ追い越せの掛け声の時代であり、途上国へ行って仕事をするなど自殺行為と思われていた。おそらく私は、技術者としてだけの生き方を否定したかったのかもしれない。もっと社会的な関わりを広く持つ中で技術の仕事をしたかったのであろう。人のやらない新しい仕事に挑戦してみたいという意欲だけは強かったように思う。帰国後に十分予想される就職の困難や技術者としての進歩の遅れを考えると、協力隊に参加すべきかどうか大いに悩んだことも事実だが、途上国に行って人間として学ぶことの方がもっと大事なはずだと信じてザンビアへ行く決心をしたのである。

しかしこの危惧は甘かった。途上国であれ、必要な場所には国際標準の最新の機種が設置され、そこで働く者には最新の技術が要求されていた。電子機器や通信技術の革新・発展のスピードは想像以上のもので、赴任当初から自分の力量不足をはっきりと見せつけられ、その穴埋めの努力に迫られた。そして、将来この途上国で仕事を続けるためにも研究と研鑽を重ねることが大事だと気づき、航空級無線通信士、第一級無線技術士、第一種電気通信主任技術者（伝送・交換）といった専門分野の国家資格を途上国での仕事に携わりながら日本で取得した。現場で必要な英語、インドネシア語など言葉の習得にも励んだ。大学時代よりもはるかに多くの勉強をしてきたように思う。

スラバヤ電子工学ポリテクニックで仕事をしていた当時、私は常にカウンターパートであるインドネシア人教員に対して、自分が選んだ研究を継続的に行うよう、その重要性を訴え続けていた。進歩の著しいこの分野で創造的な物づくり教育を行っていく場合には、教育への情熱に加え、研究にも熱心な先生ほど学生の評価が高く、学生に強い影響を与えることを知っていたからである。しかし、「そういう自分は？」と自問するようになり、五〇歳を過ぎた頃から自分も彼らと一緒に研究活動を始めようと決意した。スラバヤで経験した技術協力活動が、自らも持続的な研究活動を行うことになるきっかけを与えてくれたのである。

インターネットの普及の助けもあり、一九九〇年代の半ば頃からはカウンターパートである通信工学の先生たちと共同研究も始めた。電子機器や情報通信システムの間で発生する、あるいはそれらと人体との間で発生する不都合な電磁干渉問題をテーマにした環境電磁工学と呼ばれる分野である。この問題は先進国、途上国を問わず発生する。共同研究の意義は大いにあった。バンコクで開かれた電子情報通信学会国際会議にも、スラバヤでの研究成果を発表するためにカウンターパートとともに参加した。この折、同じ分野の研究者と数多く出会い、後に私は、電気通信大学の上芳夫教授のもとでこの分野の研究を続け、博士号（工学）を取得することにもなった。

スラバヤでの活動がなければこうした目標を定めることすらなかったであろう。継続的に研究と研鑽を積み重ねることができたのは、すべて途上国で得た友人たちとの協力活動のおかげであると感謝している。「知っていることだけをただ教えるのではなく、どこまでも研鑽を続けること」、そう言える自分に鍛えてくれたのがこの仕事であったように思える。

還暦を過ぎて、現在は主に、内戦などの紛争を経て復興を目指しているアフリカの国々に対して、職業教育訓練と情報

環境電磁工学国際学会で論文発表する筆者。

通信技術の分野の技術協力案件を形成する仕事に従事している。「国際協力」というものが人と人を結び付け、途上国の人々の安全と安心、そして教育・社会・経済の発展に大きく貢献していくことを信じ、今後も日本の大学や研究機関などの関係者に協力を仰ぎながら、私を育ててくれた途上国へのご恩返しのつもりで技術協力活動をライフワークとしていく決心である。

第9章　感染症対策「際」を生きる

●山形洋一（一九四六年生まれ）

❖放浪願望

日本を離れて異境を旅したいという思いは、ずいぶん幼い頃からあった。

敗戦の翌年、朝鮮から引揚げてきた両親のもとに長男として生まれ、大阪府北河内郡（現、大東市）で親戚が経営する鉱山会社の長屋にしばらく落ち着いた。黒い粉塵で覆われた共同水道での噂話や、二軒共有の便所の中で聞こえてくる隣家の会話は、いずれもたくましい河内弁だ。その中で「標準語」を話している私たち家族が、周囲から「お高くとまっている」と思われていることは、幼いなりに承知していた。

その後大阪市住吉区の府営住宅（当時まだ珍しかった四階建て鉄筋コンクリート）に移り、中学から外では大阪弁を話すようになったが、よそ者意識は消えることがない。どうせどこにいてもよそ者なら、いっそ海を越えて異国をさまよう方が気楽ではないか、という思いに取り付かれていた。新聞で報道される南極探検やヒマラヤ登山などの活動に憧れ、いつか自分もそんな機会を得たいという思いから、高校では山岳部に入った。

大学では農学部の害虫学研究室に籍を置きながら、医科学研究所の寄生虫学教室にも出入りした。佐々学教授の率いるこの教室は、日本からフィラリア（象皮病）や日本住血吸虫などの「風土病」をなくすために、その病原である寄生虫だけでなく、媒介する昆虫や貝についての研究（医動物学、衛生昆虫学）もリードして、戦後復興に大きく貢献した。私が入門した頃には国内の問題が片付き、似たような病気を追って東南アジアに出入りする、黒く日焼けした先輩たちの話がとても刺激的だった。

一九七〇（昭和四五）年の暮れ、二四歳で初めて日本を出た。行き先は大学山岳部の先輩、伊藤邦幸氏が医療活動をしているネパールの僻地だ。その後の履歴書には「ＮＧＯアシスタント」を務めたように書いているが、じつは伊藤家の子どもたち四人の子守りが主な仕事だった。居候ついでに、ネパール語を学び、写真を撮り、卒論用に蚊の生態も形ばかり調べた。そのままずるずると大陸浪人にでもなるつもりでいたら、一年を過ぎたある日、ついに引導を渡された。

「このままでは君のためにならんから、そろそろ帰りなさい」

親切な伊藤さんからボーナスをもらい、日本に戻るまでの三カ月、インドを三等列車でぐるりと回った。なんとも愉快な旅だった。窓の外をぼんやり眺めていると、目の前に人の手が現れ、顔が現れ、煎り豆の籠が現れる。客室には乞食が出入りしてご詠歌を歌い、腹鼓を打ち、輪ゴムで止めたマッチ棒でマッチ箱を鳴らしてみせる。目の前の母親が膝の上の赤ん坊を持ち上げて床に放尿させている隣りでは、石油コンロを焚いて料理を始め、止めにきた車掌と口論をするようなありさまで、おおよそ退屈することがない。

仏跡ブダガヤ（ボードガヤ）の巡礼宿にただで泊めてもらった時、便所に水洗タンクが付いているのに驚いた。間違っても水はでないと確信したが、さて何が出るか、ためしに鎖を引いてみたらハトが飛び出て、まさにインドは魔法の国だと一人で大笑いした。「斑《まだら》の紐」のような蛇が出てきたかもしれないとは、その時思いもしなかった。

やがてボーナスは底をつき、とりあえず帰国して卒業だけはすることにした。「夢ばかり見てちゃいかん。東京のスモッグの中で考えたことが、真実なんだよ」と、熱帯農業専門家の島田輝夫さんに諭されたことも、頭の片隅に残っていた。

しかし帰ってみると、日本は高度経済成長の喧騒で沸き返っていた。「モーレツ社員」たちが「生きがい」を論じ合っているのが、私には何やら空々しく聞こえてならない。インドの一見無為な「生きざま」の方が真実らしく思え、インドに戻って出家したいと触れ回っているうちに、ふと人を好きになり、結婚することになった。

東京のスモッグには今でも感謝している。

❖山男の生態学

結婚して子どもができても就職する気は起こらず、大学院に籍を置いてアルバイトをしながら、海外に出るチャンスを待っていた。果たせるかな、一九七六年、ＪＩＣＡの「オンコセルカ症研究対策プロジェクト」がグアテマラで始まり、私は翌年から二年間参加することになった。

オンコセルカ症（別名、河川盲目症）はフィラリアの一種によってヒトの目が侵される奇病で、ブユ（蚋）が媒介する。アフリカと中南米の一部にだけ分布するので、日本ではあまり知られていないが、近縁のフィラリア病（象皮病、蚊が媒介する）は戦後も沖縄、九州、四国などに残っていた。研究と行政と住民運動の連携によって日本からフィラリアを駆逐した経験を、中米でも生かそうというのが、ＪＩＣＡプロジェクトの趣旨だった。プロジェクトリーダー一名、調整員一名、医昆虫学者二名、寄生虫学者二名など、常に六名以上の日本人が常駐して五年単位で仕事をする、当時としては標準規模の計画だった。

私が属する医昆虫学班の課題は、何種類もいるブユのうちどれがオンコセルカ症を媒介するか、その幼虫はどのような渓流に生息するか、その駆除にはどの殺虫剤が有効か、他の昆虫、魚、エビ、カニなどに対する殺虫剤の影響を抑えるにはどうしたらよいか、幼虫を駆除したあとも成虫が飛んで来はしないか、などだった。

プロジェクト名称では「研究」と「対策」が並列されているが、現実にはそのバランスが難しい。たとえばブユ幼虫の分布について、研究によってある傾向がわかったとしても、それだけでは対策にかかれない。三〇〇平方キロメートルからなる流行地にあるすべての発生源について隈なく知り尽くしていなければ、作戦が立たないのだ。涸れたのを含めて三〇〇〇本以上の谷をすべて踏査するというのは、考えるだけで気の遠くなる話だった。

日本から派遣された専門家の中には、どうせ対策は無理だから各自の研究だけ済ませて帰ろう、という空気が支配的だった。駆け出しの私に対して、幼虫の分布調査のように効率の悪い仕事は切り上げて、ぼちぼち成虫の飛翔距離を調べなさい、その方が論文になるから、と親切に諭してくれる先輩もいた。だが私にはそれがＪＩＣＡやグアテマラに対する裏切りに思えてならない。これまで論文など書いたことのない気楽さで、これから書けなくても構わない、それよりも変化に富んだ現場を歩き回ることが面白く、幼虫の分布を徹底的に知りたいと思うようになった。

現場は火山の山麓で、原生林かと見まがうような深い森の陰にコーヒーが植えられ、切り開かれた尾根にはトウモロコシ、インゲンなどが栽培されている。急な谷筋には大小の滝があり、滑落、落石、増水、毒蛇と、さまざまな危険が待ち受けている。三〇代はじめの血気盛んな山男だった私は、グアテマラ人作業員と健脚を競い、彼らからマチェーテ（山刀）の使い方を教わり、崖にしがみついて手が離せない時は舌を丸めて口笛で合図することも覚えた。野外からはブユの標本だけでなく、押し葉や蛇のアルコール漬け、岩石のかけらなどを持ち帰り、休日には博物館や植物園を訪ね、町の本屋で図鑑などを求め、とにかく現場の自然を多角的に知ろうと努めた。

グアテマラのオンコセルカ症流行地は、シエラ・マドレ火山脈の南縁に飛び石状に並んでいる。このことはすでに一九二〇年代から知られていて、太平洋からの季節風がもたらす雨が、ブユの生息に必要だからだと説明されていた。ではなぜ流行地が火山脈に沿って連続せず、飛び飛びになっているのだろう。ブユの発生を制限する何か別の要因、おそらく地質か植生が絡んでいるはずだと、私は見当をつけていた。

地質図とハンマーを手に一年現場を回って得た答えは明白だった。火山帯には、比較的最近の噴火・泥流でできた隙間だらけの地層もあれば、長い年月を経て硬化し、水を通さなくなった岩もある。雨水は新しい堆積の隙間に吸い込まれ、古い岩の層にぶつかって溜まり、地下をゆっくり流れていく。古い岩が地表に現れているところでは谷筋を水が常に流れ、ブユの発生しやすい環境となる。つまり特定の地質にだけ、水が流れ、ムシが育ち、病気が流行するのだ。地下の滞水層はおおよそ水平に延びているので、地図の等高線をたどれば見落としていた湧き水の位置も割り出せる。ブユ幼虫が特に好む最上

グアテマラのアグア火山頂上から見下ろしたプロジェクト対象地。さまざまな地質がある中で、第三紀泥流層がオンコセルカ症を伝搬するブユの発生に適することが、調査からわかった。

流部の小さな流れは、谷のパターンから選別できた。こうした一連の地理学的解析によって対策準備が一挙に進んだだけでなく、もうこれ以上の努力は不要という目安も得て、プロジェクトは無間地獄から救われた。

対象地区の一角に、ロス・ラバデロス（洗濯場の意味）と呼ばれる、わずか三平方キロメートルの細い谷がある。噴煙を上げ続けるパカヤ火山に蓄えられた水がこの谷の側面から湧き出し、大量のブユを発生させる。近くの町から洗濯に来た女性たちの顔や腕にたかったブユの腹は、赤い風船のように脹らんでいる。洗濯物を押さえている左腕の刺し痕を数えさせてもらうと、一人当たり一〇〇カ所を超えた。

ブユの密度が極度に高いこの谷で、一九七九年三月、最初の対策を試みた。殺虫剤散布の組織、訓練、指揮、監督などの運営方法については、私たちのカウンターパート機関である「国家マラリア撲滅組織」（スペイン語でServicio Nacional de Erradicación de la Malaria）の経験を参考にした。戦後まもない五〇年代初頭、世界保健機関（ＷＨＯ）*の指導で熱帯各国の保健省が設置したこの組織は、銃の代わりに殺虫剤散布器をかついだ軍隊のようなもので、その一挙手一投足はまことに無駄がない。人員は班、小隊、中隊といった単位に編成され、命令と報告の系統が明確だ。国の隅々に出かけて田舎家に殺虫剤を撒くためには、誰からも信頼されねばならず、そのために服装、姿勢、話し方などを厳しく仕込まれる。古参の人たちはこの特殊な組織で働いていることに誇りを持っている。その報告書やマニュアルを読み、現場を視察するにつれて、私も彼らの客分として遇されることを誇らしく思うようになった。それにしても、「専門家」として日本からやって来た自分たちが、この分野について何と無知だったことか。

「彼を知り、己を知らば、百戦あやうからず」とは『孫子』に出てくる名句だが、これをオンコセルカ症対策に当てはめるなら、ブユの分布解析は「彼」を知るための方法、国家マラリア撲滅組織についての学習は対策の主体である「己」を知るための作業だといえる。

全国に展開する壮大なマラリア対策から見れば、ロス・ラバデロス谷のブユ防除はほんのママゴトにすぎないが、実験的散布のあと幼虫がまったく姿を消し、カワゲラやカゲロウなどの水性昆虫に影響が見られなかったのには感動した。ヒトを刺しにくるブユの数は着実に落ち続け、四カ月後にはほとんど採集されなくなり、二キロメートル先にある別の発生源から成虫が飛んできた様子もなかった。私の担当だった成虫飛翔距離の調査を放ったらかして、幼虫の分布調査に専念したのは正解だった。

＊**世界保健機関**（ＷＨＯ＝World Health Organization）　健康を人間の基本的人権の一つとしてとらえ、その達成を目的として一九四八年に設立された国連の専門機関の一つ。病気の撲滅のための研究や適正な医療と医薬品の普及だけでなく、基本的人間ニーズ（ＢＨＮ、一一三頁注参照）の達成や健康な生活習慣の推進などの活動を行っている。

もっとも私は、その結果を見届けることなく、二年の任期満了をもってお払い箱となった。命令違反のほかにもかずかずの若気の過ちが祟り、「トラブルメーカー」の烙印を押されて追放されたのだ。

傷心の帰国に追い討ちをかけるように、劇症肝炎で三カ月の入院。その後も妻の実家で療養に努めながら自分を見つめ直していた。まっすぐ歩けないほど体力が落ちると、精神力も当てにならない。自分の弱さ、愚かさ、傲慢の罰は骨身にこたえたが、やがて気力の充実とともに、国際技術協力こそ自分の天職だと確信するようになった。日本人中心の「研究」とグアテマラ人中心の「対策」を有機的につないだのは、誰が何と言おうと私の手柄だ。

ロス・ラバデロス谷の洗濯場。定期的な殺虫剤の散布で、女性たちはブユに刺されなくなった。

おおよそ一年にわたる療養のあと大学院に戻り、今度は博士論文を書くために悪戦苦闘した。テーマは地質、地形、水文とブユ分布との関係について。自分では実証済みのつもりだったが、対策用に集めたデータは論文の裏付けとして十分でなかった。応用昆虫学の論文なのに虫のデータがほとんどなく、もっぱら岩や水の議論だったことも、審査で問題になった。私にすれば、虫を減らすために役立つ知識はすべて応用昆虫学の範疇だと思うのだが。

医学と動物学を組み合わせた「医動物学」が一九世紀後半ヨーロッパで帝国主義の拡大とともに誕生した時、本家の学者たちはこの新領域を「素人の雑学」と相手にしなかったそうだ。しかし高速帆船でインドからイギリスへ茶を運ぶ海運業者たちは、熱帯病による船員損失、商品価値下落を防ぐために、この新しい学問に投資した。「学際」とは、既製の寸法で裁断された学問の端切れを縫い合わせた、パッチワークのようなものかもしれないが、そこには独自の価値と面白さがある。

一九八一年、プロジェクトの第二フェーズが始まり、何とか学位を手にした私は、グアテマラに戻ることになった。以後三年半かけてプロジェクト地区全域にブユ防除を拡大し、飛び石状の他の流行地についても、患者のデータを整理し、ブユの発生源を調べ上げた。鈴木猛リーダーの厳しい指導のもと、博士論文も書き直して専門誌に載せることができた。

一九八四年にＪＩＣＡが引き揚げたあと、グアテマラではマラリア撲滅機関の縮小と組合活動の激化で、ブユ防除の活動は衰退したが、プロジェクトの知見の一部、特にブユと患者の分布は、アメリカのＮＧＯ「グローバル　二〇〇〇」に引き継がれ、治療薬の導入により中南米のオンコセルカ症は根絶に向かっている。

❖国連、ＮＧＯ、果ては失業

一九八一年にグアテマラで開かれたＪＩＣＡプロジェクトの中間報告会に、ＷＨＯの西アフリカオンコセルカ症対策計画（ＯＣＰ＝Onchocerciasis Control Programme）から医昆虫学チーフが参加したことが縁で、八五年から四年間、私はＷＨＯ専門家として西アフリカのブルキナファソとトーゴで働くことになった。ＯＣＰは公衆衛生の教科書などにもしばしば取り上げられる成功例で、情報システムを駆使した組織力と機動力が素晴らしく、また技術的な問題が生じるたびに「応用研究」を組み込む点でも優れていた。

国際機関ではさまざまな国籍の人と働く面白さがある。「国際ルール」を身に付け、ドルで給料をもらうと、何だか偉くなったような気がして、醜いアヒルの子もやっと白鳥になれたか、と内心得意だった。しかしＷＨＯ勤務も四年目になると、グアテマラで体験した「二国間」協力の緊張が懐かしい。ＷＨＯ本部で働かないか、という声もかかったが、ジュネーブのひやっとした空気や、コンピュータとコピー機が幅を利かせるオフィスの雰囲気になじめず、あっさり断ってしまった。
代わりに就職したのが、日本にあるＮＧＯの事務局長という役だが、これは見事にしくじった。現場監督としての成功体験が組織経営にも通用すると思ったのが甘かった。プロジェクトの戦略も立たないうちに、集めた寄付金は自分の給料などでなくなり、挫折と自責の念から自殺を考えるようになっていた。危険を察知した妻と母に両脇を抱えられて、私は精神科の門をくぐり、開放病棟でしばらく静養することになった。
国際協力のフリーランサーは芸能人と似ている。若い頃アイドルとして売れても、所詮は消耗品の一人にすぎない。容姿体力が衰える前に大人の渋い芸を開拓しなければ先はないのだ。三三歳の肝炎に続く四四歳のうつ病で、私は体力任せの無理をようやく悟った。肉体が衰える分、知恵と思いやりとユーモアを養わねばなるまい。

Stronger by weakness, wiser men become.
人間というものは、弱くなってさらに強くなり。

エドムンド・ウォラーの詩「老齢」*の一行が、慰めと希望を与えてくれた。

❖蚊の目で見たアフリカの都市

一九九一年にJICAの国際協力専門員に採用され、九三年からマラリア専門家としてタンザニアに赴任した。屋内殺虫剤散布を中心に八八年から続いているJICAの「都市マラリア対策計画」を、より持続的な方法に切り替えることが課題だ。

今度の敵はハマダラカ（学名 *Anopheles gambiae* のグループ）。アフリカの田舎ではおおよそどんな水にでも湧くタフな奴だが、調べてみると、都会の中心では人を刺す蚊の一パーセントにも満たないことがわかった。都市は排水や埋め立てで地表水が制限されるだけでなく、残った水も家庭排水などで汚れに汚れて、イエカははびこるが、ハマダラカは棲めなくなる。学童の血液を調べても、都会の真ん中ではマラリア患者が極めて少ないことが確認された。

都市化で追い詰められたハマダラカのアジトを探し出して、止めを刺す。それが「都市マラリア対策」の基本戦略だと私は考えた。それにはまず都市の地理について知らねばならない。一般の地形図では細かな土地利用を把握し切れないが、幸いダルエスサラーム市の航空写真が入手できると知って、私は印画紙と現像液を日本から持ち込み、測量局で現像してもらった。できあがった一六〇枚の航空写真を立体視できるよう、隣り合った写真を二枚ずつ並べて特殊な双眼鏡（立体視鏡）で覗くと、台地や樹木や建物がせり上がって見える。私は水溜りだけでなく、地表の窪みも一つずつマークした。数えると全部で一〇〇〇カ所を超えた。

＊エドムンド・ウォラーの詩「老齢」『イギリス名詩選』所載、平井正穂編、岩波文庫、一九九一年。

もし自分がハマダラカならどこに卵を産むか、幼虫（ボウフラ）となってどう生き延び、あるいは、あえなく若死にするか。そんなことを考えながら航空写真を手に町を歩き続けた。行ってみると石切り場だったり、乾いた草地の窪みだったり、多くは無駄足だったが、こうして白をつぶしていく消去法の大切さはグアテマラで体験済みだ。残念だったのは、タンザニア人の同僚を誘っても付いて来ないことだった。彼らは給料が安いので副業のために体力を温存し、特別に手当てを出さない限り現場に出ないのだと、あとになって知った。

ハマダラカが潜むアジトの筆頭は、サツマイモ畑だった。港町ダルエスサラームは低湿地が多く、住民は高さ五〇センチほどの畝《うね》を立て、塩害に強いサツマイモを植える。畝と畝の間に滲み出た水が、塩にも強いハマダラカの亜種にはうってつけなのだ。一メートル間隔で平行に並ぶ畝のパターンは航空写真で容易に判別でき、官舎や兵営など比較的ゆとりのある土地に集中していることもわかった。その他、古い塩田や、建設用に砂を掘ったあとの穴も、重要な発生源である。反対に、高台にある高級住宅地と、低湿だが水質汚染の激しいスラムは、どちらもハマダラカには無縁だった。

東アフリカの代表的な港町ダルエスサラームで、マラリア蚊の発生にもっとも適した環境は、サツマイモ栽培のために立てた畝の間の湧水だった。（写真提供：M. サットラー氏）

航空写真から、低湿地に排水溝がめぐらされていることも読み取れた。「都市マラリア対策」の概念

タンガ市にある農業高校の近くにある湿地。地下水位が高いが、排水溝はすっかり泥で埋まり、牛の歩いた跡に水が溜まってハマダラカの幼虫、蛹がはびこっていた。

は植民地時代、都市に住む白人支配者とその家族をマラリアからどう守るか、という関心から生まれ、都市やその周辺の湿地を排水することは、当時もっとも効果的な対策法だった。排水溝の断面はV字形で、底近くに隙間があり、地下水を集めて流し出すようになっている。こうして地下水のレベルを溝の深さだけ下げれば、地表は常に乾いてハマダラカは発生できない。だがタンザニアでは独立後、植民地時代の遺産である排水溝は放置されて泥が溜まり、生き返った湿地はハマダラカの天国となっている。

ケニアとの国境に近い北の港町タンガ市で、理数科教師として勤めていたある青年海外協力隊員が、自分の住む教員宿舎でハマダラカを見たと教えてくれた。二人で調べてみると、キャンパスのある丘を下ったところに九ヘクタールほどの湿地があり、牛の群れが通ってできた無数の蹄《ひづめ》の跡には、ハマダラカの幼虫や蛹《さなぎ》が浮いていた。排水溝はすっかり泥で埋まっているが、薮の茂り方でその位置が読み取れる。

キャンパスに戻ってこのことを校長に報告すると、なるほどそうでしたか、じつは毎年寄宿生の二〜三人が高熱を出して死ぬので困っていたんです、との返事だ。それがマラリアだとは断定できないが、とにかく現場を見たいというのでさっそく案内すると、

「なんだ、こんなの簡単に掘れちゃうよ。うちは農業高校だから、実習の一環として生徒を動員しましょう、何百

タンガ市にある農業高校の生徒が、キャンパスの近くにある排水溝を掘り出している。（写真提供：其田益成氏）

人必要ですか」

と、校長は大きく出た。

溝掘り実習の朝八時、予定の時刻きっかりに、スコップやツルハシをかついだ生徒一〇〇人が一列縦隊で粛々と丘を降りてくる様子は、スペクタクル映画を見るようだった。生徒は棒杭で区切られた二メートルごとの区間に分かれ、一斉に作業にかかった。農家に育った子は腰つきでわかる。スコップの扱いがうまい上、すばやく土を読み、軽くて浅いところを選ぶので、二時間ほどでノルマを果たしてしまう。都会育ちの子は慣れぬ手つきで重い粘土と五時間以上格闘していた。

半世紀前の衛生工学技術の粋が地上に現れるのを、私は賛嘆の思いで眺めていた。排水溝の底近くに開けられたスリットから、はやくも地下水が滲み出し、ゆっくり流れ始める。それは熱帯の川や池では

泥が除かれると排水溝の底から地下水が流れ出した。湿地は数日のうちに乾き、ハマダラカは発生できなくなった。

見ることの稀な、無色透明の水だった。翌日再び訪ねてみると、昨日までのぬかるみがまるで嘘のように乾き、もはや粘土に長靴を取られることもない。ボウフラは湿地が乾き切る前に、アリに食い尽くされていた。この作業のためにＪＩＣＡが提供したのは、昼食用のヤギ二頭、コメ二袋、清涼飲料水、茶、砂糖など、計四万円程度だ。同じ効果を殺虫剤で出そうとすると、人件費も含めてその何百倍もの費用がかかる。「都市マラリア対策」にはまず排水溝を整備すべし、というのが私の得た結論だった。

こんな当たり前のことがなぜ見過ごされてきたのだろうか。私は改めて研究と対策のちぐはぐを思った。日本なら中学・高校の生物部や、町の素人科学者が、こうした泥臭い仕事を引き受けてくれるのだが、アフリカではその層が皆無に近い。現場には欧米の研究者が次々調査に来るし、彼らに育てられた優秀な現地人研究者も大勢いる。だが研究にはファッションがあり、半世紀前の技術の蒸し返しでは、業績として見栄えがしないのだ。

マラリア患者検出のための血液検査法を改善するために、約一〇〇台の顕微鏡を供与したあと、その活用状況を知るためにタンザニア全国を巡回したことがある。ある現場で、目が疲れて仕方がないという苦情を耳にした。調べてみると、顕微鏡のステージを止めるねじが緩んでいて、表を車が通るたびに視野が揺れるのだとわかった。いつも腰に付けているケースからアーミー・ナイフを取り出し、十字ドライバーでねじを締めてみせると、検査技師は尊敬の眼差しで言った。

「先生はいったいどこで顕微鏡修繕の研修を受けられたのですか」

これがこの国の悲しさだ、と思った。ごく日常的な技術を定着させようにも、たとえば子どもの頃に手芸・工作に親しんだ層があまりに薄く、技術はすべて外国で教わってくるものと思い込んでいる。だから排水溝のような身近な資源をうっかり見過ごしてしまうのだ。

プロジェクトがなまじ成功すると、「あとは現地の自助努力に任せましょう」と、一切の支援が打ち切られることがある。現場の私たちにすれば、自助努力どころか「自助体力」すらない幼子を置き去りにするようで、何とも切ない。せめて里子に出したいが、どなたか引き取ってくれませんかと、私は英語でまとめた報告書を手に、他の援助機関や研究機関を歴訪した。結局その場で里親を得ることはできなかったが、私のレポートはやがてイギリスで教材として使われ、アメリカで論文に書き直され、スイスによって追試された。途上国の貧困対策に役立つなら、どの国の手柄になろうと構わないつもりでいたが、幸い二〇〇四年から二〇〇七年にかけてＪＩＣＡの「包括的マラリアプロジェクト」として、過去の経験が生かされることになった。

一九九三年にマラリア対策という難しい課題を引き受けた時、私は日露戦争の教訓を生かそうと思った。その心は三つある。(一) 大勝を望めないならせめて負け戦にならぬ工夫をする、(二) (日本海海戦のような) 際立った戦術でアピールする、(三) 第三国や国際機関と連携して、二国間では得られない情報網を確保する (日英同盟の効用)。四年近い仕事を顧みて、この戦略は正しかったと思う。

❖保健分野に文科系人材を生かす

発見者であるブラジル人のカルロス・シャーガス博士にちなんで命名されたシャーガス病は、中南米に特有の病気で、原虫の一種（学名 *Trypanosoma cruzi*）に神経を侵された患者の心臓は、本人が自覚しないうちに肥大し、致命的な心不全の原因となる。媒介するサシガメ（吸血性のカメムシ。外来種＝学名 *Rhodnius prolixus* と在来種＝学名 *Triatoma dimidiata* の二種がある）は泥壁のひびや、草葺屋根に潜み、夜な夜な吸血する。田舎の貧しい人たちだけが犠牲になるこの「静かなる死病」に、行政もマスコミも関心が低い。

薬による治療は難しいが、殺虫剤を家の内壁に散布してサシガメを殺す方法で、シャーガス病の感染を中断できることが、一九九〇年代初めに南米で実証された。この対策法を中米各国にも適用しようという機運が、九七年、米州保健機関（ＰＡＨＯ）*の主導で生まれた。その会議のホスト国となったグアテマラでは、九一年からのＪＩＣＡの熱帯病研究プロジェクトでサシガメの分布がわかり始め、殺虫剤の効力も確かめられていた。中米のリーダーを自認するグアテマラ政府は、さっそく対策に移りたいが、ついては殺虫剤、車両などを買いたいと、九八年、日本政府に無償資金協力を要請してきた。この要請を検討し、有効な協力方法を提言するために、私は何度か現地に出かけることになった。

蚊に比べて図体のでかいサシガメは成長に何カ月もかかり、たった一回の殺虫剤散布でも当分立ち直れないほどのダメージを受ける。かつて私が惚れ込んだ国家マラリア撲滅組織が顕在だったなら、その

＊**米州保健機関**（ＰＡＨＯ＝Pan American Health Organization）　世界保健機関（ＷＨＯ）の一支部であるが、設立は一九〇二年で、戦後に生まれたＷＨＯより半世紀古く、むしろＷＨＯの原型を作ったといえる。パナマ運河開削に伴い南米の熱帯病が北米に流入するのを防ぐことが、主な設立目的だった。

駆除は簡単にできただろう。しかし八〇年代から本格化した保健システム改革で、このような「垂直型」組織は解体され、「媒介虫対策班」として地域の保健システムに統合されたものの、機能不全に陥っている。大幅な人員削減を生き延びた人たちも、長年培ってきた経験知が新しい職場で評価されず、意固地になっている。「地方分権化」の行き過ぎで中央からの支援が滞り、現場では新しい技術の習得も難しい。こんな状況で日本から車両や殺虫剤を供与しても、効果的に活用される保証はなかった。

そこで私は、中央と地方の連携強化のための技術協力を提案した。地方の保健管区に青年海外協力隊員を派遣して、サシガメ駆除の計画、データ管理、報告に関わる事務をサポートさせる一方、中央の「シャーガス病対策プログラム」に専門家を一名派遣して、作業方法の標準化や各地方の進捗モニタリングを担当させた。隊員と専門家の人選に当たって、保健・医療、昆虫学などの技術専門性を特に要求せず、むしろマネジメント能力とコミュニケーション能力を重視した。その結果、文科系の出身者が多く採用された。

医師や看護師でないと「医療協力」はできないという考えがまだ根強かったこの当時、文科系人材を感染症対策の「専門家」と呼ぶことには、JICA内でも抵抗があった。*だが医師・看護師による「医療」行為が保健業務のすべてではない。たとえばシャーガス病対策なら、サシガメ駆除のために予算、機材、人員、知識などの資源を組み合わせ、その成果をモニターできるマネジャー（経営者）が必要だ。そのことをかつて私は国家マラリア撲滅組織から学んだ。

とは言え、経営者にも現場技術について最低限の知識が必要となる。そのために私はPAHOの協力を仰いだ。PAHOは南米のシャーガス病対策の技術・経験を中米に導入するために、会議や研修を計画していたので、そのような機会には日本人「専門家」も招いてもらうよう交渉した。PAHOと組むことには政策担保の意図もあった。中南米では政権交代が激しく、二国間協力だけでは前政権との約束が反故にされる危険がある。しかし国際機関が関与している政策なら、簡単に無視できないだろう。

二〇〇〇年一月に専門家一名、四月には協力隊員四名が赴任した。中央の専門家と地方の隊員が連絡を取り合い、それぞれの実務者を補佐する形で、サシガメ防除は具体的に動き出した。地方ごとの実務上の問題に対して、中央の担当者が即座に助言を与え、また四半期ごとのレビュー会議で地方ごとの進捗を競い合わせる。二〇〇二年二月、ＰＡＨＯの評価団員として派遣された中南米の有識者たちは、グアテマラの国家シャーガス病対策計画の急速な進展に驚いていた。なかでも彼らが注目したのは、各県の媒介虫対策班長による進捗報告だ。中学しか出ていない彼らがコンピュータを用いて図や表を示し、胸を張って発表する姿は、新しい時代を感じさせた。もちろんその陰で協力隊員たちが日頃からデータ整理や、発表原稿づくりなどで協力してきたことは皆の目に明らかだ。そこで評価調査団は、近隣諸国もＪＩＣＡの技術協力を誘致するよう提言した。これがＪＩＣＡの中米広域プロジェクト企画に採用され、二〇〇三年にシャーガス病対策プロジェクトは隣国エルサルバドルとホンジュラスに拡大された。専門家は一挙に四人に増え、今度も文科系の人材が中心となった。

＊〜ＪＩＣＡ内でも抵抗があった　「専門家」は本来「エキスパート」（優れた経験知を有し広範囲な問題解決に長けた人）の訳であるが、一般には「スペシャリスト」（特殊な知識や技能を持つ人）の意で用いられるところに、混乱の原因がある。日本で得た経験知だけでは途上国の問題に対応し切れない場合、問題解決のためにジェネラリストを現場に投入して経験知を積ませ、「エキスパート」に育てることも一つの方法だろう。本事例はその実験である。

プロジェクトは生き物で、一つの問題が片付くと、次が頭をもたげる。屋内のサシガメがおおかた駆除できるようになると、次は周囲の林からの再侵入に備えて、住民を巻き込んだ長期的な監視と駆除の仕掛けが必要になった。このような時、メディアや教育などさまざまなバックグラウンドを持つ協力隊員の存在が頼もしい。彼らは各地の状況に合わせて、シャーガス病対策キャンペーン、学校での保健教育、アニメビデオなどの広報教材づくりと、多方面で貢献した。

こうしてプロジェクトが軌道に乗るにつれて、隊員による工夫や発見を専門家が検討し、中米共通の技術論に発展させ、あるいは国や地域に合わせて加工する、といった機会も増えた。媒介虫対策班の役割も直接の作業が減り、住民組織との交渉などに移行する。新たな業務形態に応じて指揮・報告系統、報酬、情報システムなどを見直す必要も生じ、マネジメント専門家の役割はいよいよ重要になった。

自分の子どもとあまり年の違わない隊員や専門家の活躍を見るにつけ、私はかつて未熟だった自分がグアテマラで鍛えられた時のことを思い出す。自身で中米まで出向くことは少なくなったが、インターネットの普及のおかげで遠隔指導ができ、若い彼らが重責に負けず、楽しく学べるよう応援をしてきた。学恩のある人たちに直接恩返しをする代わりに、次の世代に恩恵を施す。つまりこれは相手を代えた「出世払い」なのだ。その気持ちはＰＡＨＯの縁で知り合った世界一流の研究者たちにも伝わり、シャーガス病対策プロジェクトは「エキスパート」を育てる国際道場として知られるようになった。*

❖インドで見せる日本の質

中米シャーガス病対策が動き始めた二〇〇〇年、私はインドにも関わり始めた。五四歳になった私にとって、専門員の任期はあと一〇年あまり。プロジェクト形成から実施まで一貫して関わる機会は一度しかないだろう。最後の花道はインドでと心に決めていた折も折、マディヤ・プラデシュ州（インド中部）でリプロダクティブ・ヘルス＊のプロジェクトを立ち上げる話が回ってきた。リプロダクティブ・ヘルスは自分にとって未知の分野だが、保健システムの目指すところは要するに知識・サービスの流通だと考えれば、媒介虫対策で蓄えた経験知が十分使えるはずだ。

インドでの国際協力は上級者向きだ。実務者は、極度な貧富の差やカースト社会の矛盾に悩み疲れた心で、頭でっかちな官僚のまくし立てる英語にも対抗しなければならない。多くの日本人はこれに辟易して行きたがらないので、プロジェクトリーダーのポストに私が志願すれば、選ばれる可能性は極めて高い。だが念には念を入れて、リーダーにはヒンディー語の素養が必要であることを強調しておいた。

三〇年前、カルカッタ（現、コルカタ）などインドの町でヒンディー語版と英語版ペアーで買い揃えた漫画本を本棚から引っ張り出して読み直し、夜はヒンディー映画音楽を聴きながら床につくようになった。赴任までの期待と不安の日々は、ある意味でもっとも幸せな時期かもしれない。バックパッカーと

＊〜として知られるようになった　二〇〇八年一〇月、ＰＡＨＯの依頼を受けた国際評価団がグアテマラで調査し、外来のサシガメ（学名*R. prolixus*）による感染が中断されたと判断、ＪＩＣＡのこれまでの協力に対して高く評価をした。この評価報告書は同年一一月コスタリカで開催予定の中米シャーガス病対策連絡会で発表され、外来種による感染の中断が国際的に認定される模様。ただし在来種（学名*T. dimidiata*）による森から住居への侵入などの課題はまだ残り、ＪＩＣＡの技術協力が引き続き期待されている。（二〇〇八年一〇月二七日、記）
＊リプロダクティブ・ヘルス　女性の出産・育児に関する意思を尊重し、家族計画や母子保健のサービスを自由に選べる状態を目指す運動をリプロダクティブ・ヘルスと呼んでいる。

して気楽に旅した一九七〇年代初頭から、インドも変わり、私も変わった。途中で飽きたり幻滅したり、打ちのめされたりしないだろうか、などと悩む日もあった。

プロジェクト開始までの五年間で、インドの政策環境も大きく変わった。リプロダクティブ・ヘルスは大型国家計画（National Rural Health Mission, Reproductive and Child Health II）に組み込まれ、主要援助機関の共同出資で巨額の金が動き出した。ＪＩＣＡも出資しろとは言われなかったが、国家計画の枠組みに合わないプロジェクトは一切許さない、と高飛車に言われた。そこで国家計画を仔細に見ると、活動項目が網羅されているだけで、いつ誰がどのように実施するのか、そのためにいかなる条件を整えるべきか、などの実務面が抜けている。私はメニューからいくつか実施可能な部分を選び出し、現場で試行錯誤しながらハウツーを開発する方針で臨んだ。州から与えられた対象地区は五県三七郡、総人口五四〇万人。これを最初からカバーするには知識も人員も足りないので、まずは二県四郡で「小さく始め」、その後「大きく育てる」ことにした。

二〇〇五年九月に赴任して半年のうちに、四人の現地スタッフが集まった。ユニセフ*などで働いた経験のある彼らは、前の職場でできなかった仕事をしたいと意欲満々だ。そこで打ち出したのが「〇から一」作戦。つまり他の開発パートナーが万だ、億だと数や金額を競うのとは一線を画して、質の変化にこだわろうと決めた。

二〇〇六年四月、准看護助産師（ＡＮＭ＝ Auxiliary Nurse Midwife）を対象に「産前ケア」研修を開始した。インドの保健システムの底辺で働くＡＮＭは人数が多く、その一人ひとりの能力が上がれば、サービス全体の質が上がることは明らかだ。ところが事前に州保健省などでヒアリングをしてみると、皆口を揃えて、無駄だからやめろという。これまでの研修ではろくな成果が出ていない。そもそもＡＮＭには学ぶ意欲も能力もないと、否定的な意見ばかりだった。だがその詳細を問い質すと、直接研修を実施した経験はないという。巨大な官僚機構の上層部では、現場についての悲観論が自己増殖することがある。私たちが実際に研修を始めてみると、ＡＮＭの学習意欲は驚くほど高く、研修の効果も顕著だった。

たった六日間の研修でＡＮＭに「〇から一」の変化が起こったのはなぜか。この疑問に対して一人のＡＮＭは、ＪＩＣＡの研修にはザイカ（ヒンディー語で「味」）がある、と嬉しいことを言ってくれた。その「味」の中身について重ねて問うと、実務に沿った実習、退屈させない講義、受講者の声に耳を傾けてくれる講師、などの答えが返ってきた。それまでの研修がいかに権威主義的で無味乾燥だったかが、これでわかる。国家計画の急激な進展で誰もが規模とスピードに追われて邁進するご時勢だから、実務者の立場に立つＪＩＣＡ伝統の味が、ことさら新鮮だったようだ。

研修のあとも、私たちは受講生の職場を巡回して技術の定着を確認し、国家計画資金の活用、職場環境の改善、住民との連携など、さまざまな相談に乗った。そうした経験から打ち出した監督法を、彼らの指導役である上級保健婦（ＬＨＶ＝Lady Health Visitor）に引き継いでもらう。その結果、これまで行わ

＊**ユニセフ**　第二次世界大戦で被災した子どもたちの緊急支援を目的に一九四六年の第一回国連総会で国連国際児童緊急基金（ＵＮＩＣＥＦ＝United Nations International Children's Emergency Fund）として設立された。その後、活動の重点を途上国の子どもたちを対象とした社会開発に移し、国連児童基金（United Nations Children's Fund）と改称されたが、ＵＮＩＣＥＦの略称は世界中の人々に親しまれていたため、そのまま現在でも使われている。一五〇以上の国と地域で、子どものための保健、栄養、水と衛生、教育などの支援事業を行っている。

れてこなかった妊婦検診が着実に実施されるようになった。

一年間の第一フェーズが終わり、四年間の第二フェーズも一年目を終える頃には、二県一三郡のANMとLHV合わせて四〇〇人あまりが、JICA味の信奉者となっていた。しかし同じペースで分娩ケア、産後新生児ケアの研修も続けるとなると、全州はもとより、約束の五県をカバーすることすら覚束ない。ぼちぼち手づくりから大量生産に移行する必要が生じてきた。

JICAプロジェクトの地道な姿勢が、ようやく関係者の注目を引くようになったのを機に、二〇〇七年九月にプロジェクトの英文ホームページを立ち上げた（www.jicamprhp.org）。自慢のナレッジ・サイトの内容は、研修教材・教程の集成、中間管理者向け「〇から一の変化」事例集、専門家向け開発戦略論、政策担当者のヒントとなるプロジェクトの観察など。つまり「小さく始め」た成果を公開し、国や州や県（ディストリクト）に引き取らせて「大きく育て」させよう、との腹である。幸い彼らには国家計画の予算が使い切れないほどあるので、JICAの教材などを増産したいという問い合わせが出てきた。プロジェクトとしては量的な販路拡大だけでなく、買い手に「JICAの味」を覚えさせることが重要だろう。そのためにはサービスの質だけでなく、その成果を測るツールの開発も必要だ。

インドのような大国に対して、小規模な技術協力では投資効果が見えにくい、まるで大海に石を投じるようなものだ、とはよく耳にする。だががんばって同じ石をヒマラヤの頂上まで持ち上げれば、多くの人たちが注目するだろう。ついでにその石を蹴落としてみたら、あるいは大きな雪崩を呼べるかもしれない。つまり指導者層が納得する結果を出せばよいのだ。

二〇〇七年一〇月、プロジェクトの新たな標語を掲げた。

Our Experiments with Optimism
楽観に根ざした実験
これがガンジー自伝の副題、「The Story of My Experiments with Truth（真理を目指しての実験）」のもじりであることは、教育を受けたインド人ならすぐにピンとくる。インドの保健システムを蝕んできたのは「どうせ何をやっても良くなりはしない」と決め付けるシニシズムで、多額の投資がかえってそれに拍車をかけている。私たちはマハトマの勇気と洞察にあやかり、良質なサービスの需要と供給という単純な原理で、シニシズムに対抗しようとしているのだ。

❖際だらけの国で

一九七七年に初めてグアテマラに赴任して以来、三〇年間国際保健に関わってきたことになる。国際協力には学際が必要だと確信し、また学際的実践の場として国際協力の機会を活用してきた。国際と学際と、なぜ私はこれほど「際」が好きなのだろうか。

グアテマラで最初の仕事を終えて日本に戻っていた一九七九年のある日、テレビ番組「セサミ・ストリート」を見ていると、白い手袋をはめた手がパントマイムを始めた。手が「歩いて」出てくると、床の上に独楽が転がっている。手は不思議に思って「頭」をかき、やがてはっと気づいて親指で独楽を回そうとするが、失敗。しばし考えたあと、今度は人差し指と中指で挑戦。独楽を掴むことはできたが、回すことはできない。またしばし考えてからようやく、親指と中指で独楽を回す。手全体で大喜びする画面にCooperationの語が浮かび上がるのを見て、私は思わず膝を打った。なるほど、親指（サム）と他の指（フィンガーズ）では位置と形と機能が違う。だから意味のある「協力」ができるのだ。指が五本あっても同じ向きでは、独楽を回せない。つまりグアテマラの対策オペレーターと日本の研究者とは、互いに異なっていたからこそ、意味のある仕事ができたのだ。

幼い頃から日本の均質社会に違和感を持ち続けてきた私にとって、複数の異なる世界が出会って何かを創り出す「際」こそ、心安らかに棲めるニッチ（生態学的地位）なのだろう。国際技術協力という生業《なりわい》のおかげで、際どい半生をここまで無事に過ごせたのだと思うことがある。そして仕上げにインドに来たことは、宿命だったかもしれない。

言うなれば、インドは「際だらけ」の国だ。国旗を彩るヒンドゥー教のオレンジと、イスラム教の緑、その間に割って入るキリスト教の白と、回り続ける仏教の法輪。町を行き交う人たちの服装も補色がせめぎ合っている。多義多彩なインドに対する私の興味は、二〇年前に始めたスケッチの急な上達にも現れ、それを見たあるインド人が、あなたはきっと前世でインドに暮らしたことがあるに違いない、と言ってくれた。前世のことはいざ知らず、現役最後の時期にインドの役に立てることをしみじみ幸せだと思っている。

第10章　人的資源開発
ボイキン村から始まった国際協力

●原　晃（一九四三年生まれ）

❖父の最期の地で出会った人々

道端で迎えの車が来るのを待っていた。いつのまにかマニワビエの妻、メリーが隣りに立っている。彼女の様子から、名残を惜しんでいるのがわかる。彼女は英語をまったく解さない。これまで一週間、私がこの村で何とか会話できたのは、怪しげな日本語を話すマニワビエと簡単な英語を話す息子のトーマスだけであった。メリーと言葉は交わさないが、心は通じているようだ。

一九七〇（昭和四五）年、ニューギニア島パプア・ニューギニア領（当時はオーストラリアの国連信託委任領、後述）の北海岸にあるボイキンという小さな村に来ていた。父、正夫は私が生まれる数カ月前に出征し、翌四四（昭和一九）年一二月三一日に戦死した。顔を見たこともない父の存在は、仏壇にあった位牌にしかなく、その位牌の裏に「ニューギニア島ボイキンにて戦死」と書いてあった。ボイキンという地名は、ニューギニア島の地図で探しても見つからない謎の地であった。ところが六九年、ある青年が材木船に乗ってニューギニア島に渡り、数カ月滞在したという記事を目にした。私と同様、ニューギニアの戦争で父親を亡くした人だった。その青年の過ごしたという村が、「ボイキン」だった。彼が呼びかけた個人的な、たった七人の墓参団に参加した。しかし私は墓参よりも、父が最後に過ごした地、ボイキンでゆっくり過ごしたいと思い、一行と別れてボイキンに泊めてもらった。

マニワビエは村のドクターボーイである。あとで知ったのだが、医者の足りないニューギニアでは、六カ月くらいの訓練を受けた者を村に配置して、それをドクターボーイと称していた。時々回ってくる医師の指示で村人に薬を与えたり、薬を塗ったり、時には注射までする。その診療所が村で唯一の近代的な建物で、彼の独断であろうが、そこを私に使用させてくれた。

中学生くらいの年齢の少年たち三人が、毎日村を案内してくれた。長老たちは前に来た日本の墓参団が遺骨を収集するのを見ているので、私の父親の名前を聞いて知っている人がいるかどうか調べ、遺骨のありそうな場所を教えてくれた。しかし、私には三人の少年たちと一緒にジャングルの中や海岸を歩き回る方が楽しい。夜、うるさいほどの波の音がする村の一角で、焚き火を囲んでの集まりに加わる。焚き火の周りに思い思いに座った男たち、そして少し離れて女たちと子どもたちがいる。男たちは日本兵が来た時の話や、日本軍が作った学校で勉強した話をする。先生（日本兵）が「気をつけ！」と言って、その意味がわからないでマゴマゴしたという失敗談を笑って聞かせる。

話は笑いながらであったが、村の生活がいかにあの戦争の影響を強く受けたかもわかった。身内に戦争で死んだ人も多くいた。この村は日本軍に協力した（日本軍に支配された）ので、多くの爆撃を受けた。本格的な戦争が始まる前は、日本軍が住民宣撫のために作った学校に入ったり、軍隊式の訓練を受けたりして結構楽しんでいた。しかし、爆撃が始まるとそれどころではなかった。日本軍と一緒に山の中に逃げた。補給路を断たれた日本軍は生きるために山の中で自活する。村には人口に見合った食糧があったのだが、村の人口の何倍もの兵隊（不労人口）が増えた。兵隊たちは食糧を自分たちで作ったが、耕作から収穫までは時間がかかる。村人たちに頼らざるを得なかった。村人に頼って生き延びた軍隊は他の地域とは異なり、地元の人たちに恨まれるようなことはしなかった、否、できなかったのである。それでも村人たちにはイヤな経験も少なくなかったはずである。しかし南の人たちは生来楽天的である。イヤな思い出よりも、楽しい思い出を話してくれる。それを思うと気も休まるが、それだけに彼らに与えた「傷」を思うと心が痛む。ニューギニアにいて救われるのは、兵隊たちが悪いことをしなかったためか、対日感情が悪くないことである。東部ニューギニア島に渡った兵隊は約一五万人で、戦死したのが一三万人以上である。父が所属した一〇〇人以上の中隊で、戦後生きて帰ったのはたったの三人である。いかに厳しい戦争だったかがわかる。

前日、子どもたちが喜んだテープレコーダーに自分たちも歌声を吹き込んで、聞かせて欲しいと大人たちが言い出した。不思議なことに意味もわからない日本の歌を三〇年近く経った今もよく覚えている。しかも、私の聞いたことのない戦時中の歌を。電灯はなく焚き火の明りだけである。頭上には満天の星が輝いている。椰子の葉が星空に影絵のように広がっている。この後、椰子の葉陰の歌謡祭が毎晩続いた。

帰る日の朝、急に迎えの車が来るというメッセージが届いた。マニワビエは畑に行っている。子どもたちは学校に行っていない。昨夜、みんなに「明日帰る」と言ってあるので、「照れくさい別れにならなくてちょうどよいか！」という思いと、物足りなさを感じる複雑な思いであった。よく見ると、メリーは涙ぐんでいた。

❖ボイキン村に残された私の心

ボイキン村の一週間を含め、三週間の旅行から帰ったのは一九七〇年五月のことだった。その前月、大阪で万国博覧会が始まり、日本中、万博一色であった。そんな中での、生まれて初めての海外旅行であった。ボイキンから帰った私には、「戦後は終わった」と言わんばかりの日本中の大はしゃぎが、何か違うという思いであった。当時、私はある私立大学の助手をしていた。東京に帰って、九階の研究室で机に向かっていると、窓から飯田橋の駅が見える。その手前にお堀、そこにはボートを漕いでいる人がいる。しかし思い出されるのはボイキンでのメリーとの別れ、椰子の葉陰の音楽祭、子どもたちと貝を拾ったボイキンの海岸、マニワビエ、トーマス、ドミニカ（トーマスの妹）たち家族であった。

ちょうどその頃、学生運動が盛んになった。六〇年安保は田舎の高校生として過ごし、運動が沈静した時代に大学生生活を送った私は、一九七〇年代、助手として学生の批判を浴びる側に立っていた。戸惑うばかりであった。無責任な学生の姿もあったが、学生たちの言い分はもっともなことが多く、自分はどうしたらよいかと考えさせられる毎日であった。

「マニワビエはどうしているかな？　今頃、椰子の下で焚き火をしながら、近所の人たちとおしゃべりをしているかな？　ドミニカは学校へ行ったかな？」。気が付くと、私の中にニューギニアの村人たちが一緒にいた。この思いは新鮮であった。頭の中では、世界にはいろいろな人がいて、今、この時点で多くの人が生きているのはわかっていた。でも、ボイキン村の人たちは、「この世界で自分と一緒に生きている」という実感を毎日与えてくれた。

私大助手の将来は、それほど明るくはなかった。そんな時、日本で仕事をするよりは、自分があの人たちのために役立つことがあるのではないかという思いが浮かんだ。学生たちが考えていることは重要な問題を含んでいるが、何かピントがずれているようにも思えた。大学にいるよりも、ボイキン村の人たちのためにできることをする方が大切ではないか？　ちょうどその頃、地球上で起こる地震の約一割は日本およびその周辺、同じく約一割はニューギニアで起きているということをある記事で知った。私の専門は建築工学、しかも地震工学であった。そして目に浮かんだのは、地震のことをまったく考えていないニューギニアの建築物であった。当時のニューギニア島は植民地の歴史から東経一四一度を境にして、東側は北半分がオーストラリアの国連信託委任領のニューギニア、南半分がオーストラリア領のパプア、そして西側はインドネシア領のイリアンジャヤ州に分かれていた。＊オーストラリアは東側全体をパプア・ニューギニア（PNG＝Papua New Guinea）として独立させる方針であった（一九七五年、独立）。そしてオーストラリア本国は、地震のほとんど起こらない土地であることもわかった。

地震の記事を見たあと、しばらくもやもやとした気分であった。そしてある朝、「そうだ、PNGで働こう！」と思い立った。オーストラリアに任せておいたら、PNGの建築は地震に耐えられなくなるという気負いがあった。それから求職活動が始まった。ボイキンのあとに訪れたラエというPNGで二番目に大きい町に工科大学があった。工科大学に教員の仕事を求める手紙を書いた。手紙を受け取ったというお座なりの返事は来たものの、何カ月経っても具体的な話にならない。一九七二（昭和四七）年

＊～西側はインドネシア領のイリアンジャヤ州に分かれていた　西側のインドネシア領は、当時イリアンジャヤ州と呼ばれていたが、二〇〇二年にパプア州と改称され、翌年には一部が西イリアンジャヤ州として分離して現在に至っている。しかし、人種的にはメラネシア人が大多数を占め、民族的にはパプア・ニューギニアとほぼ同じ人たちが住んでいる。

のことであった。

❖運命を決定付けた出会い

そこで、一九七二年の夏休みを利用して、ラエ工科大学を訪問した。工学部長に面会し、拙い英語で気持ちを伝えた。地震工学の先進国日本で工学修士を持っていることも訴えた。土木工学科のボイス学科長に紹介され、申請書も提出した。晴れ晴れとした気持ちで、ポートモレスビー（独立後の首都）に行った。そこで私の将来を決定付けることになる二人の日本人に出会ったのである。一人はトランスオーストラリア航空（ＴＡＡ）に勤務する日本人女性、ホワイト幸子さん、もう一人は、国連広報センター所長の小田信昭さんであった。二人にラエでの状況を説明すると、現実はそれほど甘くないと言われた。

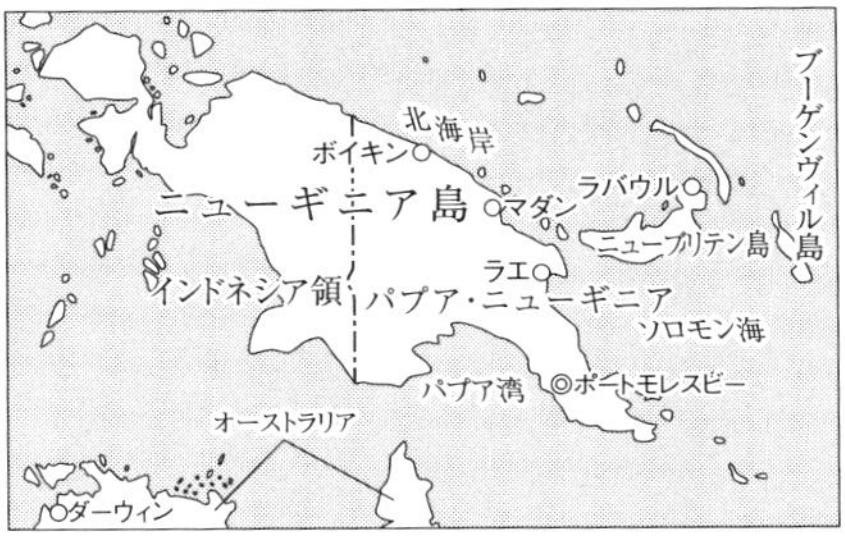

日本に帰って結果を待ったが、二人の言うとおり、なかなか返事が来ない。しかし私の気持ちは決まっていた。ＰＮＧで改めて詳しく見た大学の建物は、重厚であるが、もろい構造であった。あれでは地震が起きると、人身事故が起こる。勝手な思い込みであったが、「自分が働くのはここだ」という思いが募った。しかし返事が来ない。
その年の末、もう一度求職旅行に行くことにした。再会したボイス学科長によると、私の雇用を考えていてくれた工学部長はすでに辞めてしまったとのこと。そこでボイス学科長は公共事業省にエンジニアとして勤務し、英語力が上達してから再度応募したらどうかという提案をしてくれた。そうすればオーストラリア流の仕事のやり方もわかるし、英語も問題なくなっているだろうというもっともな考え

であった。早々、公共事業省に行った。その前年、ボイキンから東に数百キロのマダンでかなり大きな地震が起きて、住民への被害もあった。人口が密集していない地域で、大きな建物もなかったので被害の程度は低かったが、新政府のエンジニアの間では、地震工学への興味が盛り上がっている頃であった。しかし就職にはつながらなかった。

前回の旅で出逢ったホワイトさんは、日本人旅行者、日本企業の人たちの良き相談役だったが、就職の相談は珍しいと言いながら、私の相談にも乗ってくれた。彼女の提案で、建設会社とコンサルタント会社にアタックすることにした。一二月のポートモレスビーは乾季の最中で、ホコリだらけの町であった。やがて所持金も少なくなり、ホテルも段々レベルを落とし、最後には一泊一〇ドルという外国人はほとんどいないゲストハウスに泊まった。ポートモレスビーはオーストラリア郊外の町に似ており、歩くようにはできていない。建物がまばらに建っていて、どこに行くにも遠い。そのホコリだらけの町の中を、職を求めて歩いた。一〇ドルのゲストハウスで正月も迎えた。

❖急転直下の就職

しかし得体の知れない日本人を雇ってくれるところはなかった。帰る日も迫っていた。ホワイトさんに挨拶に行くと、彼女が勤めているＴＡＡのＰＮＧ支社長コンリー氏が会いたがっているという。コンリーさんは、第二次世界大戦中、軍人として東チモールにいた。ある日、ジャングルの中でバッタリと日本兵に出会った。しかし予期せぬ出会いで、敵どうしというよりは、お互い「人」と「人」とで出会ってしまい、戦う気にならず、そのまま別れてしまったという不思議な経験をした人である。戦後、仕事で日本に行く機会があり、日本人が好きになった。ホワイトさんに連れられてコンリーさんに会いに行くと、「PNGで働きたいそうだが、英語を覚えるためにTAAで働かないか?」と言われた。仕事は飛行場の運行係(搭乗受付が主な仕事)であった。英語が問題ならば、航空会社に勤務している間に自然と上達するだろうという思いやりであった。

帰国が二日後に迫っていた。その仕事が面白いかとか、できるかどうか迷っているヒマはなかった。すぐに応募書類に記入して、一カ月後に始まる新入社員の研修に合わせて戻る日も打ち合わせた。その後、やはり前回お世話になった国連広報センターの小田さんに挨拶に行ったところ、今度は、「公共事業省のベスト次官補が大至急会いたいと言っている」との話。その次官補とは、小田夫人から日本語を習っているオーストラリア人であった。ベスト次官補は、「あなたが公共事業省に来た時、誰も自分に紹介してくれなかった。日本人のエンジニアならば何とかしたい」と言う。

一昨日まではまったく先が見えなかった求職旅行であったが、急に明るい兆しが見えた。しかも、二つも。ベストさんには、「先ほどTAAに雇ってもらう約束をしてしまったので、コンリーさんが承知してくれたらお願いしたい」と言って帰った。その足でコンリーさんに会って説明すると、「あなたがニューギニアで働けるようになるためにTAAで雇おうと思ったもので、自分の能力を生かせる道が見つかったのなら、喜んで公共事業省にお送りしたい」とのありがたい話であった。公共事業省への応募書類を提出したのは、帰国する日の朝であった。

しかしベストさんの後押しにもかかわらず、結局、公共事業省に就職することはできなかった。独立直前とはいっても、PNG暫定政府の人事権はオーストラリア政府の管轄下にあった。オーストラリア政府の人事院では、私をエンジニアとして認定できないという。日本の建築学の草創期、関東大震災が起こり、建築学の中に構造力学が含まれるようになった。一方、地震のないイギリスの影響下にあるオーストラリアでは、構造物はすべて土木工学の分野である。つまり建築学科の卒業生である私は、エンジニアではないというものであった。「いずれ人事権もＰＮＧ政府に移管されるので、そうなったら是非、来て欲しい」というメッセージがベストさんから届いた。再度、ホワイトさんに連絡すると、それでもコンリーさんは私を雇ってくれるという。大学を退職して日本をあとにしたのは、一九七三（昭和四八）年四月のことであった。

❖二年越しの想いが叶ったお雇い公務員

一九七三年一〇月一日、ＴＡＡがオーストラリアに引き揚げ、コンリー支社長は新しくできたニューギニア航空の初代社長になった。この頃、私はすでに三〇歳近くになっていたが、私もニューギニア航空に移った。一カ月後の七三年一一月一日、ＰＮＧは自治政府となった。自治政府とは、独立一歩手前の移行期に、外交と軍事以外はすべての権限を持つ暫定政府である。当然、公務員の人事権も新政府に移管されたため、私の経歴でもエンジニアとして雇ってもらえるかもしれない。七三年末、公共事業省にベストさんを訪ねると、「そろそろ来る頃かと思ったよ！」と私の訪問の趣旨を察知していた。今度は比較的スムーズに、ＰＮＧ自治政府の公務員になる話が進んだ。二年越しの思いが叶ったのである。

私の就職は、二人の日本人とその二人と親しかった親日的なオーストラリア人のお陰であった。このうち一人でも欠けていたら、私のＰＮＧ政府お雇い公務員は実現しなかっただろう。人の出会いの不思議さを感じた。特にオーストラリア人にとって日本は、唯一自国を攻めた国である。戦死した人も多い。しかも当時は白豪主義、日本人に対して嫌悪感を隠さない人もいた。*（二七五頁）親日的な二人は珍しい存在だった。

架橋地点調査で川をランドクルーザーで渡る前、必ず人が歩いて水深を確認する。これをしないと、川の真ん中で車がエンストすることがある。

❖道なきところに橋を架ける

一九七四年三月、私のお雇い契約公務員の生活が始まった。私が勤めたのは、日本でいえば建設省に当たる公共事業省の道路橋梁設計部であった。私の専門は建築構造の設計だが、ベストさんは橋の設計技師を必要としていた。橋梁と建物の構造設計の理論は共通している。とはいえ、日本から本を取り寄せて勉強しながらのスタートであった。

ＰＮＧの橋の設計は、ほとんどが新設のための設計である。道路もないジャングルやデルタ地帯を流れる川に橋を作るのである。橋の建設単価は道路に比べて桁違いに高い。しかもデルタ地帯の川は移動しやすい。そのため、まず川幅の狭い、安定した川筋を探して架橋地点を決める。架橋地点が決まると次の川の架橋地点を決め、その間に直線を引き、それが道路になる。ということは、架橋地点を決める段階では、そこに行くための道路がない。航空写真とにらめっこをして、架橋地点の候補地を決める。現地へは道なき道をランドクルーザーで行く。ヘリをチャーターして調べることもした。航空写真で見つけた架橋地点を探して歩く。その後、地質調査のための技術者を引き連れて現場に行く。地質が適当とわかると、測量士と一緒に現場に行って架橋点を決定する。日本軍が何日もかかって渡ったというデルタ地域で、このような調査を行ったこともある。ボイキンの手前の川を渡る橋が、橋梁設計の最後の仕事だったことにも奇縁を感じた。

❖公共事業省期待の星たち

橋の設計を四年あまり続けた一九七七年七月頃、突然、教育・研修担当のジェィコブ・カイリ次官補から技術研修部長にならないかという誘いがあった。次官補の右腕ともいうべきポストである。PNG政府は私が契約公務員になった翌年の七五年に独立した。しかし人材の養成は進んでおらず、多くの重要なポストは外国人が占めていた。ジェイコブ次官補は数少ないPNG人の幹部であった。政府は、次官、次官補などの政策ポストと、労働者を含む下のポストの双方からローカライゼーションを進めていた。

しかし技術の蓄積を必要とする中間および上級技術者の養成は、容易ではなかった。民間企業が育っていないPNGでは、職業訓練校・技術学校を卒業しても実技による経験をなかなか積むことができない状況にあった。ところが公共事業省には、木工、機械、自動車修理、空調、重機、そして土木関係の研修機関があり、また技術的な経験を積む事業が豊富にあった。このため公共事業省は国のインフラ整備と同時に、実務を通して技能者を養成する役割も期待されていた。私が誘われたポストは、これらの

＊（二七三頁）**～嫌悪感を隠さない人もいた**　第二次大戦開始直後、シンガポールを侵攻した日本軍は、オーストラリア北海岸のダーウィン、西海岸のパースを空爆した。当時、人口四〇〇〇人といわれたダーウィンでは二四三人の死者を出した。また、東海岸のシドニー湾に小型潜航艇が来襲、ニューカッスル沖で、医療船のセントールが撃沈されるなどの事件があった。（豪日交流基金ホームページ「オーストラリア発見」より抜粋）

1976年、PNG北海岸地域での架橋地点調査。ポポンデッタという地点で丸太の上を渡らなければならなくなり、不慣れな私は不器用な格好でやっと渡り、PNG人スタッフたちから笑われた。

同左。PNG人スタッフのサリが持っているのはブッシュナイフと呼ばれる大型のナイフ。彼が河原で採って器用にカットしてくれた自生のスイカの味は格別だった。

技術研修機関を管理し、技術者・技能者を育て、技術者のローカライゼーションを進めることが役割だった。エンジニア、測量士、建築家などのプロフェッショナル（大卒）のポストは、まだほとんど外国人が占めていたのである。

私が道路橋梁設計部に入った翌年の一九七五年から、ラエ工科大学の卒業生が少しずつ就職してくるようになった。それまで道路橋梁設計部のエンジニアは東欧、フィリピンなどの外国人、幹部はオーストラリア、ニュージーランド、そしてイギリスのエンジニアによって占められていたが、PNG人のサリは、オーストラリアの大学を卒業してエンジニアの資格を取り、この組織に入ってきた。そしてラエ工科大学を卒業したケビンも現場の経験をしたあと、ここに来た。

サリはニューギニア島の南部、オーストラリアとの間のパプア湾一帯のガルフ州出身であった。ガルフ州は今でも交通の便は良くないが、サリが小さい頃、首都ポートモレスビーに通じる道はなく、帆立船で少なくとも数日はかかるところだった。彼は小学校を卒業すると、オーストラリア政府の奨学金でオーストラリアの中学校に入った。ＰＮＧの独立を進めてきたオーストラリア政府は、将来の行政官を育てるために、子どもの頃からオーストラリアに留学させる方針を取った。独立前後、何人かはサリのような経歴を持っていた。サリのようにＰＮＧでも辺境の地に生まれ、一五歳前後でいきなりオーストラリアの大都市に留学するのである。ただし順調に育った人は少ない。サリの場合は無事、クィーンズランド大学の土木工学科を卒業して故国に帰ってきた。当然、公共事業省期待の星であった。一方のケビンは、一九三〇年代まで文明社会から隔絶していた三〇〇〇〜四〇〇〇メートル級の山が連なる高地の出身である。ＰＮＧは世界で二番目に大きな島ニューギニアの東半分だが、面積は日本よりはるかに大きい。六〇年代、この地にキリスト教のミッションが布教のためにやって来て村に学校を作った。ケビンはそうしたミッション・スクールで近代教育を受けた最初の子どもの一人だった。ラエ工科大学の第二期卒業生で、当然将来を嘱望されて公共事業省に入ってきた。彼らは私よりも一〇歳ほど若く、少し年の離れた兄弟という形である。西欧人のエンジニアよりも私に親近感を覚えたのか、自然と私と一緒に仕事をすることが多くなり、出張を共にすることもあった。すると当然、彼らといろいろな話をすることも多くなり、お互いをよく知るようになった。

❖微妙な立場に立たされて

次官補はサリ、ケビンらの若手エンジニアから私の仕事ぶりを聞いて、私が技術研修部長のポストにふさわしいと思ったらしい。エンジニアが技術的な仕事を離れることには迷いもあったが、そもそもラエ工科大学への勤務を目指していたのだから、その大学の卒業生を訓練するという役割に意義を見出し、誘いを受けることにした。

ローカライゼーションを進めていたPNG政府は、外国人の雇用に際して、その必要性があるかどうか、つまりPNG人で能力のある人がいるかどうかをまず確認する。一方、外国人の契約更新時には、その外国人はPNG人の訓練をしたか、あるいはそのポストを執行できるPNG人がほかにいないかどうかを判断するというステップを課していた。つまり、ローカライゼーションのための訓練を実施すると同時に、ローカライゼーションに向けたステップを踏んでいるかどうかを確認することも、私の役割の一つだったのである。

私の前任者はすべてオーストラリア人であった。見方を変えると、PNG人を訓練するということは、仲間（オーストラリア人はじめ外国人）の契約更新をできにくくすることであった。PNGの外国人技術者の中には、自国に帰っても仕事の内容はともかく、より良い待遇に恵まれる人は少なかった。したがって外国人契約公務員は苦情を言いながらも、契約を延長したいと思う人が多かった。極端にいえば、技術研修部長とは、契約延長の邪魔をするだけのポストである。前任者たちはPNG人を育てるという役割と仲間との板挟みでノイローゼになり、このポストで二年以上続いた人はいなかった。そして私に対しても、外国人の多くは「長くは続かないさ！」と冷たい反応であった。

しかしカイリ次官補の目は高かった。私はこの後七年間、ノイローゼになることもなく、技術研修部門の強化、そして技術系職員の奨学金の確保、技能訓練校および工科大学との連携を深めた。学生の長期休暇中の実務訓練、卒業生のリクルート、入省後のキャリア・訓練計画を作って技術者の育成に努めた。一九八四年、私が契約公務員を辞めた頃には、公共事業省に約一〇〇人の大学卒業生（プロフェッショナル）がいるようになった。中間技術職を含めて五〇〇人ほどいた外国人契約公務員は二〇〇人台になっていた。つまり、十分ではないが技術系人材が着実に育ったわけである。

オーストラリア人には続かなかった仕事が、なぜ私にはできたのか？　それについては後述するように、日本人が西欧社会と途上国社会の間の「中間的存在」として位置付けられている点に負うところが大きい。

❖なかなかなれなかった国際協力専門員

私は一九八四年末、日本に帰国した。あれだけ望んで実現したPNG行であったが、公共事業省でローカライゼーションを担当して外国人公務員の限界を感じ、自らのポストをローカライゼーションしたわけである。さらに途上国の開発に関わる人材養成を担当して、他の途上国でも同様の課題があることを知ったためでもある。国連などの国際公務員の道も模索した。当時、外務省に国際機関人事センターができたが、日本人をサポートする意識はまだ少なく頼りにならなかった。しかし私がPNGにいる間に、日本が大きく変わった。PNG政府公務員になった年にJICAが設立された（一九七四年に国際協力事業団として発足。本書大扉裏参照）。その後、PNGに日本大使館、JICA事務所もでき、日本のODA、JICAの仕事にも関わるようになった。そのうちJICAが国際協力専門員を求めているということも耳に入った。JICA職員の「原さんのような人を求めてできたポストですよ！」というお世辞を真に受けて、国際協力専門員に応募することにした。

しかし、「自分のためにできたようなポスト」に最終選考まで行ったが、不合格であった。理由はいろいろあったと思われるが、それまでJICAの仕事をした経験がなかったことと、専門分野がJICAのニーズに合っていなかったことが大きかった。JICAの支援を受ける側の途上国で積んできた私の経験は貴重ではないかと思ったが、評価してもらえなかった。またその頃、JICAの専門家の多くは省庁およびその関連機関からリクルートされていた。職業訓練分野は労働省（当時）、建築は建設省（当時）からの派遣が多く、「専門員の分野としてはニーズが低い」、といった事情があったらしい。

また同じ頃、PNG政府から公共事業省、教育研修担当次官補のアドバイザーとしてJICA専門家の要請が出されていた。専門員にはなれなかったが、今度はこのポストにJICAから採用されることとなった。お雇い外国人としてPNGでやって来たことと同じようなポストであったが、今度は立場が異なった。JICA専門家は途上国のポストを握るのではなく、組織の外側からアドバイスを与える役割を担っていた。責任を持たない代わりに、予算・人事等の権限も持たない。そのような立場で途上国の人に影響を与えるという仕事は勝手が違った。

専門家としての仕事は、公共事業省の組織全体の人材ニーズに対して、工科大学卒業生の幹部候補生一人ひとりに求められている職能アップのための教育訓練計画を作り、実践することにあった。そのためには幹部候補生の能力評価、お雇い外国人が果たしている訓練の評価も分析する。人は得てして部下の評価に辛い。他方、自分の評価は甘い。上司にとって部下の能力は「まだまだ」に見えるし、部下は「もっと上のポストに就けるのに」と不満に思う。上司と部下の関係がお雇い外国人とPNG人の場合には、複雑な要素が絡み、不満が大きくなる。

解決法として、オーストラリアの官公庁で行われ始めた、開かれた人事評価を採用した。部下（PNG人）に自己評価させ、上司（外国人）に部下の評価をしてもらう。評価の差が少ない時は問題ないが、差が大きい時には二人を呼んで、その違いについて話し合わせる。第三者（自分）が間に入ることによって、冷静にその違いを話し合える。それを一〇〇人近い専門職全員に行う。そして一人ひとりの進路計画を作るのである。このデータを集めると、公共事業省の幹部組織を担う人材の将来計画ができるのである。この計画づくりを二年間実施して、人材養成計画の作り方を提案した。

初めてJICA専門家を経験して、一九八七年秋、今度こそはと、再度、国際協力専門員の試験を受けた。しかし二度目も不合格であった。PNGの求職もそうであったが、そもそもそれ以前、大学の助手になる時も苦労した。他の大学の助手に誘われていたが、尊敬できる母校の教授への憧れから母校に戻りたかった。しかしその母校では新ポストが学年末まで認められず、不安な時を過ごした。決まったのは三月末のことであった。

押しかけ求職はこれが三度目である。専門員になりたい気持ちを簡単には捨てられなかった。これまでの例でもあるように、駄目だと言われるとなおのことファイトが湧く。幸い、JICA関係者の中にPNGでの私の仕事を評価してくれる人もいた。そのような人たちからアドバイスをもらいながら、三度目の受験に備えた。大学で勉強した建築、PNGで経験した職業訓練は、ともに上記の理由により応募分野から外した。PNGでのJICA専門家としての経験から、ある組織を作るための人材養成計画を支援するという観点で、「人的資源開発」の分野で挑戦した。三回目の挑戦で、ようやく合格できた。固い決意が大切なのは言うまでもないが、普段の付き合いからくる「人の輪」にずいぶん助けられた。

❖多様性と広がりを持った仕事

国際協力専門員の辞令をもらったのは、PNGから帰ってほぼ一年後の一九八八年の一〇月一日であった。これで小学校高学年の子ども二人の、父親の職業欄、「無職」の立場から脱却できた。しかし自分が思い描いていたような「人的資源開発」の仕事はあまり来なかった。その代わり、JICAに入ってほかでは得られない珍しい経験をすることになった。その一つが東西冷戦終結直後のポーランドに、九〇年一〇月から足掛け六年間赴任したことだ。このうち三年間は日本大使館の一等書記官として経済協力を担当した。ポーランドは社会主義時代、中東、アフリカに技術協力を実施してきた国である。日本から技術協力を受けるようになるとは思ってもみなかったはずだ。しかしEU（欧州連合）加盟を目指し、社会主義から市場経済へ移行するには、西側の協力が必要だった。私の役割は援助受け入れ機関を相手に、日本からの支援を計画・実施することにあった。残りの三年間はポーランド生産性センターに組織づくりの専門家として派遣され、国営企業経営者を対象にドイツなど西欧諸国の企業視察を企画した。

ポーランドで驚いたのは、建設省から建築資材の値段の決め方を教えて欲しいと言われたり、「わが方には調査する能力は十分ある」とは言っても、彼らの考えにはフィジビリティ調査（FS、三九頁参照）の概念がないとわかった時である。つまり、社会主義経済では、資材の値段は政府によって決められ、あるいは、中央（党）によって決められた計画を実行するのが公務員の役割である。党が決めたことが「実施可能」（Feasible）とされるわけだから、たとえ調査能力があるとしても、FSの概念がないのである。相手ができない、わからないと言う時は、彼らの能力の問題以前に、歴史、文化、ひいては制度も考慮するとその理由を理解できることがあった。目の前で起きている現象の背後には何があるのか、そこに思い巡らすことが大切だ。これはPNGでの経験から学んだことだが、その応用がここでもできたというわけだ。

このほか、南太平洋のサモアのような平和な国で一九九八年から四年間、国立大学学長顧問を務めたり、その後、紛争直後の国（スーダン、アフガニスタン、エリトリア、ルワンダなど）に対する復興支援も担当した。また、中米における日米共同開発プロジェクトの実施のため、アメリカ国際開発庁（USAI

D）*中米地域事務所にも出向した。「日・タイ」パートナーシップの調査にも加わったが、これは経済開発が進んだタイが、文化的な共通点を持ち発展の度合いも近い周辺諸国への支援を日本と一緒に行うというものであった。それ以外に短期派遣を加えると、南米地域を除くほとんどの途上国地域に行ったことになる。
このように私の場合は、ＰＮＧで培った建築、職業訓練の専門分野をキャリアの基礎とし、ＪＩＣＡでは「人的資源開発」から「復興支援」まで幅広い分野を手がけることになった。対象地域もＰＮＧのような途上国からポーランドのような移行経済体制の国、アフガニスタンのような紛争直後の国まで、世界各地のさまざまな事情を抱える国々へと広がった。そしてその協力内容によって、大使館勤務、専門家、アメリカの政府機関への出向など、さまざまな形での派遣を経験した。ＰＮＧで始まった私のキャリアが、これほどまでに多様な広がりを持つとは思いもしなかったことである。途上国の発展の度合い、そして必要とされる協力の課題は国によって異なる。したがって、国際協力の仕事も国の状況に

＊アメリカ国際開発庁（ＵＳＡＩＤ＝The United Staes Agency for International Development）　ＵＳＡＩＤはＪＩＣＡ同様、主要先進国の政府開発援助実施機関の一つである。しかしＪＩＣＡと違って、国務省（日本の外務省に当たる）の一部局として位置付けられている。現地では普通、大使館の中に事務所があり、幹部職員は外交旅券を所持している。援助額の大きな国になると、大使館とは別に大きな事務所を持っている。筆者が赴任したＵＳＡＩＤ中米地域事務所はグアテマラにあり、当地の日本大使館と同じくらいの大きさの事務所であった。また、このような事務所の所長は政治的な任命（Political Appointee）であることが多く、当時の中米地域事務所長は先代のブッシュ（父）大統領の選挙参謀を務めた女性で、政権中枢に顔の利く人物であった。

よって異なり、幅広くなる。途上国で働く専門家には、そのような多様な状況に対応できる能力が求められているのである。

❖ＰＮＧで学んだ国際協力の技

途上国における人づくりの重要性を知らされたのは、ＰＮＧでの経験からで、また、それを実践するための極意を得たのもＰＮＧでの経験が大きかった。ＰＮＧは私にとって、国際協力で働くための重要な術を教えてくれる生きた学校であった。まず何よりも大切なのは、コミュニケーションの手段である英語の習得だ。しかし途上国で使われる英語は、英米で使われる英語とは異なることが多い。母語ではない人の英語は、発音がそれぞれの国によって異なるだけでなく、文法まで違うことがある。ＪＩＣＡが活動する国には、国連職員（多くは途上国出身）、それに非英語圏を含むいろいろな人がいるので、多種多様な英語と出会うことになる。ＰＮＧ政府の場合はイギリス連邦のオーストラリア、ニュージーランド、インド、カナダ、アフリカ諸国のみならず、ドイツ、イタリア、アメリカ、フィリピン等からもリクルートしていた。ここで私は、いろいろな英語が飛び交う中、米英人と同じような発音をする必要はまったくなく、臆せず自分の英語を話すことの大切さを実感した。

次に気付かされたのは、多くの途上国では旧宗主国のシステムをそのまま引き継いでいるということ。ＰＮＧは、イギリスの、しかも古い形の影響を受けていた。たとえば職業階層制度と、それに強く連動した教育・訓練制度は、まさしくイギリス式であった。日本では大学卒業生でも現場で製図をさせられる。しかしＰＮＧでは製図はドラフトマン（テクニシャン）の仕事であり、大卒のエンジニアは製図はしない。能力があっても、大学を卒業しない限りテクニシャン（日本でいえば、短大、高専卒）はテクニシャンのままという職業階層がある。イギリス式はこのほかファイリングシステム（記録をシステム化して扱う）や労働条件の面など数え切れないほどあるが、このような全体的な物事の進め方に関係するシステムは、たしかに理論的には合理的でも、その国の現状に適合しているか否かは問題とされず、当たり前のように導入されている。しかし途上国の人たちが当たり前と思っているシステム以外に、じつは別の方法もあるのだという説明は、相手に問題のありかを考えてもらう上で説得力がある。途上国への支援を考える場合、西欧のシステムをよく知っていると、存続するシステムの善し悪しは別にして、日本のシステムを参考に別な提案もできる。たとえば、西欧のシステムを採っている途上国の学校では就職指導を行わないが、日本の教育機関のきめ細かな就職指導が注目され始めているという事実もある。

❖技術移転を超えたところで

ローカライゼーションを通じた人材養成計画づくりの経験は、技術移転で何が大切であるかを教えてくれた。技術を伝えればそれで現地の人に取って代わられるかというと、それだけでは不十分である。技術以前の労働倫理、組織への忠誠心、とっさの判断力などの資質が必要になる。それらを総合的に身に付けて、初めて取って代わられるようになる。技術移転は、この総合的な判断によって徐々に責任を持ってもらい、最終的に自立できるようにする作業である。

また自立できるようになった段階で、その能力・意欲が続くかどうか、つまり持続性が問題となる。そのためには途上国の文化、社会、制度を理解し、伝えようとする技術がきちんと機能するよう、その背景にある制度の改善に対する働きかけも必要になる。自動車修理を例に取ると、途上国では故障してから直すことはできても定期点検、つまり故障を事前に少なくすることは疎かになる。と言うのも、車検制度のない社会では、予防的な修理技術を身に付けても評価されないからだ。車検制度導入などのシステム整備をしないと、せっかく身に付けた良い技術・技能も役に立たないし、長続きしない。その技術が生きる社会の環境整備まで配慮する必要がある。

途上国の人は時間を守らないというが、これにはそれなりの事情がある。しかし、時間を守ることは、近代化の上で重要なポイントである。相手の文化を理解しながら、どうやって時間を守ることの意味を伝えるかが重要である。途上国で伝統的な行事を執り行う場合、各自の役割を守り、それに合わせて時間を遵守するという慣行がある。私はそれに注目して、このような慣行を例に挙げながら、時間を守ることの重要性を伝えたことがある。これは人々に受け入れられ、少しずつだが改善が見られた。彼らの経験を例に挙げながら、根気強く働きかけるのは一つの効果的な方法である。

❖日本人としてのアドバンテージ

二年間続かないと言われた技術研修部長のポストを、私はなぜ七年間も務めることができたのであろうか？　サリもケビンもなぜ私に親近感を覚えて近づいてきたのであろうか？　そして、カイリ次官はまったく付き合いのなかった私を、なぜ自分の右腕ともいえるポストに誘ってくれたのであろうか？　それは私の能力が評価されたというより、彼らが西欧人よりも日本人に親しみを感じてくれたからである。肌の色だけでなく、文化的にも、歴史的にも自分たちに近いと感じてくれたからである。

たとえばボイキン村でもよく言われたのは、「日本兵はオーストラリア人と違って、われわれと一緒に食事をした」という好意的なコメントである。日本兵のみならず今の日本人にとっても、一緒にいる人たちと食事を共にするのは当たり前の話である。しかし前述の職業階層制度からくる意識もあって、連合軍の兵士、あるいはオーストラリアの植民地経営者が、一緒に食事をすることは珍しかったに違いない。そのほかに、年長者に対する敬《うやま》い、家族間の絆の強さ、良くも悪くも女性の扱い方、人との接し方など、多くの面で日本人は西欧人とは異なる。距離感からいうと西欧の社会と途上国の社会との間に日本（アジア）の社会があるという構図である。したがって親近感を持ってもらえる。これはアフリカでもそうである。西欧人には威厳がある、と彼らは感じている。しかし私たちには威厳はなくても、親近感を持ってもらえる。一つ間違うと軽く見られることにつながるが、初対面の人との人間関係構築にとって利点であることは間違いない。

技術移転の第一歩は、相手に聞く耳を持たせることである。そのためには信頼関係の醸成が必要であるが、親近感を持ってもらうことで、相手の懐にまず入っていく。その次に説得力で、相手を納得させる。車をはじめ家電製品など、途上国でも日本の技術は信頼されている。この信頼があるからこそ、西欧とは異なる提案が説得力を持つのである。前述したように、日本独特の就職支援が途上国でも注目され始めているのは、その一例である。

❖援助される側のまなざし

ＰＮＧでの経験で一番役立ったのは、援助を受ける側の経験をしたことである。途上国の組織の一員として、責任も権限も持った立場で仕事をした。仕事の一環として、日本を含む先進国からのＯＤＡも使わせてもらった。この経験から、援助する側の人にはなかなかわからない、援助を受ける側の気持ちや事情を、身をもって感じることができた。

ＰＮＧでお雇い外国人の経験があるというと、日本では珍奇な印象を持たれることが多かった。しかし欧米の援助国や国際機関の職員たちは、私のPNG滞在一四年半を評価し、敬意を表してくれた。援助を受けたことがないポーランドのような国への援助の交渉では、デリケートな問題も多かったが、それでもPNGでの経験を生かすことができた。ポーランドは地理的に欧州の中央に位置しているため、「自分たちは、欧州の中心」という意識を持ち、自分の国を中欧と呼んでいる。そのような人たちにとって、親近感があるとはいえ、アジアの辺境にある日本から技術協力を受けるというのは、屈辱的でもある。それゆえポーランド赴任時には、折に触れ、「貴国は今、改革の最中で、経済的に困難な時にあるが、一刻も早く経済を立て直し、日本と一緒に途上国支援に協力できる日を望んでいる」と強調した。もしも私が相手国の信頼を得ることに優れている点があるとしたら、援助を受ける立場に立った経験から来る思いがあるからだろう。

ところで私が思い描いていた「人的資源開発」とは何か？　以前からJICAの標語は、「国づくり、人づくり」であった。国とは、政府、地方政府、学校、病院など、いろいろな組織からなる。途上国ではこれらの組織がうまく機能していない。していないからこそ途上国だともいえる。組織が機能するためには、建物、機材等のハードも大切であるが、人は不可欠である。日本の技術協力は、日本人とカウンターパート間で、技術を移転するということを真摯に行ってきた。それが重要であることはもちろんである。しかし、ある組織が機能するためには、組織全体を見据えた働きかけがなされることも重要である。PNGで私が行ったのは、公共事業省という組織を動かすには組織の中にいろいろな機能が必要であるということから、まず必要な人材について分析し、次に今いる人材の能力を組織のニーズと比較しながら評価し、その足りない部分を強化するという作業であった。私は「国づくり、人づくり」という標語をそのような観点でとらえたかったが、この考え方は当時のJICAではなかなか育たなかった。

しかし近年、ＪＩＣＡはプログラム化*や能力開発（ＣＤ）*などを技術協力の基本方針にしており、徐々にそのような機運が育ちつつあるのを感じている。
父の最期の地を見てみたいという想いで訪れたＰＮＧ。そこでの出会いから私の人生は思いがけない方向に走り出して今日に至った。ボイキン村を最初に訪問して以来三八年もの月日が流れたが、国際協力はその国の人の気持ちに立つことが大切であるという意味で、この村での経験は私の技術協力人生の原点になった。その後の幅広い活動の中で役立ったことはすべてあのボイキンでの経験が元である。ＰＮＧで経験した援助される側にいる人々の「思い」、そして組織全体を通じた人づくりの観点が、どこの国の現場でも生かされたことを確信している。私が思い描いていた方向はそれほど間違っていなかった、そう心から思える今、この世界で生きてきた確かな手応えを感じているところである。それは、「ボイキン村の人たちと、この地球で一緒に過ごしている」ことを実感するところから始まった私の転職であったが、二〇年あまりのＪＩＣＡ国際協力専門員の経験を経て、世界の各地で出会った数え切れないほどの多くの人たちと、今も一緒に生きているという実感を持つことになったからでもある。

***プログラム化**　プログラムを「途上国の特定の中長期的な開発目標の達成を支援するための戦略的枠組み」と考え、複数の協力プロジェクトを有機的に組み合わせてプログラムの目的を達成しようとする考え方。
***能力開発**（ＣＤ＝Capacity Development）　さまざまな開発課題に対応できるよう、個々の人材とその人材から構成される組織に働きかけ、それぞれ本来求められている能力を開発し獲得できるように支援する技術協力の考え方。

第11章 森林開発

森と人の共生を目指して

●増子　博（一九四一年生まれ）

❖ルーツはマタギかお坊さん

私が生まれ、少年期を過ごした地は奥羽山脈の一山村であった。現在は山形県山形市となっているが当時は山寺村といい、山岳信仰の歴史を刻む立石寺《りっしゃくじ》という名所旧跡や奥山寺という山岳景勝地があることで名が知られていた。松尾芭蕉は奥の細道で山寺までわざわざ足を伸ばし、「閑かさや岩にしみ入る蝉の声」の句を詠んだ。

立石寺は八六〇（貞観二）年、清和天皇の命を受けた円仁《えんにん》（後の慈覚大師）によって比叡山天台宗の東北本山とするために開山された。円仁は遣唐使の一員として中国に渡り仏教や文化をわが国に広めた人で、いわば、わが国最初の海外派遣研修員とも言うべき人物であった。大師という仏教界の最高位をいただいた高僧が私のルーツにどの程度関わったのかは定かではないが、信心深い祖母からは円仁和尚の話をよく聞かされ、幼心にも畏敬の念を抱いたことであった。

円仁は、そそり立つ岩山に感嘆して本山とすることを決意し、この地を拠点として狩を生業としていた一族の長、磐司磐三郎に対面したといわれている。磐司は円仁の志と仏教の徳に感銘を受けて開山に快く同意し、今後この地で殺生を一切しないことを誓ったとされている。秋田営林局勤務の時に、「マタギの里」で村おこしをしている同県阿仁町を訪れたことがあった。そこで「阿仁マタギの先祖は南から渡ってきた磐司一族である」という古文書を拝見した。さっそく阿仁営林署員への挨拶で「皆さんと私のルーツは同じである」云々の話をした記憶がある。

冬、山寺五大堂から見た自宅、裏山、奥羽山系。

多分に、自然生態系の重要性や異文化を尊ぶという私の人生観、価値観というものはこのような環境の中から生まれ、育まれてきたような気がする。そして、その後における森林科学分野への関心や地球規模での森林環境の保全活動に携わることになる私の人生に、少なからぬ影響を与えたのではないかと思っている。

❖林野を駆ける森林官を目指して

私が四歳になった時に太平洋戦争は終わった。終戦直後の日本はあらゆる物資が不足し、国民は困窮の生活を余儀なくされていた。それらは、今日、私どもが接している後発開発途上国（ＬＤＣ）*（二九三頁）における経済、生活状態に極めて近いものであった。幸いにも、わが家は農林業をやっていたことから米や野菜など最小限の食糧は確保され、竈《かまど》用の杉の葉や囲炉裏《いろり》用の薪は裏山で容易に手に入れることができた。しかしながら、育ち盛りの子どもの栄養や嗜好を満足させるような食生活にはほど遠く、父は山羊、兎、鶏などの家畜を飼育していた。振り返れば、わが家のこのような生業形態は、その後における途上国での協力技術体系の一つであるアグロフォレストリー（一八一頁注参照）技術であり、子どもながらに家畜の世話や薪集めなどを手伝った記憶がある。

小学校高学年になると経済も年々発展して生活物資も次第に豊かになってきたものの、子どもたちの旺盛な知識欲を満たすような本などは不足していた。その頃に父がわざわざ山形市まで行って買ってくれたのが『伝記・野口英世』であった。清作（英世の幼名）が幼少時に囲炉裏で手に大やけどを負ったがくじけずに一生懸命勉強したこと、念願が叶い海外に渡り世界的な医学研究者となったこと、エクアドルやガーナといった辺境の地で研究に没頭し殉じたこと、などが幼な心に感動的に焼きついた。野口英世は私にとって初めての「尊敬する人」となり、「野口英世のような人になりたい」といった夢を描かせてくれたのであった。

中学時代は暇さえあれば付近の山や川に行き、山菜や魚を取ったりして遊んでいた。高校時代は樹木、野草、動物、昆虫などの多様な森林生態系に興味を持ち、それらの採集や標本づくりに熱中し、裏山の大木に樹上小屋を作って入り浸るなど、自然と自らの共生を体感する時代であった。

そんな少年期があって、将来は山を相手にする職業に就きたいと考えるようになっていた。そこで大学は農学部の林学科（現、森林科学科）がいいということになり、宇都宮大学農学部を選んだ。それは大学の馬術部が強いということと、林学の選択科目として狩猟学とスキー実習があるといった単純な理由からであった。入学してすぐに馬術部とスキー部に入り、狩猟学は三年生の選択科目であったが実習に参加したいために毎年受講した。

乗馬と狩猟は日本ではあまりなじみがないが、国によってはフォレスター（森林官）必須の業務である。国際協力専門員になってからＪＩＣＡの調査団で中央アジアのキルギスに出張した折、森林局から調査用として馬と銃が提供された。団員の誰もがしり込みする中で私は馬で林野を探索し、たまたま飛び上がった雉《きじ》を一発で仕留めた。その夜は現地の森林官たちと雉鍋を囲み、ウオッカの乾杯をかさねながらフォレスター談義に花を咲かせた。

❖日本の森林、北から南まで

一九六四（昭和三九）年、私は運よく国家公務員試験に合格したことから林野庁に就職した。林野庁は農林省（現、農林水産省）の下部機関であって、国有林の経営業務および民有林の経営指導を所管しているところであった。最初の配属先は北海道の旭川営林局管内で、本局や管内の営林署を転々としながら亜寒帯林の自然生態系や森林管理技術を学んだ。とりわけ、ここで実務経験した架線集運材技術*は日本で開発されたユニークな木材生産技術体系であり、途上国における森林保全型の開発にも適している

＊（二九一頁）**後発開発途上国**（ＬＤＣ＝ Least Developed Countries）　国連による開発途上国の所得別分類で、一人当たりの国民総所得が七五〇ドル未満の途上国の中でも特に開発が遅れているとされる国。
＊**架線集運材技術**　森林奥地から木材を集積・運搬する手法の一つで、空中に張ったワイヤーロープに木材を吊り下げ、集材機（動力巻取り装置）を使って運搬するもの。木材運搬のための道路や橋などが不要であることから、林地保全を図りながら低コストで木材搬出ができるというメリットがある。

汎用性の高い技術であった。その後になって、ビルマ（現、ミャンマー）およびタイの政府から日本の機械化された木材生産技術に関する協力要請がなされた折、はからずも関連技術の専門家として派遣されることになったが、ここで修得した実践技術は両国での協力事業に大いに生かされることになった。

その後、本庁勤務などを経て九州南部の営林署に転勤となった。最初の串間営林署では古くからスギやヒノキの植林が行われており、部分林*の件数では全国一を誇っていた。ここでは地域住民参加型による森づくりのノウハウなどを修得した。次に転勤した人吉営林署管内は有名な球磨《くま》林業地にあって、国有林には江戸時代に植林された高齢スギ林や明治時代に植林されたヒノキの美林なども残されており、人工林の生産・販売量では全国でもトップクラスの営林署であった。この営林署では、木材産業としての森林育成技術やマーケティングなどを学んだ。さらに秋田営林局においては、貴重な天然資源となっていた東北のブナ林や秋田天然スギの保全に携わる機会に恵まれた。この時に白神山地のブナ林が森林生態系保護地域に指定されたが、そのことが先鞭となって世界自然遺産への登録が実現した。ここでは特に、自然保護区設定上の多様なプロセスにおける作業手順や問題解決の手法などを経験することができた。

こうして日本各地の国有林において、森林の保全・利用・育成などの多様な森林管理技術を約一五年間にわたって実践し、修得することができた。しかし当時は、これらの技術が、その後における途上国での森林協力事業に役に立つことになるなどとは夢にも思うことはなかった。

❖豪雨がもたらした一大転機

人吉営林署における事件は私の人生の一大転機となるものであった。一九七九（昭和五四）年七月一七日、熊本県球磨地方を未曾有の豪雨が襲い、国有林内で仕事をしていた五人の現場職員の乗ったミニバスが激流の球磨川にのみ込まれ、全員が行方不明になるという大惨事が発生した。営林署長であった私は労働組合からの責任追及やマスコミの取材にさらされることになり、それらは新聞・テレビで全国的に生々しく報道された。私は災害対策本部長として大規模な捜索隊を編成・指揮し、現場から八代港までの五〇数キロにわたる球磨川の捜索を数カ月にわたって展開させた。残念ながら、三名が遺体で発見されたものの二名はついに発見されることはなかった。

捜索を何とか終了させて通常事業の再開にこぎつけた時点で、「災害は天災であると考えるが、関係者へ多大なご迷惑をかけたのだから組織の長としてのけじめをつけたい」として、私は辞職の意向を上部に伝えた。これに対して、「これから裁判が始まるだろうから署長の引責と受け取られるような対応は困る」といって辞職は慰留された。「人吉営林署土石流災害」は一〇年に

人吉営林署の植樹祭で挨拶する筆者。

＊部分林　江戸時代中期に九州南部の藩が導入した林業政策である。藩所有の林地に地域住民が植林を行い、伐採時に木材販売代金を藩と住民が分収するというもので、藩の財政再建と住民の生活向上に大いに成果を上げた。以降、この制度は日本型の効率的な緑化推進手法として近年まで実施されてきた。また、この手法は途上国における住民参加型の森林技術協力にも活用されている。

ビルマにて、ベンガル湾海岸の子どもたちと。

わたる裁判の結果、この種の判決では極めて異例な「災害は天災によるもの」として国側全面勝訴の最終判断がなされた。

その後しばらくして、「途上国で海外林業協力に従事する制度があり、ビルマへの専門家の話があるがどうか」という打診があった。林野庁も海外への協力を推進していたことは承知していたが、その時までは特段の関心は持っていなかった。この事件の身の処し方で悩んでいたことから、「辞める覚悟なら異国での心機一転に賭けてみたら」という妻のアドバイスがあって、私は海外への転出を決断した。ビルマという国については、中学生の時に見た不朽の名画「ビルマの竪琴」が強烈な印象として残っていた。私は「異国の地で戦友を弔う水島上等兵」の心境になっていた。

❖国際フォレスターへの道程

一九八〇年七月、妻、小学六年の長男、小学四年の長女とともにビルマに向けて日本をあとにした。

ビルマについては、雨季と乾季がはっきりしている暑い国、鎖国制度を取っている独特の社会主義の国、国民は貧しいが敬虔な仏教徒、などの大まかな予備知識は得ていたものの、私たち家族にとっては未知の世界であった。ビルマに滞在した日本人の多くは、厳しい自然環境や不便な生活だったにもかかわらず、いわゆる「ビル・キチ」になるといわれていた。それは、ビルマ人は敬虔な仏教徒からくる清貧さに加えて、誠実で礼儀正しく義理と人情に厚いという、近頃の日本人が失いかけている伝統的な美徳を持ち合わせていることによるものであった。

プロジェクトの運転手は、「子どもの頃に日本の兵隊が村を襲い、食糧を盗むなどの悪いことをした。しかし、戦争がそうさせたのであって日本人を恨む気持ちはない」と語ってくれた。また、プロジェクト終了二〇年後には、当時のカウンターパートたちから日本人専門家および家族全員に招待状が届き、「二〇年ぶりの同窓会」がミャンマーで開催された。

私の初めての国際技術協力体験はこのような人々との出会いであったことから、「こういう仕事もあったのか」といった新たな職業人生観を惹起させることになった。このビルマでの経験が、「後半の人生を途上国での森林の保全と開発に身を置きたい」というグローバルなロマンを抱かせてくれたのであった。

ビルマでの二年間の協力事業を終えて元の職場であった林野庁に戻った時、タイ政府から同様な技術移転についての協力要請があり、その調査団メンバーとして参加した。調査団長は当時ＪＩＣＡ林業水産開発部長であった渡辺桂氏で、氏は国連食糧農業機関（ＦＡＯ）*に長く勤務した実績から語学力や現

***国連食糧農業機関**（ＦＡＯ＝Food and Agriculture Organization）　人々が健全で活発な活動を送るために十分な量・質の食糧への定期的アクセスを確保し、すべての人々の食糧安全保障を達成する目的で、一九四五年一〇月発効したＦＡＯ憲章に基づいて成立した国連専門機関の一つ。世界中の食糧・農作物・漁獲高を増やし、分配を改善して、栄養水準・生活水準を引き上げるために、情報の収集・分析・提供と政策提言を行っている。本部はイタリアのローマに置かれており、一八三カ国とＥＵが加盟している。日本は五一年に加盟。

場経験に長けた方で、私のもっとも尊敬する「国際フォレスター」であった。「この案件は森林の保全と開発の調和というデリケートな問題があるので、ビルマでの経験者である君にやって欲しい」という渡辺部長の強い薦めがあって、私は「タイ・木材生産訓練プロジェクト」のリーダーとして派遣されることになった。

ＪＩＣＡ専門家としてタイで三年間勤務し林野庁に復帰したが、数年後に「フィリピン・パンタバンガン林業開発プロジェクト」のリーダーとしての派遣要請があった。当プロジェクトはＪＩＣＡの最初で最大の森林プロジェクトであったが、プロジェクト開始からすでに一四年が経過しており、早期に持続可能な体制を確立してプロジェクトを終了させる必要があった。私はこの重大な特命を受けて七代目のプロジェクトリーダーとしてフィリピンに赴いた。このプロジェクトではあとで述べるような多様な困難に直面したものの、何とか特命を果たすことができた。

フィリピンから帰国してまもなく、「ケニア・社会林業プロジェクトのリーダーの交代要員がいない」ということで私に白羽の矢が飛んできた。「アフリカの赤道直下の国」というイメージからくる親族の反対もあって返答を躊躇していたが、前述の渡辺氏から「君も国際協力専門員になって、私が立ち上げたプロジェクトを発展させて欲しい」との強い要請を受けた。渡辺氏はこのプロジェクトの創設者であって、初代リーダーに赴くためＪＩＣＡの部長職を辞して国際協力専門員となった方であった。尊敬する氏からの懇意な勧めがあって、私は後半の職業人生を国際協力活動に身を置くことを決意した。さっそくその年の国際協力専門員試験にチャレンジし、図らずも合格の内示をいただいた。そしてまもなく、国際技術協力のプロフェッショナルとしての自覚と決意を胸に秘め、新たな任地であるケニアに向かった。

私がグローバルな森林開発分野に進路を変更し、国際フォレスターとして充実した職場人生を歩むことができたのは、ひとえに渡辺桂氏からのご指導、ご支援によるものである。氏は二〇〇四年一月に他界されたが、氏の国際協力にかける情熱や現場重点主義に徹した持論は、私の途上国での協力活動に少なからぬ影響と自信を与えてくれたのであった。

❖森と木の文化の国

日本は「森と木の文化の国」といわれてきた。日本列島は国土の三分の二を森林が占めており、樹木の生育に適した気候や土壌などの自然条件に恵まれ、北海道から沖縄に至るまで多様な種類の樹木が分布している。そして、この地に住みついた私たちの先祖は縄文時代から今日に至るまで、これらの多様な森林資源を生活や文化に有効に利用してきた。森林からは狩猟動物や山菜、木の実などを収穫し、樹木からは住居や生活用具の材料や炭・薪などの燃料を生産してきた。以前はどの集落にも鎮守の森という神社を囲む林があって、森の樹木は神聖なものとして信仰の対象とされ、原生の自然が手厚く保護されてきた。森ではリスや鳥、昆虫、樹木、野草などの生物多様性が見られ、集落の子どもたちにとっては遊ぶ場であり自然観察の場でもあった。さらに鎮守の森は火災や強風から集落を守るという防災機

＊社会林業（Social Forestry/Community Forestry）　この言葉は従来の産業的な林業に対比して、一九八〇年代以降になって国際的に広く使われるようになったもので、定義の一つは「農家、村落などの地域社会レベルで、零細農民あるいは土地を持たない者が、自らの手で、自らの生活のために行う植林などの林業活動」である。

能も果たしていた。こういった日本の豊かな森林資源がそこに住む人々との共生によって、日本固有の森と木の文化を育んできたのである。

江戸時代に入って各藩は森林を藩の重要な資源としてとらえ、持続可能な森林資源として利用する必要性から、森林はその機能と用途に応じて区分されるようになった。殿様の狩り、木材生産、水源涵養などの森林は藩直轄の管理として住民の利用を厳しく制限する一方、地域住民が山菜や燃料の採集などに利用できる入会林なども設定された。宮崎の飫肥《おび》藩は住民にスギを植林させ、収穫時に藩と住民で分配する部分林（前述）という森林管理制度を導入した。米沢の上杉鷹山《ようざん》は藩財政と飢饉に対応するためにウルシ、クワ、ハゼなどの換金樹木の植林を住民に奨励した。各藩によるこれらの多様な森林管理の手法は、途上国における住民林業の推進やアグロフォレストリー技術の開発などにも活用できる汎用性を有していたのである。

明治に入って政府は、近代的な森林管理技術の導入のために欧米から多くの学者や技術者を招致した。ドイツからは主として森林管理技術を導入したが、森林の成長に見合った量を収穫していくという法正林の考え方は、今日いわれている「持続可能な森林経営」に通じる概念であった。フランスからは森林法などの制度的技術、オランダからは森林土木技術、イギリスからは製紙技術、アメリカからは蒸気機関車による木材運搬技術など、先進各国から森林・林業に関する広範囲な技術が導入された。日本の技術者や研究者はこれらの技術を貪欲に吸収するとともに、日本の森林や風土に適合するように改良して全国に普及させた。

このように日本の林業は、長く培われた伝統的な森林経営や木材利用の技術をベースに、欧米の近代的技術を加味しながら発展してきた。そして、今日の日本が木材や水資源の安定確保、自然災害の防止に成功しているのは、森林の持つ多様な機能を重視する「緑の国づくり」に向けた官民あげての取り組みの結果によるものであった。これらの政策や手法は、途上国における森林管理技術の開発にとっても大いに参考となり得るものであった。

❖森林破壊が生存を脅かす

途上国の人々の生活条件を表わす開発用語としてＢＨＮがある。これは「基本的人間ニーズ（Basic Human Needs)」の略で、衣・食・住、初等教育、保健医療、生活基盤など、人間が生活していくために最低限必要な分野を意味している。その中でも人間の生存に絶対に不可欠なものといえば食糧・水・燃料であり、これを称してＢＳＮ（Basic Survival Needs)、つまり「生存に必要不可欠な基本的ニーズ」という。後発開発途上国といわれるもっとも貧しいレベルにある国は世界に五〇カ国、そのうちサブ・サハラ・アフリカ（サハラ以南のアフリカ）には三四カ国（いずれも二〇〇五年、国連データ）もある。これらの国では、大半の人々がＢＳＮである食糧・水・燃料の入手すら十分でない状況に置かれている。

サブ・サハラ・アフリカの過半は砂漠・サバンナで代表される乾燥・半乾燥地帯であり、雨量が少なく土地が痩せているなどの厳しい自然条件にある。そこでの住民の主たる生業は、トウモロコシや大豆などの穀物栽培や牛・山羊などの家畜の放牧である。これらの国の家庭燃料の多くは、地方では近くの森から採取した薪を使用し、都市部では地方で生産された炭を使用している。一方、近年のアフリカの人口を見てみると、一九八〇年に四億二〇〇〇万人だったのが、二〇〇〇年には八億五〇〇〇万人と二〇年間でほぼ二倍に増加している。国家の経済が停滞する中での人口の激増は、過剰な農地拡大や放牧を助長することになり、森林の減少や土壌の劣化を加速することにつながっていく。その結果として干ばつが頻繁に発生するなど、住民にとっては食糧・水・薪の調達リスクが一段と拡大していくことになる。

途上国では伝統的に水汲みと薪集めは女性や子どもの仕事とされてきたが、水資源の枯渇や森林の減少によって水と薪の確保は容易でなくなっている。そのことが水汲みと薪集めをしている女性や子どもの大きな負担となり、また汚染された水や煮沸されない生水による下痢などの健康問題を多発させている。さらに、干ばつで穀物が不作の時には住民は食料購入のために炭焼き活動を活発化する傾向にあり、このことが乾燥地における森林破壊の大きな要因ともなっている。

「ケニア・社会林業プロジェクト」では水汲み、薪集めに関する調査を行った。水汲みはほぼ毎日、二〜三キロの道のりを往復しており、水汲み用のロバを持っている家庭は半分程度でしかなく、残りの家庭は二〇リットル入りポリ缶を頭に載せて運んでいる。薪集めは週に二〜三回、一〜二キロの距離から薪の束を頭に載せるか肩に背負う方法で運搬している。いずれの作業も世帯の日々の生活に欠かせないものであり、女性や子どもにとってはかなりの重労働と時間を要するものである。ケニアのプロジェクトでは、この問題解決を優先課題として取り組んできたが、これについては「アフリカのジェンダー問題」で後述する。

水源地域の森林が減少したことで河川が枯渇した事例として、ケニア北部のツルカーナ湖での経験がある。湖周辺の住民は漁業を生業としてきたが、水源流域となっているエチオピア側の森林破壊によって水位が低下したために漁獲量が大幅に減少し、住民の生活は困窮していた。湖畔にはイタリアの支援で大規模な人工養殖施設が建設されたが、急速な湖面の低下によって利用できなくなり、私が訪れた時には施設は巨大な廃墟となっていた。このような森林減少と水資源枯渇の問題は、今やグローバルな現象になりつつある。たとえば、黄河は母なる大河として中国文明を支えてきたが、水源流域に当たる黄土高原の砂漠化によって渇水と洪水が頻繁に発生するようになり、「近い将来黄河は枯れ川となってしまうだろう」といわれている。

『FAO・世界森林白書』（二〇〇三年度版）によれば、近年、世界の森林資源は先進国では増加傾向にあるものの、途上国全体では依然として著しく減少していることが報告されている。途上国の人々の生活は地域の森林資源に深く関わっていることから、森林の劣化・減少は地域の人々の生存をも脅かしているのである。

❖住民の不満を探る

途上国における持続可能な森林管理のキーワードは「森と人の共生」である。住民の日々の生活は森や樹木に直接、間接に深く関わっており、森を守るのも壊すのも地域に住んでいる人々の考えや行動にかかっている。森林プロジェクトの実施に当たっては地域住民の理解と協力が不可欠であり、そのためには森林と地域住民の共生をいかに図っていくかがプロジェクトの成果を高める重要なポイントである。これらのことから、住民の視点を意識した国際森林協力の概念として社会林業が生まれ、住民参加型の協力手法などが広範に採用されるようになってきた。日本の専門家が社会林業の視点の必要性を強く認識させられたのは「フィリピン・パンタバンガン林業開発プロジェクト」であった。

このプロジェクトの直面した最大の障害は森林火災であった。プロジェクトでは一六年間で約一万ヘクタールの試験林を造成したが、合計一五七回もの森林火災によって約三分の一の植林地が焼失した。途上国では地域住民の主たる生業は、焼畑耕作による農業や牧草地での放牧あり、そのための火入れや

子どもたちも火災発見や消火活動に協力。

失火によって毎年多くの森林が焼失している。プロジェクト周辺でもこのような要因による森林火災が発生したが、さらに深刻な状況は住民の放火による森林火災も多く発生したことである。住民が植林地に火をつける理由として判明したことは、国有地で焼畑や牧草地を営むという慣習的な土地利用の権利が植林事業によって奪われたために、住民の間で強い反発が起きていたということである。そのほか、植林作業員の賃金不払いに対する現地政府への抗議や、植林事業が完了すれば雇用がなくなることを危惧する作業員の思惑など、住民のさまざまな事情からの意図的な放火も少なくなかった。

このプロジェクトに参加した日本の専門家は、「地域の緑化は住民の生活と福祉に貢献する」という崇高な信念で協力事業に参加しており、このような予期せぬ理由がもとで苦労して造成した植林地が焼失することに大きなショックを受けた。一方、日本の専門家と共同で植林事業の技術開発に従事していたフィリピン政府のカウンターパートたちの間には、放火による植林地の焼失に対して、驚きや失望など特段の反応は見られなかった。それは、「森林の所有者である政府とその利用者である住民との対立」といった途上国に見られる特有な森林事情を十分に承知していたからである。

プロジェクトでは、「周辺住民の理解と協力なしには森林の保全はできない」という共通の認識で臨むこととし、この危機的事態に対処するために、地域住民への働きかけを目的とするさまざまな森林火災防止対策が実施された。火の見やぐらの建設、消防車・消火機材の配置、火災消火隊の編成などのほか、学童・住民を対象とした防火・緑化のための「ポスター・作文コンテスト」「マラソン大会」「映画会」といった住民参加型のキャンペーンもその一つである。とりわけ成果を上げたのは、プロジェクトの植林地周辺に緩衝地帯を設定し、地域住民にアグロフォレストリー用地として利用してもらうという方法であった。

このプロジェクトで開発された多くの手法は、その後におけるＪＩＣＡの住民参加型森林プロジェクトにおいて、実際的な技術体系として広く活用されるようになった。

❖ジェンダーの視点を生かした植林

「住民参加」に加えて、もう一つ重要なキーワードが「ジェンダー」である。ジェンダーという用語は一般に「社会的・文化的な性差」として理解されている（一二七頁注参照）。個人の資質や能力ではなく、男性、女性であることで役割が固定されている状況を変えることは、開発に不可欠な要素となっている。国際協力における男女共同参画の視点の重要性や、男女双方の開発への積極的参加と裨益確保への配慮、途上国における女性の地位向上への一層の努力などが、わが国政府の新ＯＤＡ大綱（二〇〇三年八月、閣議決定）の基本方針に掲げられている。新大綱では、国際協力の実施に当たっては途上国の主体性を尊重しつつ、その国のジェンダー平等と女性のエンパワメント（権限付与）への支援を強化することとしている。

アフリカをはじめとする多くの途上国では、男女の性的な違いによって労働の分担が伝統的に規定されている。「ケニア・社会林業プロジェクト」の調査によれば、この地域に住むカンバの人々の間では

女性グループによる植林活動。

農作業の整地・耕耘は男性の仕事であるが、種播き・収穫・運搬などは女性・子どもの仕事とされている。植林や炭焼きの作業では、穴掘り、樹木の伐採はもっぱら男性の仕事であるが、苗木・木材・炭の運搬作業や、苗木づくり・植栽・炭焼きの雑用は女性・子どもの仕事とされている。また、生産された丸太や炭の販売は世帯主の許可を得て女性が市場《いちば》などで販売するものの、それらの売上代金は世帯主である男性が管理する。こういった慣習はサブ・サハラ・アフリカではおおむね共通しているが、部族によっては異なる場合もある。植林に関しては「妻が木を植えれば夫は早死にする」という諺を持つ部族もあって、そういった地域においては女性を植林の担い手とすることは容易ではない。
ケニアのプロジェクトが推進する植林作業は、苗木の育成、植林地の整備・穴掘り、植栽およびその後の下刈りなどの手入れ、家畜の食害や病虫害対策、樹木の利用や販売など多様な作業が長期にわたって必要とされる。しかし、伝統的な男女の役割分担によるだけではなく、近年では、働き盛りの男性がナイロビなどの都会に長期の出稼ぎに行く傾向にあるため、植林などに必要とされる十分な男性労働力が得られない状況にあった。そこでプロジェクトでは、「水汲み・薪集めなどの女性労働をいかにして軽減させるか」「植林事業や収入活動における男女の共同参画をいかにして促進し、女性の地位や権限の向上を図るか」など、ジェンダーに関係する課題への取り組みを強化することとした。

「サブ・サハラ・アフリカでは炊事、洗濯、水汲み、薪集め、子どもの世話など、家事はすべて女性がやり、男性は怠け者である」などといわれていた。「成人男性は水汲みや薪集めなど、重量物の運搬をなぜしないのか」という根本的背景に対する私が得た結論は、「半乾燥地住民の生業は牧畜であって家畜が最大の財産であり、自ら重量物を身に着けていては外敵から家畜を守るという使命に敏速に対応できない」といった、現地の生業事情と役割分担によるとするものであった。これらのことから、「伝統的な男性のプライドを尊重しながら、実態に即したジェンダーへの変革を求めていく」という発想に立ち、ジェンダー対策として「乾季の家畜飼料となる樹木の導入によって、男性の植林への関心を高める」「男性の水や薪運びには家畜、自転車、一輪車を利用する」などの取り組みが実施された。

このプロジェクトでは、森林保全・緑化事業の重要性とジェンダーに対する変革の必要性に関して、植林普及員、村長、村の教師、農民など、住民林業の推進に関係する人たちにも研修・普及活動を実施した。女性に対する動機付けとしては「女性農民研修コース」を設け、苗木づくりや植林方法のほかに、現金創出活動、家族計画、料理など、地域女性にとって関心の高いカリキュラムを組んだ。また、水運搬用ロバの購入や薪炭林植林の事業資金づくりとして、女性にもできるようなアグロフォレストリー技術を開発した。たとえば、これまでの伝統的養蜂は樹木に空洞丸太を吊す方法であり、もっぱら男性の仕事とされてきたが、地上に養蜂箱を設置することで女性もこの仕事に従事できるようにした。このことが、養蜂に適したアカシアなどの植林拡大に結びついた。さらに、女性グループが自らの活動で得た現金の使い方に男性は寛大であったことから、女性グループによる苗木やサイザル（麻）バックなどの生産・販売活動を推進した。障害となっていた女性の研修参加の低さについては、村長や教師による世帯主への説得、女性普及員の養成・配置といったジェンダー配慮の活動を促進した。

❖ビルマ人の「なぜ?」を克服する

一般的に、「技術」のとらえ方はその国の技術的な発展過程や価値観よって異なるものである。技術的な発展を経験した先進国とそうでない途上国では、「技術観」というものに大きな違いがある。日本には一〇〇〇年以上にわたる職人集団的な技術開発の歴史があり、常に究極の技を追求してきたという技術観が存在している。このような環境で育まれた日本人技術者が途上国において技術協力活動を行う場合、日本の専門家の意図が相手国のカウンターパートにうまく伝わらないことや、専門家やカウンターパートが現地状況を十分に把握していないために、適正な技術開発がなされないなどの事例が見られる。

「ビルマ林業開発プロジェクト」は、日本の機械化された木材生産技術を現地に移転することを目的に始まった。ビルマは豊かな熱帯林資源を有しているが、木材生産方法はもっぱら鋸や斧で立木を伐採し、象や水牛などの畜力を使って丸太を運搬するというものであった。しかしながら、このシステムでは生産の能力や効率が著しく低いために、丸太の鮮度を保ちながら一定の量を短期に生産することが困難であった。そこで、木材輸出によって外貨を獲得しようとする政府は、空中ケーブルによって丸太を運搬する日本特有の木材生産システムを技術移転するよう要請してきたのである。

ビルマのカウンターパートには機械化林業についての知識や経験はまったくなかったことから、尾根から尾根に張った一〇〇〇メートルものケーブルで三トンもの丸太を宙吊りで運搬するといった高度な技術体系はあまりにも画期的であった。カウンターパートは新しい技術の導入に意欲を見せ、誠実で熱心ではあったが、綿密な架線設計、機械のメンテナンス、安全作業などの厳しい訓練に対しては、「なぜ難しい設計計算が必要なのか」「象を使えば燃料や修理なしに四〇年間は働く」「ヘルメット着用や信号合図は面倒くさい」といった疑問や不満が聞かれた。こうしたカウンターパートの反発に日本の専門家は当惑したが、彼らの全面的な意識改革なしには技術移転は成功しないという認識に立ち、「ケーブルによる重量物の運搬は危険な作業であること」「安全第一のためには厳しい設計基準が必須なこと」「効率的・持続的な機械化のためには機械器具のメンテナンスが重要であること」などについて判りやすく、根気よく指導した。これらの手法や努力が効を奏して、当初遅れていた講義、実習などが次第に回復することになった。

訓練開始は日本式朝礼で気を引き締める。

　プロジェクトは計画どおりに終了したものの、日本の専門家の間には、「移転された技術体系が彼らだけで維持・管理していけるのだろうか」という危惧が残った。終了二年後、タイにおける同様のプロジェクトの専門家として派遣された私は、先進地視察をかねてビルマのプロジェクト現場を再訪する機会を得た。するとそこでは、専門家が苦労して伝授した設計計算や安全作業などが確実に実行されていた。私は「技術は移転され、そして定着した」という心地良い感触を掴んだ。

❖所変われば戦略も変わる

ビルマのプロジェクトの場合、日本とはまったく違う技術的環境の国に日本の機械化された木材生産技術を移転しようとするものであったため、ビルマ人カウンターパートに対しては何よりもまず木材生産技術に関する意識改革を行う必要があった。したがってそこでは「カウンターパートの意識改革はどのように促されるべきか」が技術移転における持続的発展性の成否を決める重要な課題となった。

これに対し、先に触れたフィリピンとケニアのプロジェクトにおいては、「森林と住民の共生」という視点での現地適応技術の開発が課題であった。「フィリピン・パンタバンガン林業開発プロジェクト」では、地域住民の慣習的な土地利用の実態、生業形態、雇用・労働問題などへの理解や対応が不十分であったため、多くの植林地が森林火災に見舞われ焼失した。「ケニア・社会林業プロジェクト」では、同様の事態への対策としてプロジェクト活動への住民参加に焦点を当て、ジェンダーの視点も考慮した取り組みを行った。これらの経験から見出された回答は、開発されるべき技術とは地域の植生・土壌・気象などの自然条件に適応したものだけでなく、そこに住む人々の社会や文化にも配慮したものでなければならないということであった。

技術協力プロジェクトで苦慮することはほかにもある。それは、途上国の関係者は往々にして現場の実態に合わない高度な技術や、現地では維持管理ができないような精密な機材を求める傾向にあるということである。協力事業の全体計画づくりから参加した「東北タイ・造林普及プロジェクト」では、タイ政府の当初の要請内容は「組織培養による苗木生産技術」「植林地の状況をコンピュータで管理する地図情報システム（ＧＩＳ＝Global Information System）技術」「植林木利用のための木材高度加工技術」などに関する技術開発とそれに必要な施設・機材の供与であった。しかしながら、協力事業の第一の目標は東北タイ農民の植林活動を活性化するところにあったため、「要請のような高度な技術体系は不要であり、効果・効率・持続性の面から適切ではない」ことを相手国関係者に理解させ、全体計画の大幅な修正を行った。タイ政府が当初要請した技術内容は、現地農民への適応技術とはかけ離れたものだったのである。

このように、途上国における現地適応技術の概念は多様である。技術開発の課題を明らかにし、開発手法と技術移転手法を検討するに当たっては、技術内容の詳細や現場の実態を勘案しながら、柔軟な視点での対応が求められるのである。

❖自分の目で確かめよう

ケニアのプロジェクトに赴任する時に得た情報の一つに、「乾燥地の河川は雨季に水が流れる季節川である」というものがあった。ところが、半乾燥地に位置するプロジェクトの現場から実際に得た観測結果では、雨季であっても季節川に水が流れるのは大量の降雨があった時だけであり、しかもそれは年間わずか五日から一〇日程度であった。また、日本では一時「割り箸論争」なるものがメディアを賑わしたことがあり、ある有名人は「割り箸は森林の破壊につながるので自分用の箸を常に持ち歩いている」といった環境論をアピールしていた。しかしながら、割り箸は節約を重んずる日本の伝統的文化から生まれたものであって、材料は利用価値の低い広葉樹や製材工場の廃材などを使っているのである。したがって、割り箸を節約しても森林保全とは結びつかないし、割り箸用の木材で家は建てられないのである。むしろ、割り箸の使用は森林資源の有効利用や山村の産業振興に貢献するものといえる。

国際技術協力というものは、さまざまな環境や条件の中で、さまざまな立場の人たちによって遂行される共同事業である。そこでは、これまで常識とされていたことが現場の実態に合わなかったり、不十分な情報による思い込みや誤解があったり、あるいは価値観や行動態様の違いから不信感が生まれたりと、プロジェクト遂行においてはネガティブな現象が常態として発生する。木を植えるには「適地適木」、その木を利用する場合には「適材適所」という森林用語にまつわる諺が示すように、森林技術の開発・移転に当たっては、その土地土地の自然条件はもとより、社会・経済から文化人類学的な情報に至るまで、その土地固有の情報を的確に把握することが極めて重要となる。JICAの森林プロジェクトにおいても、これまでの協力活動の教訓から、住民ニーズ調査をはじめとする基礎的な現地調査を丹念に行い、現地状況の把握に努めることとしている。これによって全体計画や個々の活動計画の作成に必要な情報が十分に得られ、被支援国のプロジェクト関係者との間でも共通の認識に立って事業を進めることができるようになるのである。

「フィールドで　背広姿の　フォレスター」という日本の専門家が作った川柳がある。これは、現場業務に就く日本の専門家が作業服、地下タビという現場スタイルであるのに対して、同行するカウンターパートが背広・革靴の事務所スタイルであるといった途上国森林官の現状を嘆いた作品である。上意下達型の途上国組織にあって、住民参加型プロジェクトの成果を上げるためには、プロジェクトの幹部自らが現場に赴いて森林の現況や住民ニーズを把握することが重要である。しかし一般的に、途上国の森林官はジャングルの奥深くに入ったり、森林との共生が必要な集落や農家を回ったりなどの現場活動を敬遠する傾向にある。私はこの現状を「途上国森林官シンドローム」と称して日本の専門家が知恵を出し合って取り組むべき優先課題と位置付け、カウンターパートの意識改革の必要性を強調してきた。専門家のように外に出られる機会は少ないにせよ、国際技術協力を企画・支援する立場にある協力機関の職員も、できるだけ協力現場に足を運び、実態調査や専門家からの意見聴取などによって真の現場情報の把握に努めることが必要であろう。

❖リキマズ、アセラズ、アキラメズ

私は二〇〇七年三月をもって国際協力専門員を定年で退職となり、林野庁在職を含めて四三年間にわたる職業人生に終止符を打った。これまで、転勤回数二八回、総転勤移動距離九万キロというギネスブック的な職歴を経験してきた。この間、六回にわたる森林プロジェクトの長期派遣専門家としての仕事を中心に、三〇数カ国での現地調査も行いながら海外活動に従事してきた。このような多種・多様な現場における経験の蓄積が、「国際協力専門員」としての仕事の向上に多少なりとも貢献することができたとすれば幸いである。

長年にわたる現場経験を経て感じた結論の一つは、「聞けば覚え、見れば信じるが、自分で実際やってはじめて血となり肉となる」ということである。また、これまで多くの勤務地で経験した多様な生活や仕事、人間関係を総括すれば、月並みな言い方だが、「住めば都、人類皆兄弟」という姿勢も大切だったと感じている。たとえ新しい勤務地であれ、好奇心を持って住めば居心地も良くなるし、腹を割って付き合えば兄弟のような信頼関係も生まれてくるのであり、そこでチャレンジ精神をもって望めば仕事も何とかこなせるようになるということである。効果的で持続可能な技術協力を目指すには、現地の自然や社会環境ばかりでなく、カウンターパートや住民の意識なども十分に把握する必要があるが、そのためには常に「郷に入れば、郷に学べ」の精神で臨むことが重要なのである。

信頼関係は、現地の人々の価値観や行動様式を尊重し、共に責任ある仕事をする中での「心と心のふ

れあい」によって生まれる。しかし、途上国の人々の働き方は、私たちが一般的に期待するものとはかなり異なる場合が多い。日本の専門家がストレスを解消しながら協力事業の成果を上げていくには、「皆さんの期待に応えるぞ」などと力まないこと、「プロジェクトの進捗状況が悪い」などと焦ったりしないこと、「こんなカウンターパートじゃどうしようもない」などとあきらめないことである。この「リキマズ、アセラズ、アキラメズ」の言葉は、私のこれまでの国際協力における試行錯誤から生まれた究極の金言である。

第12章　防災・水資源開発

平和でなければ成し得ないこと

●渡辺正幸（一九三九年生まれ）

❖逃避行の始まり

一九四五（昭和二〇）年のある昼下がり。満州国奉天省奉天市（現、中華人民共和国遼寧省瀋陽市）の国民学校一年生の夏のことだった。

ラジオから流れる金属的な声が伝える降伏の事実を、私たちは八月の太陽の熱い眩しい光を浴びながら戸外で聞いた。みんなその意味を理解していた。驚きでも何でもなかった。その声は私たちを思い出多い家から押し出して、避難行を始めさせる合図にすぎなかった。胸に自分の着替えを詰めた袋を、そして肩からは水筒を掛けた。背にはちょうど一歳になったばかりの弟を六歳の私は背負った。気負いのようなものも確信もなかった。来るべきものが当然のように来て、生まれ育ったところで生存し生活することが不可能になったのだ。「生まれ育ったところ」というのは、中国人農民に立退を強制したあと、「新天地」と称して日本人が押しかけてきて勝手に住み着いた土地だった。「急場」は一年ほど前から日常的にあり、次第にフォルテになり、八月一五日にクライマックスになったのである。

私の家族は、満鉄の子会社に勤務する父と母と妹と弟の五人だった。母が「洗濯担当の下女の態度が次第に悪くなった」「洗濯が中途半端になり、弟のオムツの洗濯を嫌がってしなくなった」とこぼしていた。しばらくして、社宅の周辺に「匪賊が出る」ようになったとして男が順番に武器を持って夜の警戒に当たるようになっていた。皇軍の負け戦が続いていたのだ。日本人の不安と苛立ちが募って、中国人に対する嫌がらせや暴行が日々露骨に公然と行われるようになっていた。私たちの通学バスの前をヤンチョ（馬が曳く荷車）が横切ったとして激昂した日本人運転手が、御者を縛り上げて電柱に逆さ吊りにしたのを目撃した。

冬が過ぎた頃から母が晴れ着の帯を次々に破って、その芯でリュックサックを作り始めた。みんな覚悟していたのである。日本が中国大陸で主導する五族共和も、アジアにできるはずだった八紘一宇の大東亜共栄圏の夢も破れたことをみんなすでに知っていた。逃げ出すその時を、みんな不安におののきながら待っていた。

「終戦の詔勅」を読む金属音は、「満州」の夏の日の灼光に切り刻まれつつ流れて消えた。父がブリキを半田付けして大きな水筒を作った。リュックサックには着替え、オムツ、常備薬、乾燥食品等を詰めたのだろうが、量はたかがしれている。生存の保証もない旅立ちだったのだ。昨日までの支配者が絶対弱者の難民として、かつて支配の対象だった人々の海に放り出される。満州国の保護も皇軍の護衛もない状態で生きていられるのは、かつて被支配者の立場に置かれて虐げられていた中国の人々が自制して復讐をしない場合に限るというきわどい事態であった。こうしてからくも生き残って母国へ帰ることができた人々を「引揚者」という。今の日本に暮らす戦争を知らない世代が、「引き揚げ」という言葉から想像する状況と、実際に体験された「引き揚げ」の間には想像できない隔たりがある。人間としての尊厳はどこかに捨ててしまわなければ生き延びることができなかった、そんな毎日がこの後日本に帰るまで続いたのである。

国際法によって日本人難民を保護する責任を負っていたのは、国際社会から中国の支配者として認知されていた蔣介石の国民党政府であった。しかし、国民党政府は勢いを増す毛沢東の八路軍と、日本軍を追って国境を越え南下してきたソ連軍に押されて敗走する集団であった。私たちは敗走する国民党軍と追撃する八路・ソ連連合軍に挟まれて動こうとしていた。

移動には貨物列車が充てられた。無蓋貨車は地獄であった。日中は灼熱の光に曝された。行く手が戦場になっている場合、列車は動かない。線路や鉄橋が破壊された場合にも動けない。中国人の機関士や駅員の機嫌が悪い場合も動けない。炎天下に寿司詰めの貨物列車。突然動くこともあるから列車からは降りることができない。

ロシア語の叫び声がひびく漆黒の闇は恐怖である。子どもの泣声が洩れると女が居ると悟られて襲われる恐れがあることから、みんな息を殺して夜明けを待った。むずかる乳幼児は置き去りにするか殺してしまえという声が出る。女も丸坊主になり顔に墨を塗って性別不明の服装をした。

貨車から降りられないから、煮炊きをする鍋を排泄物の入れ物にせざるを得ない。私の排泄物がこぼれて荷物を汚したと、隣り合って詰め込まれている人たちから苦情が出て平謝りに謝ったと母が言っていた。日中の暑熱、夜の寒気、食糧不足、不衛生等で抵抗力の弱い者から順に命を落としていった。犬が裸の嬰児の死体を咥えて歩いているのをよく見かけた。人の死は、家族以外には誰の関心も惹かない日常のことになった。

機関車が突然いなくなって急に動き出す当てはないとわかった時には、難民は貨車を降りた。水場があれば洗濯をして体を洗い、畑があれば匍匐《ほふく》前進して茄子や玉蜀黍《とうもろこし》を盗んだ。ある時、追撃してきたソ連軍が私たちの背後で野営し、盛大に牛や豚、羊を屠殺した。私たちはごみ捨て場にあった骨を争って拾い、骨にかすかにこびりついている肉片を丁寧に剝がして岩塩を加え、鉄兜の鍋で煮た。難民になってから肉を食った唯一の経験であった。

冬の食糧は、わずかな持ち物を物々交換で換えた高粱《コーリャン》と岩塩の汁だけだった。厚い氷を割って草の根を掘って食べた。ここでも、寒さと栄養不足に耐えられない者から順に命を落とした。逃げ始めた時に着ていた夏服が擦り切れて、裸同然の体に穀物を入れる麻袋を纏った人を多く見た。蒙古方面から逃げてきた人だと聞いたが、何もしてあげられなかった。誰も自分が生き残るだけで精一杯の日々だった。

逃避行で事態が安定したほんの短い時期、母が作った粟餅を一円で中国人に売る行商を母としたことがあった。一円の売り値から原価を引けば利益はいくらか、いくつ売れればいくら儲かるか。微々たる金額に微々たる生活の安定を求める営みの中で、息子に算数を教えることを通して伝わる母の愛と希望と未来への確信があった。

このような一滴のしあわせが、中国人の度量の大きさに依っていたことをあとになって知った。通過した多くの農村や都市で、無政府状態の荒れ果てた土地で、自分たちの生存すら覚束ない多くの無名の中国人が、略奪の誘惑に駆られることもなく「暴に報いるに暴を以ってせず」と自制しただけでなく、線路脇に放棄された日本人の乳飲み子を連れ帰って養育するという度量を、彼らは持っていたのだ。

一年の逃避行のあと、胡**盧**島《コロトウ》（遼寧省）で船に乗ることができた。難民輸送に充てられた船は「熊野丸」という船名を持っていたが、砲をもぎ取られた帝国海軍の生き残りの軍艦で、左舷に傾きながらのろのろと日本へ向かって航行した。毎日のように死者が出ることに変わりはなかったが、海上では遺体は布で巻いて重石を付けられ、毎日まとめて水葬された。弔意の汽笛を鳴らしながら水葬の場所を周回する熊野丸はさらに傾いて、沈没するのではないかと恐ろしかった。

三度の食事が出されたのも大きな変化だった。飯と汁！　岩塩で味付けされた汁にはひじきが入っていた。食物を求めて中国人の畑を荒らし、ごみ捨て場をあさる必要はもうなくなった。しかし、ふんどし付きの大麦と大豆がほとんどを占める飯を消化する能力を持った人は多くはなかった。生存者も日々衰弱した。

玄界灘に入ると緑の島影が望まれた。母国日本だと大人は騒いだが、逃避行の恐怖がトラウマになって染み込んだ私は、次も敗けたら今度はどこへ逃げればいいのかと真剣に悩んでいた。引揚船は広島県の大竹に着いた。上陸するや否や、一緒に帰国した蚤《のみ》、虱《しらみ》、南京虫を殺すためだとして大量のＤＤＴが私たちの頭から浴びせられた。

一年間、私の肩に食い込んで重かった弟の命がその時に尽きた。病気ではなく栄養失調だった。真っ白な粉にまみれた骨だけになった小さな遺体を抱いてみんなで泣いた。母の悲しみはいかばかりだったかと今にして思う。

❖国破れて山河なし

大竹の引揚者収容所で身元引受先へ散らばっていく手続きをしている間に、体力が回復してきた。私たち家族の落ち着き先は、父の郷里の京都府綾部市近郊の農村だった。近くに民話「大江山の酒天童子」で名高い福知山がある。一面の焼け野原だった広島を過ぎて、引揚者に一般客を交えて鮨詰めになった列車は一路京都へ向かって東へひた走った。窮屈には変わりはないが、避難中の貨物列車とは違って脅える必要のない平和な旅だった。窓の外は緑一色で、水田に植えられている稲の穂が黄金色の実をつけて米になると父が教えてくれた。

敗戦から一九六〇（昭和三五）年頃までの日本には、大小さまざまな規模の台風が襲来して全国各地に激甚な災害をもたらした。中規模の台風でも山津波と洪水を押し出して戦後復興の努力を帳消しにしてきたのは、里山の松の根まで戦争資源として動員してきたツケである。その極め付きは六〇年一一月に名古屋地方を襲った伊勢湾台風で、約五〇〇〇人の死者を出す巨大災害になった。「総動員で鬼畜米英を撃滅する」ことが至上命令とされたことから、人材、金属製品、天然資源等すべてに「根こそぎ動員令」が掛けられた結果、気象・土木の専門家が兵役に取られ戦死して組織は欠員だらけになり、山地は飛行機の潤滑油を松の根から採取するとして掘り尽くされて裸山の有様だった。災害大国であるにもかかわらず戦時中の治山・治水の年間予算は、軍事費の重圧でコンクリート打設分にして一週間分しか配分されなかった。そのため仕事がなくなった職員は二班に分けられて、第一班は山へ炭焼きに、第二班はその炭で海水を煮詰めて塩を採ったという。敗戦直前にはその職員さえも兵役に取られてしまって、国土を守る人材が払底するという消耗ぶりであった。近代戦争は「国敗れて山河あり」などという悠長なものではなかった。朝鮮戦争でもベトナム戦争でも、アフリカでもアフガニスタンでも事情に変わりはない。戦後復興など簡単にできることではない。

この一連の災害は、後に「分家の災害」といわれた。先祖代々、安全な土地に居を構えて田畑を持つ長男の家族は被災しなかったが、それまで誰も住まなかった河岸段丘や土石流扇状地、あるいは沖積低地を開墾して生活の糧を得る以外に生きる道がなかった二男、三男等の帰還兵士（除隊者）や引揚者が犠牲になった。緑の山の斜面がザックリと剝ぎ取られて岩肌が露出し、その下の川原に巨石が累々と重なって藁屋根を押し潰している凄惨な状況が高校生だった私の目に焼きついた。これは何とかしなければと一念発起したことが、治山治水の技術者になるきっかけだった。基本的な技術は専攻した砂防工学で学んだ。

❖六〇年後の私と中国

六〇年後、私は中国の洞庭湖《ドウテイコ》（湖南省）の堤防に立っていた。私の背には約三〇億円の事業計画が乗っている。

毛沢東の治世の一九六〇年代に中国の人口は激増したが、人口圧力で不足する耕地を造成するために、長江の洪水の調整機能を持つ洞庭湖の一部を埋め立てた。数キロメートルにもなる長く高い堤防で囲まれた輪中という地形を作って、浸透する水をポンプで排水しながら人が住み農地を耕す。しかし、堤防は軟弱地盤の上に築かれているから自分の重みで沈んでいく。堤防の沈下は一様ではないから堤体にはひび割れが走り、堤防に囲まれた耕地からは水が噴き出す。長江の水位が高くなれば、堤防は水圧と浸透水に耐えることができずに切れるのは確実だと判断できる。数万戸の農民が、洪水災害で長期にわたって路頭に迷うことは目に見えている。

長江の水位が上がってくると、四〇歳くらいの共産党書記長が陣頭に立って水防活動を指揮する。洪水の流れは速く、積まれた土嚢は次々に流れに呑まれて堤防がえぐられる。土嚢だけでは堤防の決壊を防ぐことができないと判断されると、農民や兵士が互いに腕を組んで増水する長江に飛び込んで堤防をえぐる流れを遮ろうとする。そして、人体の抵抗で洪水の流れが緩やかになったところに土嚢と土を沈める。日本の水防も文字どおり戦闘行動であるが、中国の水防は人体をも資材にする凄まじさがある。仰天した私は、なぜここまでやるのかと書記長に尋ねた。「共産党の真価が問われている。われわれがやらないと共産党は人民の支持を失う」、というのが答えだった。

堤防の沈下を止め、水圧と浸透水に耐える堤防の築き方を指導し、必要な資機材と併せて浸透水を排水する大型ポンプを一〇〇基供与する大事業で、一九九七年から九九年までかかった。もらえる物は何でもといわんばかりに出される要求を次々に拒否しつつ、必要であるにもかかわらず計上されていない機材を挙げて要請するよう勧告するという徹夜の協議を辛抱強く行った。破れた窓から入る雪を含んだ風を公安職員のマントを借りて凌ぎつつ日・中の担当者が向かい合って交渉を進めるという、傍から見ればおかしな協議だった。逃避行でお世話になった無名の中国人に、仕事を通して少しでも報いたいとの気持ちで寒さと苛立ちに耐えた。

食い物がなく生死の境を彷徨った大陸で、巨額の資金を背負って援助事業に携われる至福！　絶対弱者だった自分と援助大国の担当者としての自分との信じがたい落差！　援助を求める人々に手を差し伸べる能力を持っている喜び。そして戦争をしていては建設の協力は絶対にあり得ないということも、洞庭湖で強く噛みしめていた。愛と希望と協力——それは何よりも平和のありがたさがもたらすものだ。

❖往復ビンタが連続する歴史

「ヤメロー！　ワタナベエー！」

と叫ぶや否やザイディは車から降りて、すぐ高みに登ろうとした私を、ズボンのバンドを摑んで引きずり降ろした。一九九三年の五月。パンジャブ州ドーリ村の入り口であった。

ドーリ村のプロジェクト・オフィス。谷底の粗林を除いて樹木はまったくない乾燥気候の景観。

私たちは五人。パキスタン・パンジャブ州灌漑大臣のザイディ、JICAの担当者、部族地区専属の警察官、そして運転手と私である。ここはパンジャブ州とはいってもアフガニスタンに続く山岳地域で、中央政府ならびにパンジャブ州の行政・司法権力が及ばない部族地域である。ドーリ村の場合はバロチ人の支族であるレガリ人が支配していて、その周辺はバロチ人とパシュトン人が入り混じって暮らしている乾燥地域である。年間降雨量は三〇〇ミリ程度とされているから、灼熱の礫漠《れきばく》が見渡す限り波打っている丘陵地形の上には、こぶし大の礫《こいし》で覆った小山に小さな石柱を立てたイスラムの墓の集団以外には何も見当たらない。ここへ来るまでに出会ったのは羊の群れを追う牧童のみである。

「ここはなあワタナベエ、部族地域でなあ、了解を得ないで入って来た奴は撃ち殺されても文句は言えないんだ。こんなところで死にたくないだろう?」

「そうは言っても人なんか居ないじゃないか?」

「誰も居ないように見えてもなア、誰かがどこかでわれわれを見ているんだ。不用意に身を曝すとプシュときて一巻の終わりだ。まあ、しばらく待て」

ザイディは私が登ろうとした高みに登って手をかざしつつ四方を

見渡した。その間、約五分。白いパンジャブ服（シャルワル・カミーズ）が熱風にはためく。

「こんなもんでいいだろう。オマエ立ってもいいぞ」

ザイディは降りてきて言った。

入れ替わりに立って周辺を見たが、礫漠の中に家畜が喰わない草の緑が点在する以外にはやはり何も見えない。誰も居ない。こんな礫漠で何が銃だ？　弾だ？　誰が俺を殺すというのか？　と納得がいかない。

インダス河の中流部にあるD・G・ハーン（デラ・ガージ・ハーン）の街から南南西へ三〇キロほど行くと、アラビア海に向かって連なるスライマン山地に入る。パキスタン中西部に位置するこの山地は、ミャンマーからブータン、ネパール、インド・カシミール地方を経てパキスタン北部まで東西方向に約二五〇〇キロ伸びたヒマラヤ山脈の西端から南西へ折れて延びている。その山の中をさらに二五キロほど西へ行ったところにドーリ村はある。道はさらにフォト・ムンロという標高一五〇〇メートルの避暑地を経て、三六〇キロほどでアフガニスタンに達する。踏み外せば二〇〇〇メートルから三〇〇〇メートル下の谷底へ真っ逆さまという断崖を縫う道である。断崖はいくつも重なってオーバー・ハングしている斜面が多いから、人工衛星の視線も全然届かない。

西と東の大文明圏、ペルシャとインドを結ぶルートを、古来、覇権を求める民族の英雄たちが通過した。西から東へ行ったアーリア人、そしてダリウス一世*やアレクサンドロス大王。東から西へ行った大物にはチンギス・ハーンやインドのラージャ（王様の意）がいた。英雄たちは通り道の有力豪族に合流を求めて取り込み、無力な小部族は略奪に遭ったりひねり潰されたりしたのだ。生き残った者は奴隷にされて軍需物資の運搬に使役されたに違いない。*

山地の狭い畑で麦を植え、羊を飼って生きる人々にとっては、往復ビンタが連続する歴史だったのである。イギリスの征服軍がこのあたりを蹂躙したのはつい数十年前のことだし、一九七九年には侵攻してきたソ連軍が同胞（パシュトン人、バロチ人、ハザラ人）を殺し傷つけている。異邦人を見たら「土地を奪い、人と作物と財貨を徴発するために来た」と即断されても致しかたがない、数千年の過酷な歴史を生き残ってきた人々がこのあたりには暮らしている。

＊ダリウス一世　紀元前五〇〇年前後の約四〇年間、ペルシャ・アケメネス朝の王として、ギリシャ世界に対抗して全オリエントを統一するペルシャ大帝国を築いた王。新都ペルセポリスを起点とする王の道を整備して経済力を持つ中央集権国家とした。
＊〜に使役されたに違いない　時間と地域のスケールはスライマン山地地域の比ではないが、まったく同じ歴史的地政学的状況は一六世紀の日本にもあった。事例は現在の長野、山梨、新潟三県にまたがる地域、ことに長野県の安曇野地域に見ることができる。この地域では武田、上杉、織田等の戦国武将が覇権を争って大軍を動かした。武将は作戦経路に位置する地域社会（惣《そう》）に対して和戦のいずれかの判断を迫り、協力者には戦闘員と戦略物資の拠出を求めて生命と領土の安堵を保証した。敵対者は抹殺された。与した方が常に勝つとは限らないから、和戦のいずれを採るかの判断はそのつど惣の生死を分ける。一七歳以上の男は全員武器を持っていた。

村の領域に入った。

道は、広大な礫漠の台地を刻む数百メートルほどの幅を持つ谷底へ降りていく。広い谷底の土地は緑したたる畑や森に覆われていて、別世界。「まさにシャングリラ！」だ。車を降りて細い道を歩く。村の入り口に駱駝《らくだ》がいた。駱駝の尊大な顔つきは好きではないが、いかにも賢そうだったので「よろしく」と挨拶をした。ところが、プイッとそっぽを向いて返礼をしない。じつに礼儀を知らん奴だ。

男たちが車座に座っていた。全員が手垢のついたライフルを抱えている。なかには弾帯を体に巻いた者もいる。一瞬、双方に緊張が走ったが、ザイディの挨拶で簡単に解けた。簡単なやりとりのあと、スウィート・ウォーターを飲み交わすことになった。茶碗の水を回し飲みしたが底には砂が沈殿している。これで挨拶は終わった。スウィート・ウォーターというから砂糖でも入っているのかと思ったが生ぬるい、ただの水だ。スウィートというのは塩水ではないという意味だった。村には泉が三つあるが、そのうちの二つからは塩水が湧く。地下の岩塩層を溶かしてくるからだ。

「われわれの仕事は流域管理事業と言うんだ」

「何だそれは？」

「羊の頭数が多すぎて年々草がなくなる。洪水が起きると草地が削られて放牧ができなくなるだろう？」

「……」

「水も足りないから麦の収穫も十分ではない。収入が減るから、現金収入を得るために中東へ辛い出稼ぎに出なければならないだろ」

「仕方がないじゃないか？　どうにかなるというのか？」

「洪水を防ぎ、生活用水が取れるようなダムを作る。道路も作る。協力しろ」

「……」

「洪水を…防ぐ?……のか?」

「そうだ」

判ったような、判らないようなやりとりだったが、これから始める流域管理プロジェクトのための第一回の面談が済んだことに意味があるのだ。これで少なくとも、撃たれて死ぬことはなくなったのだから！

ドーリ村の村人。誰が銃を成人のたしなみとする社会を作ったのか？　後列はコンサルタントの岸洋一氏。

❖部族の伝統が支配する土地

一九九二年に始まったＪＩＣＡによる「パキスタン国パンジャブ州ミタワン河流域保全事業」が対象にする地域には、約二〇〇〇人が暮らしている。土地や草や金や家畜や女の問題が絡む揉め事の解決は、銃弾だ。年間数人が命を落としている。銃弾は復讐の銃弾を招く。お返しは男の義務だからだ。

サルダルというその地域を支配する荘園主で当時の大統領の息子が、夕食を御馳走するというので山麓にある館に出かけた。銃眼こそ無いが威風堂々として、周辺の泥のアドベ（日干し煉瓦）で築いた家屋群を圧して立つ城だ。玄関ホールの横の部屋にはイギリスの貴族が用いるような馬車と輿《こし》が飾られている。アメリカから帰国したばかりという髭の息子が、これ見よがしにビデオカメラを操作しながら客に飲み物と食べ物を勧めて回る。ホールは客で混んでいる。

そんな時、どんな用事があったのか農民が面会を求めてきた。サルダルが会うことにしたのだからよほど切羽詰まった用件だったのだろう。入ってくるはずの農民がすぐに現れないので怪訝に思っていると、農民は床をいざって来た！　そして、サルダルの足に接吻をした！　話は二言三言で済んだようだ。手短かにさせたのだろう。農民はいざって帰っていった。

封建地主と小作人の関係が厳然と生きている社会が現存している。農民は忠実に地主の畑を耕して、収穫の最大八〇パーセントを地主に納める。小作人には余剰は発生しない。死なないで生きているだけという日常なのだ。その代わり、地主は小作人の「物入り」の面倒を見ることになっている。「物入り」は通過儀礼、病気、羊や農機具等のわずかな投資、出稼ぎに行く時の諸掛かり等である。戦のための動員が掛からないことだけが違いといえば違う、日本でいえば室町時代の御家人制度が現に生きている社会が目の前に展開した！　それは、領主が土地の争奪のための戦争をしないということだけが社会の進化を示しているという状態で、民主的でも共和制でも何でもない。依然として、「地主の、地主による、地主のための」社会なのである。

流域保全事業が対象としたスライマン山地とその出口にある地域に住んでいるバロチ人の支族レガリの人々はもともと遊牧民であるが、現在は定住して半農半牧の生活をしている。農作物は麦とごく少量の果樹と野菜で、収量は自家用にも満たないほどだから羊の遊牧で現金収入を得ている。ここ数年の間に灌漑が普及したので、清水が得られるところでは野菜を増産し綿花を栽培し始めている。しかし、主穀の麦作を支える水は、洪水灌漑と呼ばれる乾燥地域特有の伝統技術を、谷の出口にできている扇状地にある畑で用いることによって得ている。スライマン山地を貫流してきた川の出口には、半径数キロの規模の扇状地ができていて、普段は砂漠になっている。山地に雨が降ると、谷の出口に洪水が来る。洪水の頻度は年に一～二回だから、この貴重な水を扇状地全体に拡散して扇状地の土壌に吸わせ、即座に麦を播いて土地が水分を失った時が収穫期だという農業が行われている。このようなお天気任せの農業では増える人口を支えられず、有限かつ変動の激しい環境資源の歪みが、「草地の減少↓山地の荒廃↓水・草を争う紛争の発生↓銃撃戦の多発↓社会の荒廃と崩壊」という悪循環を作り出しその回転速度を早くさせる。

❖幸せを長続きさせるには

「ミタワン河流域保全事業」は二つのフェーズからなっている。第一フェーズの計画は、D・G・ハーンに置く中央事務所ならびにドーリ村の現地事務所の建設と機材の設置、D・G・ハーンとドーリ村を結ぶ道路の建設、村の事業のための水源の確保など、事業実施のための準備作業を日本の無償資金協力事業として行い、第二フェーズは生計向上事業として、流域の自然環境を改善し保全するために、草地循環利用の仕組みを確立し、農業収入を向上させる計画で、日本政府が国連食糧農業機関（FAO、二九七頁注参照）に信託している基金を用いて実施することになっていた。

しばらくして、無償資金協力事業により、道路などのインフラ工事が第一フェーズとして始まった。しかし工事が始まると同時に、揉め事も始まった。村の権威にまったく諮《はか》らずに労働者を集め、しかも他所の村の者を勝手に集め、賃金や労働条件を決めたのはけしからん！」、交通の邪魔をして工事を止めると言う。

「悪かった。日本では石鹸やタオルを名刺代わりに配ってたんだ。村人も雇うから堪忍して！」

ということで、石材運搬用のトラクターが走れる道路ができた。

ついで、金網で作った長方形のバスケットに石礫を詰めたフトン篭《かご》と称するものを積み上げて、七メートルの砂防ダムを作った。フトン篭は隙間だらけだから水がジャージャー漏れるかと考えられるが、二度、三度の雨で流れてきた土砂により簡単に埋め尽くされ漏水はなかった。基礎近くに埋設しておいたパイプからはスウィート・ウォーターが出た！　スウィート・ウォーターはビニル・パイプを連結して村に導かれた。水の不自由や不足の心配からは解放されたことになる。これは特に女性に幸せをもたらす。水汲みは女性の仕事とされ、遠くにある水源から水を運ぶために多大な労力と時間を女性に強いてきたからだ。ダムの上流には池ができて渡り鳥が立ち寄るまでになった！　村人も前代未聞の変化に驚いた。

しかし、幸せは長続きしなかった。道路が側溝の部分からえぐられたり、路面が凸凹になって通行に困難をきたすほどに荒れてきた。水のパイプは石を積み上げた基礎を羊が蹴とばしたためか連結が外れて、貴重な水は漏れ、乾いた土に吸い込まれて村のタンクまで行かなくなった。事態は、奇妙なことに、放ったらかしなのだ。誰も修理しようとしない。

「道も水道も君たちの物だ。君たちの生活が大変に便利になったはずだ。君たちの物だから君たちで直せよ。簡単な仕事だ」

「JICAが作ったのだから、JICAが直すのが筋というものだ」

「?.?.?.」

事態は再び険悪になった。すぐ無償資金協力事業の仕事を止めるという。そうなのだ！　鉄砲で撃たれないようにしただけで安心していたのでは仕事にならないのだった。無償で資金を提供し、協力事業を実施することは易しい。しかし、協力事業の期間が終了すると元の木阿弥になったという事例が極めて多い。これを専門家やコンサルタントは「持続性がない」といい、その理由として「オーナーシップ（三九頁注参照）が欠けている」からだとする。それでは、どうして「オーナーシップ」が欠けているかと問うと、研修や教育が足りないからだと言う。法律、制度、専門組織がないからだと言う専門家も多い。そして、日本流の研修や教育プログラムを組んで実施し、日本の法律、制度、専門組織を翻訳して提案する。しかし、このような研修や教育プログラムを実施し法律、制度、専門組織を作らせてみたところで、オーナーシップが生まれたためしはない。日本にある制度や組織などがその国にないからといって、日本から同じものをその国に単に持って行っても、事態を変えることは不可能である。

　このような失敗を繰り返さないためにも、無償資金協力の事業が完成する頃、ＦＡＯの信託基金を使った「コミュニティを基盤とした手法」（ＣＢＡ）＊の事業を進める準備が、第二フェーズとして始まった。プロジェクトマネジャーは「モハメッド・アチョーリ」というチュニジア人で、アメリカで教育を受けた四〇代の俊才だった。アラビア語はもとより英・仏語が堪能である。私にその後もソッポを向き続ける駱駝も、彼には一目を置いて挨拶をしていた。村人も、撃ち殺すといった素振りも見せない。「モハメッド」という名前には、「ワタナベエ」にはない、無条件の信頼と威力がある！　モハメッドは激しく動いた。パキスタン人専門家をリクルートしたあと、チーム編成と研修が行われた。優秀な専門

＊コミュニティを基盤とした手法（ＣＢＡ＝Community Based Approach）　村落共同体に直接働きかけて、村落住民自らが自分たちの力で生活改善を行っていけるように支援すること。

家が随分いるものだ。優秀な専門家ほど人の言うことをよく聞く。謙虚で猛烈に働く。手分けして村人を組織化して、事業目的と事業の進め方を説く。年間に六〇〇回以上の談合をしたり研修旅行に連れ出したりしている。

ＣＢＡの始まりは羊の虫下しを無料で配ることだった。虫をおろした羊の乳と肉の生産効率は飛躍的によくなった。草を馬鹿喰いしなくても乳が出て肉が付いて羊が高く売れるというのは、農民にとって大きなインパクトである。このあとで、村人はこれから始まるプロジェクトに参加することと、その際に必要な費用の五〇パーセントを負担することに合意した。援助にタダ乗りを許すことは、カネの切れ目を効果の切れ目にすることになって事業の持続性をなくしてしまう。事業期間が終了してＪＩＣＡが去っても、村人が事業を引き継いでさらに発展させるようにするには、この事業の費用の半分を受益者である村民の負担にするという方針は譲れないことであった。大切なのは、その事業が自腹を切ってでも継続したいと住民が思うほどに住民のニーズに合っているかどうか、住民自ら継続できるシステムになっているかどうかである。

❖目に見える変化

地ならしをして畑を広げて綿を植えた。フトン篭で建設した砂防ダムの水が役立った。綿は高く売れた。ジャガイモ、レモン等々作物の種類を増やし、池を作って魚も飼った。約束して作ることになった組合の貯金通帳の数字が増加していった。この頃から男が銃を持たなくなった。女性がスカーフで顔を隠すことをやめて農作業を手伝うようになった。女性から仕事を覚えたいという要望が出されたので、モハメッドは女性ファシリテータをリクルートして裁縫、手芸、料理、衛生を教えた。女性は子を産み家事をこなすことだけが期待され、期待に反すればいつでも取り替えることができるというそれまでの認識が、女性自身、そして村全体でも明らかに変わってきた。

一九九八年三月で五年間を費やした事業は幕を閉じることになった。草地管理組合の活動で草地の利用はローテション計画で行われるようになり、草地環境が悪化することは食い止められた。しかし課題は残った。この五年間に大洪水が発生しなかったのは幸運だったが、村がある平坦地は昔の洪水が作った氾濫原である。洪水災害の確率は高い。しかし、流域管理の重要な柱である洪水災害の軽減策に関する事業はまったく手が付けられていない。「これは第二期にやろう」という希望的楽観が共通のものとしてあった。

小さいダムでも表土浸食を防止する効果が大きい。左から２人目が筆者。

事業が終わる三月のある日、ドーリの村長が「会議をするから出て欲しい」という。会議は二部に分かれていた。第一部は村人の会議で、これまでの五年間の回顧と今後の希望が話し合われた。その中で、小学校の教師の怠慢が問題にされた。事業が始まってから読み書き算数が必要だと判った村人が、教師が真面目に学校に来ないと不満の声を上げた。この追求には弁解無用だと思われたが、当の教師にすれば村が出す月謝が少なくて生活できないという。村も努力するから教師も真面目にやるということで解決した。流域管理事業は今後も続けることで異論は出なかった。

第二部はプロジェクトの対象となったドーリ村周辺の村長

ＪＩＣＡのプロジェクトの延長と拡張を求める村長集会。風呂敷に包まれた２丁以外に誰も銃を持っていなかった。右から２人目が筆者。

約一五人が集まる会議だった。ドーリ村の村長が、集まった面々を改めて見回して唸った。「丸腰で村境を越えて来た人がこんなにいたなんて！」。一五人の村長のうち一三人は丸腰だった。二人は銃を持っていたが弾帯は無かった。その銃も、丁寧に風呂敷に巻かれて儀礼的に運ばれ、もはや「寄らば撃つぞ」というものではなかった！　村長たちは、事業区域を自分の村に広げて欲しいと口々に熱心に要望した。ドーリ村の村長は事業の継続を求めた。「皆さんの要望は必ず東京に伝える。ワタナベエも次の五年ここで仕事をしたいから」と述べた。

別れ際にドーリ村の村長が私の手を握りながら言った。

「ワタナベエ。オマエと付き合ってワシは目を開かれた」

「……」

「勉強しなければならない、いや、勉強したらいいことがある、ということが判った」

「それはそのとおりだ」

「ワシは二人の孫を三〇キロも離れたサキ・サルワールの街の学校の寄宿舎に入れて勉強させることにした」

散々私に毒ついて困らせてきた老いぼれ頑固じじいにしては良いことを言う。

「ところでなあ、ワタナベエ」

「なんだ？」

「ワシも勉強したくなったんだ」

「それはいいことだ！　素晴らしいことだ！」

「そう思うか？」

「もちろんだ！」

「ワシはなあ…ワシはなあ…じつはなあ…、日本で勉強したいんだ！　何とかならんか？」

これが最後の会話になった。

「日本に留学したい」と通訳を介して話すドーリ村の村長（中央）と筆者（左）。

❖国家のエゴが住民を裏切る

私たちが達成した生計向上、健康レベルの向上、ジェンダーギャップの解消、武装放棄、平和構築等の成果を収めた事業は、プロジェクト終了からわずか二カ月後の一九九八年五月、インドとパキスタンが行った核実験とミサイル発射という軍拡事業で中断されてしまった。草の根レベルで成功した平和構築事業が、国家のトップレベルの軍拡競争事業でじつにあっさりと断ち切られてしまったのだ。

「国家」は国民の幸せを草の根レベルで守るものではないのか？　国民の幸せ以外に護るべきものがあるのか？

二〇〇三年九月に、インダス河中流の河川・灌漑事業でパンジャブ州のD・G・ハーンの街を再訪した。ドーリの村長が元気に生きていて、「ワタナベエが近くまで来るそうだ。来たら村に寄るように」と言っていると人づてに聞いた。心は向いたが足を向けることは許されなかった。ドーリ村がある地域はテロリストが跳梁する地域として疑われている。恵まれない歴史がまだこれからも続く。自ら向上しようという意欲に目覚めて武器を捨てた人たちの頭上に、武器の霰が降り注ぐ。武器を鍬に持ち替えた男を、そして手に職を持ち自立の第一歩を歩き始めた女を、歴史は再び虐げる。

　テロは不正だという声が高いが、ドーリ村をもてあそんだ歴史が不正でなくてなんだろうか？　ドーリ村は、「戦争をやってしまったあとの平和構築」なるものの無意味と欺瞞を、他の多くの地域とともに訴えているのである。「戦争をする金があれば…」「戦車一台のカネで…」という論に対して、「難しいことだ」と分別あり気に言う人は多いが、戦争に使う金はムダだという意見は無条件に正しい。このことをより多くの人に理解させ、いわゆる国を動かすエライさんの判断に影響せしめることが平和構築の核心なのだ。国連教育科学文化機関（UNESCO）*の憲章にも述べられているとおり、「人の心に平和の砦を作る」という原点を、協力事業に携わる人たちこそがてらうことなしに確認しなければならない。協力事業の担当者をおいてほかにいったい誰がこの重責を担って動き、「平和であってこそ援助と協力ができる」と言えるのか？と考えるべきなのである。

　戦争が起きた国に対して、「戦争が再発しないように戦後の平和構築も援助の目的だ」とするのは当然だが、対外援助・協力の仕事の重点は戦後復興にあるわけではない。私たち国際協力専門員が本領を発揮するのは、人々の日々の暮らしに関わる地道な仕事であって、それは「平和でなければなし得ないこと」なのだ。

❖戦争はすべてをぶち壊す

敗戦直後の日本の社会には大きなコンセンサスがあった。それは、「戦争はもうコリゴリだ」「空襲警報のない空がありがたい」「警官や憲兵の監視や制止のない自由な社会になった」という安堵と、「日本は東洋のスイスになるべきだ」「過ちは再び繰り返さない」という理想、志である。この素直な気持ちが、占領軍が行った数々の改革や日本国憲法を文字で書いてあるとおりに素直に受け入れる素地を作ったと思う。

最近、タジキスタンで仕事をする機会を得た。一九九二年から続く内戦で疲弊し尽くしたあと、九七年に停戦した国である。何の資源もない山国で起きたこの内戦は施政方針の違いが発端となって生じたといわれているが、当時としては珍しくどのスポンサーも付かなかったから、貧者が別の貧者の足を引っ張るという状態の戦争だったようだ。タジキスタンの人々は異口同音に、「今後二〇年は、戦争はない」という。理由は、「みんな、戦争はもうコリゴリだと思っている」からである。

平和とは、「戦争はコリゴリだ」とみんなが思っている間だけ維持されるという浅薄な状態なのだろ

＊国連教育科学文化機関（ＵＮＥＳＣＯ＝United Nations Educational, Scientific, and Cultural Organization）
第二次世界大戦後の一九四六年に、人類が二度と戦争の惨禍を繰り返さないようにとの願いを込めて、国連専門機関として設立された。人々が国や民族を超えて異なった文化や思想を理解し、相互に認め尊重し協力し合うような、共に生きる平和な地球社会を作る（日本ユネスコ協会連盟ホームページより抜粋）ための運動を広めるのを役割とする。

うか？　朝鮮戦争が始まって、「東洋のスイス」の理想論が崩れ始めた時、「子どもに、教え子に、夫に再び銃を持たせない」「武器を持って海を越えない」との声が上がったが、その声は日本人の大部分の共感を得ていた。それは、夫や息子を失った妻や母の声であり、夫や息子を抑留された妻や母の意思であった。あるいは、殺せと言われたわが子を殺せず、大陸に置き去りにせざるを得なかった多くの母たちの決意でもあり、難民生活で生き別れになったまま消息不明の家族を待つ人々や、一家の主柱を失って生活苦に喘ぐ家族の声でもあった。しかし平和が維持されて半世紀以上経ち、夫や息子や失われた家族の消息を尋ねる人も少数になった。大陸孤児の親さえもう死んで居ない。ところが日本に落とされた二発の原爆による死を含む、アジア各地で起こされた大量殺戮のインパクトはまだ癒されてはいない。〝満州国〟をでっち上げた日本は、〝満州国〟の葬式を出さないまま知らん顔をしていたが、敗戦時に彼の地に埋めた兵器の毒ガスが何十年も経ってから噴出し、対応を迫られた。信義を確かなものにする努力をキチンとしてこなかったツケが、これからも届くだろう。事実を記憶し、分析し、教訓として伝える作業は未だ行われていない。

世界人権宣言第三章は、「すべて人は、生命、自由及び身体の安全に対する権利を有する」と宣言している。「何人も戦争で不条理な死を強いられることはない」のである。ところが反戦の議論は一般に、感情論、主義や心情の違い、政策の違い、人道等の問題にすり替えられたり閉じ込められたりしてその多くは交わらない。時間が経つと世代が交代してよけい難しくなる。しかし、反戦・戦争は優れて社会科学の問題である。戦争が、より良い生活をしようとする人々の努力を逆行させる愚行であることは論証されつつある。軍事費の圧力は、特に資源のない途上国で、人々の基礎的生活を整備し経済開発を進めるための投資能力を大きく削ぐが、戦争になるとさらに人と物の激しい消耗が起きる。なけなしの資金と技術は戦争で浪費されるか国外に逃避し、国土は荒廃する。停戦あるいは終戦になっても、帰還難民の受け入れや武装解除した兵士の定住はできない。それまで築き上げた先人の遺産も守れず、国家は破産に向かう。

途上国の多くはかつて欧米諸国や日本の植民地であった。特にアフリカ諸国は宗主国の都合で勝手に引かれた国境線によって作られた、人工的な寄せ集め国家として成立した。これら途上国のそれぞれは、歴史的関係、価値観、帰属意識、宗教と宗派、社会制度、教育レベル等が微妙に異なる民族の集合体である。それゆえその多くの国々では、西欧流の民主的ルールに則った問題解決を難しくし、「力」による支配、そして主導権争いや内戦を続けた現実がある。しかし、途上国における民主化は、独裁者を武力で倒し、国会議員を選挙で選べば実現できるという単純な作業ではない。「戦争、殺し合いが始まれば、すべてがぶち壊し」なのである。有限な資源と深刻な制約を伴う環境から帰結する「戦争している場合か?」という単純な問いかけは、「これまで戦争で解決できた問題は何一つなかった。そしてこれからもない」という公理を生み出して久しい。そして、戦場に人道支援はあり得ないというのも、もう一つの公理である。人道支援は戦争状態が終結しないと実施できないものなのだ。「戦場」に「人道」援助の部隊を派遣するというのは欺瞞以外の何ものでもない、と私は思う。

❖「力」の原理から「援助」の原理へ

私が国際協力専門員になったのは一九九二年である。この年から日本も国際社会も数多くの激震に揺さぶられ続けており、このことは国際協力専門員の仕事とその働く環境にも大きな変化をもたらしてきた。その激しい変化の中で実感された重要なことの一つが、上述した「戦争」に関わる問題である。

平和であるからこそ開発協力本来の仕事ができる。私たち国際協力専門員をはじめ援助・協力事業に携わる者こそこの意味を一番知っていなければならないが、それが十分自覚されてこなかったことを痛感している。平和な環境が損なわれれば、援助・協力のための事業は吹き飛んでしまう。アチェ（スマトラ沖）の津波災害対策もカシミールの地震災害対策も、平和な環境を取り戻すことで初めて動き始めた。逆にスリランカの津波災害対策は、平和が崩れたために進んでいない。

「二〇世紀以前は、交流の原理は『力』であった。力は、たとえそれが暴力であっても、正義であった。しかし、二〇世紀になって『援助』が交流の原理の重要な一つになる」（佐藤寛編『援助研究入門』アジア経済研究所、一九九六）。二〇世紀は、国際協力の観点から、佐藤寛が言うように特筆すべき時期である。助け合うことが事業になったという人類社会の変化は、人間をより人間らしくした貴重な変化である。こう考えると、協力・援助をライフワークとして専念できる環境を得たことのありがたさが理解できる。だからこそ、協力・援助の専門家・関係者は平和な環境が損なわれる状況に、もっともっと敏感であらねばならないと思う。

それともう一つ実感しているのが、援助の有効性に関する疑問、すなわち、私たちがやっていることはほんとに効果を上げているのだろうか、私たちは時間との競争に敗れつつあるのではないか、という疑問である。小さな洪水で川岸が削られれば、そこに住む一家が家屋もろとも濁流の中へ放り込まれる。そういう生活が世界の各地にあって、その住民の数は激増している。次の被害者は自分の番だ、という人々が連綿と続く現状を指して、私はこれを「死の順番待ち行列」と呼んでいるのだが、実際に途上国は今、おびただしい数の人々がいつ死んでもおかしくない状況に置かれている。近年、防災のための研修・セミナー、そして国際会議が盛んに行われ出してはいるが、こうした場で私の心によぎるのは、

「これで本当に災害で死ぬ人の数が減らせるのか」という焦りにも似た想いである。人口増加、巨大な貧富の格差、環境悪化、種の激減、インフラなき都市の肥大化、災害による大量死、そして自らの死の順番を待って行列する人々の群れ…。私たち開発協力の関係者が対峙する問題はいずれも前代未聞の難題ばかりで、成功裏に解決した先例は極めて少ない。「事例が無いからできません」では何も解決しないのだ。自分で作り出さないかぎり成功事例は「無い」のだから。

解決の鍵が欧米の手法にしかないと思い込んで、欧米人による専門書を翻訳して金科玉条としていると、日本が途上国で取り組むべき本質的問題を見逃してしまう。問題解決の鍵は、日本の中世から近代、そして現代史を素直に勉強することで必ず得ることができる。半世紀という短時間に途上国から先進国までの過程をすべて経験してきた国は日本以外にはない。途上国としての苦しみも悲哀も、そして欧米先進国には退けを取らないという気概も、そのすべてが私たちの歴史の中には詰まっているのだから。

あとがき

「政府開発援助（ＯＤＡ）」という言葉に読者はどのようなイメージをお持ちだろうか。先進国が開発途上国に対して行う政府ベースの国際協力活動の中心をなすのがＯＤＡであるが、マスコミでＯＤＡが話題になる時、ほとんどの場合は何かの不祥事についてであり、ＯＤＡにはあまり良いイメージを持っていない読者のほうが多いのではないか。しかし、そのもとで行われてきた具体的な事業が、アジア、アフリカ、ラテンアメリカなどの国々にとってどれほど重要で、かつ実施するのに多くの困難を伴うものなのか、なかなか理解されていないのも実状ではないか。そして、そうした現場に直接的に関わる技術協力部門の事業を青年海外協力隊などで知られるＪＩＣＡが担当してきたこと、これについてもこれまであまり知られてこなかったように思われる。

グローバル化の社会の中で、先進国と途上国の人々がそれぞれの社会・文化のあり方を尊重し合って、共に適正な「技術」を求め生み出していくには、経済的な視点からだけではなく「技術と人々を結ぶ視点」から開発事業を推進することが必要である。本書は途上国への技術協力を専門の仕事とするＪＩＣＡ国際協力専門員一二名が、そうした「技術と人々」のつなぎ役としてそれぞれの現場で現地の人々と共に学んだことや、専門家としての仕事の意味を、個々の自分史と重ね合わせながら真摯に綴ったものである。

ＯＤＡの中でも特に技術協力は、厳しい自然条件や貧困、そしてさまざまな治安状況の中で、「人」を介して行われる。技術協力の醍醐味を生き生きと伝えるこの本は、したがって技術協力に携わる者の「協力哲学」とでもいえるものが随所に秘められた備忘録であり、執筆者それぞれが語る等身大の歩みと活動の中から、「先進国」日本のアイデンティティを未来に向けて見つめ直すものともなっている。

ところで、仲間の専門員と本書の出版構想を練り始めたのは二〇〇三年夏のことだった。

提案者の一人である筆者が編者役を担当することになったが、専門員にとって報告書や論文の類いを書くことは日常業務の重要な一部なので、今回の企画もそう苦労せずにできるのではというのが開始当初の思惑だった。ところが事はそう簡単には進まなかった。原稿がなかなか出てこない、筆者を含め二、三人の専門員からやっと出てきた原稿はそのままで本となるようなものではなかった。最初に気づかされたことは、専門員が書いてきた報告書や論文は、ある背景を共有する関係者に対して書かれるものであり、したがってほとんどの専門員は不特定多数の一般の人々に向けた文章を書いた経験がないということだった。まさに本を編むことなどやったことがない未経験者の思惑だったのである。

自分の今までの人生や専門分野の仕事のことを私たちはなぜ多くの人々に読んで欲しいと思っているのか、そのために何をどのように書いたらいいのか…。こうして試行錯誤しながらの悪戦苦闘が数年にわたって続くことになった。あたかも当てのない旅路に放逐された旅人のように、期待と不安の中をさまよい続けてきたのは筆者だけではなかっただろう。一時はこの試みが立ち消えになるのではないかと心配される状況もあった。しかしそれでも、二〇〇六年になってからようやくトンネルの先に小さな光が見え始め、そしてその光が少しずつ大きくなって、何とか先が見通せるようになったのが二〇〇七年である。足掛け五年の道のりは、まさに継続こそが頼りだった。

原稿を前にして感じてきた当てのない期待と不安、その根底にあったのは、私たちが通常の職場としている途上国の世界の実情を日本に住む一般の人々にどのようにすれば伝え得るのか、という焦りにも似た思いだったかもしれない。裏返せば、日本の日常的な世界が途上国の現実からどれほどかけ離れた存在であるのか、執筆を通して私たちはそれを改めて再確認させられたというのが今回の経験だったといえる。

しかしながら、日本に育ち暮らしている人間だからこそ途上国のためにできることがあると、私たちはこの仕事を長年続ける中で思うようになっている。「相手の立場に立って親身になって考える」「土足で他人の家に上がるようなことはしない」という至極日本的な倫理観、つまり階級社会の中で個人主義が規範となっている欧米各国ではあまり見られないそうした私たちの文化的特質が、途上国の人々との人間関係の持ち方や仕事の進め方の中で日本らしい「協力哲学」として現れ、途上国の具体的な現場でボディーブローのように影響を与えつつあると私たちは信じている。

日本は欧米以外の国で初めて近代化と経済発展を達成した国である。その背景には、日本が歩んできたユニークな歴史的・社会的経験がある。たとえば、中国という一大文明圏の版図にありながら、島国という地理的条件ゆえにその強力かつ広範な諸王朝の影響を直接的に受けず、必要に応じてその文明の諸要素を受け入れ消化し、自分の身の丈に合ったものにしていくことができたという経験。江戸時代、キリスト教の布教を伴った世界的な西欧の進出を鎖国政策によって遮断し、自国のペースで経済社会を発展させながら統一的な経済圏を形成し、明治維新の開国時点ではすでにイギリスなどの西欧列強と比べても十分高い識字率を達成していたという経験。そして明治維新以後は、「和魂洋才」に代表される考え方で自国の社会・経済を近代化し、開発していったという経験、などである。

このような日本のこれまでの歴史的・社会的経験そのものが、国際協力における日本の貴重な資産であり、この貴重な資産を世界の人々のために惜しみなく生かしていくことが、本書の帯に冠した「国際協力を日本の文化に」という緒方貞子 現ＪＩＣＡ理事長の提言の意味にほかならない。

本書を手にした読者の方々が、途上国に対する技術協力の有様を身近に感じ、「国際協力を日本の文化に」という合言葉を共有していただくことができたなら、執筆者一同にとってこれほどうれしいことはない。

最後に、この本の編集にご協力下さった佐田桂子さんに心より感謝申し上げます。佐田さんは、私たち執筆者にとって天使のような存在でした。もし佐田さんがいなければ、この本の出版は叶わなかったでしょう。

二〇〇八年一〇月一日

編者　林　俊行

原晃（はら・あきら） **1943年、新潟県三条市生まれ。現在、産業人材育成アドバイザー。66年、東京理科大学工学部卒業。68年、都立大学大学院工学研究科修士（建築工学）取得後、東京理科大学工学部助手。73年にトランスオーストラリア航空、ニューギニア航空、74年にパプア・ニューギニア（PNG）政府公共事業省外国人契約公務員、84年JICA専門家（パプア・ニューギニア）を経て、88年から2009年3月まで国際協力専門員。『ヨーロッパ変革の国際関係』（共著、頸草書房、1995）など。**

増子博（ますこ・ひろし） 1941年、山形県山寺村（現、山形市）生まれ。94年から2007年まで国際協力専門員。64年、宇都宮大学農学部卒業後、上級職として林野庁に採用され、本庁、旭川・熊本・東京・秋田の各営林局管内の森林管理業務に従事。また林野庁在籍中にJICA長期専門家としてビルマ、タイ、フィリピン、ケニアの森林プロジェクトに従事。98年、技術士（林業）。『*Integrated Report on Philippine-Japan Forestry Development Project*』（共著、JICA、1992）、『アフリカにおける緑の国際協力』（共著、JICA、1996）など。

渡辺正幸（わたなべ・まさゆき） 1939年、満州国奉天省奉天市（現、中華人民共和国遼寧省瀋陽市）生まれ。現在、（有）国際社会開発協力研究所代表取締役社長。技術士。63年、京都大学農学部卒業後、建設省、JICA専門家（インドネシア公共事業省）、国連欧州本部災害救援調整官事務所を経て、92年から2004年まで国際協力専門員。『*Monograph on MUDFLOWS*』（United Nations Department of Humanitarian Affairs、1996）、「パキスタン国パンジャブ州ドーリ地区流域管理事業の平和構築効果」（共著『国際開発学会2001年度第2回特別研究報告』2001）、『防災事典』（共編、築地書館、2002）、「開発途上国のための防災計画試論」（『京都大学防災研究所年報』46号、2003）、「地震防災の全体計画の前提」（『自然災害科学』23巻・3号、2004）など。

田中由美子（たなか・ゆみこ）　1951年、神奈川県川崎市生まれ。90年より国際協力専門員。77年、国際基督教大学教養学部卒業後、国連工業開発機関（UNIDO）、国連アジア太平洋経済社会委員会（ESCAP）などを経て現職。81年、イギリス・マンチェスター大学大学院経済学修士。お茶の水女子大学大学院ほかで非常勤講師、内閣府アフガニスタンの女性支援懇談会委員等も務める。『開発とジェンダー－エンパワーメントの国際協力』（共編著、国際協力出版会、2002)、『大学テキスト：国際協力論』（共著、古今書院、2006）など。

今井千郎（いまい・せんろう）　1947年、東京生まれ。86年より国際協力専門員。74年、東京大学農学系大学院修士課程修了後、環境庁入庁。水質保全局、大気保全局などを経て81年から3年間、在ケニア日本大使館一等書記官兼国連環境計画（UNEP）日本常駐副代表。帰国後、環境庁国際課、同企画調整局を経て現職。『入門社会開発』（共著、国際開発ジャーナル社、1994)、『*Effective Environmental Management in Developing Countries*』（共著、IDE-JETRO／Macmillan、2007）など。

山本敬子（やまもと・けいこ）　1947年北海道夕張市生まれ。95年より国際協力専門員。70年、北海道大学工学部卒業後、千葉県水道局に20年勤務し、退職と同時に1年間カナダで英語を勉強。92年、JICA専門家としてボリビア赴任。94年技術士（水道部門）取得、国際開発センターの「開発エコノミストコース」受講などの後、現職。『すいどうまんケニアを歩く』（編集・共著、水道新聞社、1997)、『水道分野国際協力Q&A』（共著、JICWELS、1998）など。

牧野修（まきの・おさむ）　1946年、京都府京都市生まれ。84年より国際協力専門員。70年、大阪府立大学工学部卒業後、通信機器メーカー勤務。75年から2年間、青年海外協力隊員（ザンビア、航空無線技術）を経て現職。2006年、電気通信大学より博士（工学）取得。「Characteristics of Electrically Long Two-Conductor Lines with Inhomogeneous Media」（『電子情報通信学会誌』E88-B巻、7号、2005)、「インドネシア・スラバヤ電子工学ポリテクニックにおける技術協力活動」（『国際協力研究』12巻1号、1996）など。(2009年8月逝去)。

山形洋一（やまがた・よういち）　1946年、大阪生まれ。91年より国際協力専門員。東京大学農学部卒業、応用昆虫学専攻農学博士。71年から72年までNGOの手伝いでネパール滞在。77年よりJICA、世界保健機関（WHO）の医昆虫学専門家としてグアテマラ、ブルキナファソ、トーゴ、タンザニアで熱帯病対策に携わる。2005年よりJICAリプロダクティブヘルス専門家としてインドに赴任中。「国際協力における学際的アプローチ」（『国際協力研究』第5巻､1989)､『おもしろく学ぶネパール語』（国際語学社、1993)、「Control of Chagas Disease」（共著『*Advances in Parasitology*』第61巻、2006）など。

執筆者紹介（各章順）

加藤宏（かとう・ひろし） 1954年、東京生まれ。78年JICA入団。87年ハーバード大学ケネディ行政学院修了（公共行政学修士）。研修事業部、外務省勤務、総務部、企画部、地域第一部等を経て2007年4月から国際協力総合研修所所長。2008年10月からJICA研究所副所長。2003年からは国際開発学会理事。『シリーズ国際開発第2巻：環境と開発』（共著、日本評論社、2004）など。

武田長久（たけだ・のぶひさ） 1958年、福井県小浜市生まれ。99年より国際協力専門員。83年、中央大学法学部卒業。日本国際ボランティアセンター（JVC）、海外コンサルティング企業協会（ECFA）、国連アジア太平洋経済社会委員会（ESCAP）などを経て現職。98年、名古屋大学大学院学術博士（国際開発）取得。「参加型開発の制度分析－仲介組織の機能とメカニズムに関する諸研究のレビューを中心として」（『国際開発研究』第7巻、1998）、『アジア通貨危機と援助政策－インドネシアの課題と展望』（共著、アジア経済研究所、2002）など。

時田邦浩（ときだ・くにひろ） 1957年、岐阜県羽島市生まれ。95年より国際協力専門員。80年、名古屋工業大学工学部第二部を中小企業などで働きながら卒業。81年から4年間、青年海外協力隊員（ケニア農業機械）。87年、岐阜大学大学院農学修士（農業工学）取得。87年から2年間、JICA海外長期研修（アメリカ）。90年から2年間、JICA専門家としてケニア派遣。93年、ミシガン州立大学大学院博士（農業システム工学）取得後、JICA筑波国際センターの研修指導員を経て現職。「フィリピン・ボホール総合農業振興計画」（『国際農林業協力専門家通信』第2巻、2001）、「カンボジア王国・バッタンバン農業生産性強化計画－人間の安全保障を目指した農業・農村開発」（『*Expert Bulletin for International Cooperation of Agriculture and Forestry*』第1巻、2005）など。

清家政信（きよか・まさのぶ） 1956年、徳島県徳島市生まれ。97年より国際協力専門員。78年、早稲田大学政治経済学部卒業。東京でのサラリーマン生活を経て81年から2年間、青年海外協力隊員（ガーナ農業経済統計）。88年、オランダ社会科学研究所開発学修士（農業農村開発）取得後、JICA専門家（パプア・ニューギニア、マラウィ）を経て現職。「サハラ砂漠以南アフリカの農村開発援助と住民参加」（『国際協力研究』第5巻、1989）。「地球規模の問題としての貧困」（『地理』第43巻、古今書院、1998）、「農村と都市の狭間で」（『アジ研ワールドトレンド』6月号、アジア経済研究所、2006）など。

林俊行（はやし・としゆき） 編者紹介参照。

編者紹介

林俊行（はやし・としゆき）
1953年、神奈川県小田原市生まれ。95年より国際協力専門員。75年、東海大学工学部卒業後、制御盤制作会社、コンピュータ・ソフトウエア会社などを経て79年から2年間、青年海外協力隊員（マラウィ理数科教師）。84年、筑波大学大学院地域研究研究科国際学修士（東南アジア専攻）取得後、開発コンサルタント会社を経て現職。91年、コーネル大学大学院都市地域研究科地域科学修士。マラウィ長期専門家のほか、JICA調査団長や短期専門家などとしてザンビア、ルワンダ、シエラレオネ、リベリア、ガーナなどのアフリカ諸国、アジア諸国およびグアテマラなどの出張業務に携る。その他（財）国際開発センター電力事例研修セミナー講師など。日本アフリカ学会会員。『入門社会開発』（共著、国際開発ジャーナル社、1994）、『市民・政府・NGO－「力の剝奪から」エンパワーメントへ』（共訳、新評論、1995）、『*Regional Science : Perspectives for the Future*』（共著、Macmillan Press Ltd、1997）、「開発途上国における電力プロジェクトの経済評価－セミ・インプット・アウトプット・フレームワークの適用手法に関する考察」（『地域学研究』第29巻、1999）など。

国際協力専門員
——技術と人々を結ぶファシリテータたちの軌跡　（検印廃止）

2008年11月15日初版第1刷発行
2009年9月5日初版第2刷発行

編　者　林　俊　行
発行者　武　市　一　幸

発行所　株式会社　新　評　論
〒169-0051　東京都新宿区西早稲田3―16―28
http://www.shinhyoron.co.jp
TEL　03（3202）7391
FAX　03（3202）5832
振替　00160-1-113487

定価はカバーに表示してあります
落丁・乱丁本はお取り替えします

装幀　山田英春
印刷　新栄堂
製本　桂川製本

ISBN978-4-7948-0787-8 C0036
Printed in Japan

A.パーシー／林　武監訳・東　玲子訳
世界文明における技術の千年史
四六　372頁　3360円　〔01〕
ISBN4-7948-0522-5
【「生存の技術」との対話に向けて】生態環境的視点により技術をめぐる人類史を編み直し，再生・循環の思想に根ざす非西洋世界の営みを通して「生存の技術」の重要性を探る。

江原裕美編
開発と教育
A5　380頁　3675円　〔01〕
ISBN4-7948-0529-2
【国際協力と子どもたちの未来】開発と文化のあり方を考えるもう一つの視点！大手国際協力機関による教育開発活動を検証し，その歴史的変容と思想的オルタナティヴを提示。

江原裕美編
内発的発展と教育
A5　480頁　3990円　〔03〕
ISBN4-7948-0613-2
【人間主体の社会変革と NGO の地平】地域に生きる子どもの親と住民の視点！「民」主体の社会をめざす住民と NGO の実践を通じ、教育開発の新たな可能性と課題を検証する。

山西優二・上條直美・近藤牧子編
企画協力＝(特活)開発教育協会
地域から描くこれからの開発教育
A5　354頁　3360円　〔08〕
「世界の開発問題は私たちの地域の問題である」という一体的視点に立ち、地域づくりと連動した開発教育の未来像を提示する。開発教育と地域づくりの当事者 総勢 29 名が参集。

片岡幸彦・木村宏恒・松本祥志編
下からのグローバリゼーション
A5 280頁　2940円　〔06〕
ISBN4-7948-0670-1
【もうひとつの地球村は可能だ】日常性、コミュニティ、地域に基礎を置きながら、グローバル化時代の枠組みの中で真の人間的発展へ向かう〈共存の思想〉を世界の現場から探り出す。

E.マインベルク／壽福眞美・後藤浩子訳
エコロジー人間学
四六　312頁　3360円　〔01〕
ISBN4-7948-0524-1
【ホモ・エコロギクス―共-生の人間像を描く】「人間とは何か」を根底から問い直し，身体そして自然と調和し，あらゆる生命への畏敬に満ちた21世紀の《共-生》的人間像を構築。

J.マルチネス＝アリエ／工藤秀明訳
〈増補改訂新版〉
エコロジー経済学
四六　480頁　4410円　〔99〕
ISBN4-7948-0440-7
100余年の歴史を有しながら異端として歴史の中に埋没させられてきた「もう一つの経済学」の試み。その多様な学的蓄積を発掘・修復し，問題群史として見事に整序した大著。

江澤誠
〈増補新版〉
「京都議定書」再考！
四六　352頁　3045円　〔05〕
ISBN4-7948-0686-8
【温暖化問題を上場させた“市場主義”条約】好評『欲望する環境市場』に、市場中心主義の世界の現状を緊急追補。地球環境問題を商品化する市場の暴走とそれを許す各国の思惑。

K.ドウキンズ／浜田徹訳
遺伝子戦争
四六　170頁　1575円　〔06〕
ISBN4-7948-0657-4
【世界の食糧を脅かしているのは誰か】バイオテクノロジー産業の私益追求市場主義を許す恐るべき国際食糧供給体制の現実に迫る。食と消費行動のあり方が問われる真の理由。

C.ド・シルギー／久松健一編訳
人間とごみ
A5　280頁　2940円　〔99〕
ISBN4-7948-0456-3
【ごみをめぐる歴史と文化，ヨーロッパの経験に学ぶ】人類はごみといかに関わり，共存・共生の道を開いてきたか。ごみをめぐる今日的課題を歴史と文化の視点から逆照射。

M.B.ブラウン／青山　薫・市橋秀夫訳
フェア・トレード
ISBN4-7948-0400-8
四六　384頁　3150円　〔98〕
【公正な貿易を求めて】第一世界の消費者と第三世界の生産者を結ぶ草の根貿易「フェア・トレード」の仕組みと実践成果を市民貿易団体TWINTRADEの代表である著者が平易に説く。

湯浅赳男
コミュニティと文明
四六　300頁　3150円　〔00〕
ISBN4-7948-0498-9
【自発性・共同知・共同性の統合の論理】失われた地域社会の活路を東西文明の人間的諸活動から学ぶ。壮大な人類史のなかで捉えるコミュニティ形成の論理とその可能性。